Frank E. Callies

Deutsch

Frank E. Callies

Deutsch

1. bis 4. Klasse

Hinweis

Alle Angaben in diesem Buch wurden vom Autor mit größter Sorgfalt erarbeitet bzw. zusammengestellt und unter Einschaltung wirksamer Kontrollmaßnahmen reproduziert. Trotzdem sind Fehler nicht ganz auszuschließen. Der Verlag und der Autor sehen sich deshalb gezwungen, darauf hinzuweisen, dass sie weder eine Garantie noch die juristische Verantwortung oder irgendeine Haftung für Folgen, die auf fehlerhafte Angaben zurückgehen, übernehmen können. Für die Mitteilung etwaiger Fehler sind Verlag und Autor jederzeit dankbar.

Internetadressen oder Versionsnummern stellen den bei Redaktionsschluss verfügbaren Informationsstand dar. Verlag und Autor übernehmen keinerlei Verantwortung oder Haftung für Veränderungen, die sich aus nicht von ihnen zu vertretenden Umständen ergeben. Evtl. beigefügte oder zum Download angebotene Dateien und Informationen dienen ausschließlich der nicht gewerblichen Nutzung. Eine gewerbliche Nutzung ist nur mit Zustimmung des Lizenzinhabers möglich.

Satz: DTP-Satz A. Kugge, München
art & design: www.ideehoch2.de
Druck: Neografia, a.s.
Printed in Slovakia

Inhaltsverzeichnis

Das Alphabet

Alle Wörter sind aus **Buchstaben** zusammengesetzt. Ein Buchstabe ist die kleinste Einheit beim Lesen und Schreiben.

Deshalb solltest du alle Buchstaben kennen, die in der deutschen Sprache verwendet werden. Ich habe sie dir hier einmal aufgeschrieben:

Aa Bb Cc Dd Ee Ff Gg Hh Ii
Jj Kk Ll Mm Nn Oo Pp Qq Rr
Ss Tt Uu Vv Ww Xx Yy Zz

Neben diesen Buchstaben gibt es noch die sogenannten **Umlaute**:

Ää Öö Üü

Und außerdem noch den Buchstaben ß.

Alle Buchstaben zusammen nennt man das **ALPHABET**.

Übung 1: Ergänze die fehlenden Buchstaben im Alphabet.

A B C ___ ___ ___
E F G ___ ___ ___
___ ___ N O P ___ ___ ___
___ ___ ___ Z
___ J K L ___ ___
U V W ___ ___ ___

Übung 2: Führe die Buchstabenreihe fort.

Aa Aa Aa Aa ___ ___ ___
Ee ___ ___ ___ ___ ___ ___
Mm ___ ___ ___ ___ ___ ___
Ww ___ ___ ___ ___ ___ ___
Ss ___ ___ ___ ___ ___ ___

Anfangsbuchstaben

Was ist ein Anfangsbuchstabe und wie erkennt man Anfangsbuchstaben beim Hören?

Der Anfangsbuchstabe eines Wortes ist der Buchstabe, den du als Erstes hörst, wenn du das Wort aussprichst. Achte einmal darauf, welchen Buchstaben du zuerst hörst, wenn das Wort Affe ausgesprochen wird.
Hör einmal ganz genau hin, wenn du das Wort aussprichst.

So, wenn du das A am Wortanfang deutlich gehört hast, probiere es doch selbst einmal aus. Finde noch weitere Wörter, die mit A beginnen, und sprich sie laut aus. Hör genau hin und achte auch einmal darauf, wie sich deine Lippen und deine Zunge bewegen, wenn du ein A aussprichst.

Noch mehr Wörter, die mit A beginnen:

Ameise

Apfel

Apfelsine

Übung 3: Na, mit welchem Anfangsbuchstaben beginnen diese Wörter?
Trage den Anfangsbuchstaben in das freie Feld ein.

Natürlich haben auch alle anderen Wörter einen Anfangsbuchstaben. Bei manchen kann man ihn ganz deutlich hören, zum Beispiel bei dem Wort **Igel**. Na, hast du den Anfangsbuchstaben von „Igel" gehört?

Richtig! Der erste Buchstabe des Wortes „Igel" ist ein **I**. Das **I** ist also der Anfangsbuchstabe von „Igel".

Der Anfangsbuchstabe von **Elefant** ist natürlich ein ...

Ganz genau! Ein **E**. Denke dir allein oder mit deinen Freunden oder Eltern noch mehr Wörter aus und überlegt gemeinsam, welche Anfangsbuchstaben sie haben.

Tipp:
Mach dir doch einfach ein Lernheft, in das du alle deine Lieblingswörter schreiben kannst. Natürlich kannst du ebenfalls die dazu passenden Bilder hineinmalen. In das Heft kannst du auch alles eintragen, was du in diesem Buch lernst.

Übung 4: Und mit welchem Anfangsbuchstaben beginnen diese hier?

Vokale und Konsonanten

Bei den Buchstaben des Alphabets unterscheidet man zwischen solchen Buchstaben, die ohne Hilfe eines anderen Lauts klingen, und solchen, die selbst nicht klingen.

Zur ersten Gruppe gehören diese Buchstaben:

Vokale:

Aa Ee Ii Oo Uu

Vokale werden auch SELBSTLAUTE genannt.

Konsonanten sind Buchstaben, die nur mithilfe eines Vokals klingen.

Konsonanten:

Bb Cc Dd Ff Gg Hh Jj Kk Ll Mm Nn Pp Qq Rr Ss Tt Vv Ww Xx Yy Zz

Übung 5: Male eine Verbindung in der Reihenfolge des Alphabets.

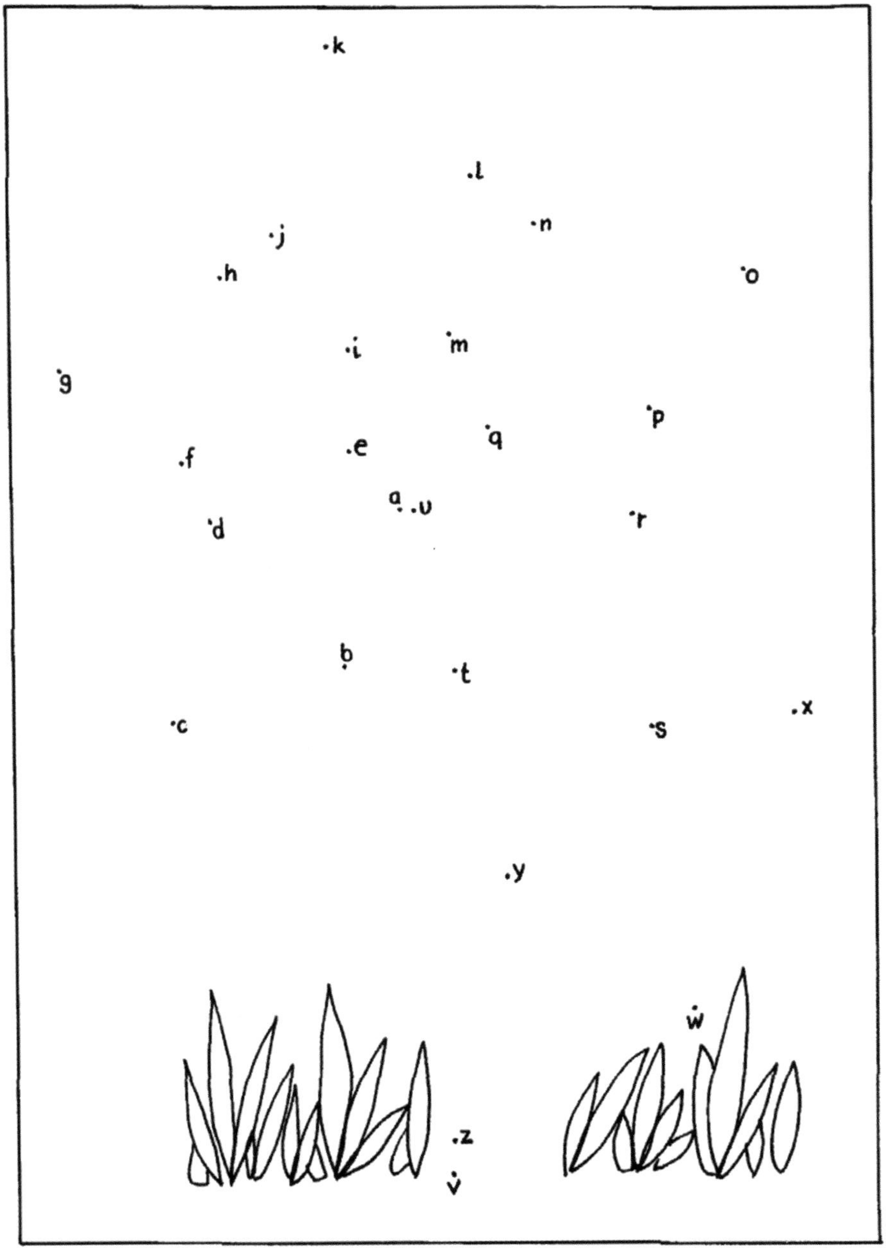

Silben

Wörter bestehen aus einer oder mehreren Silben. Silben sind die rhythmischen Einheiten, mit denen Wörter gesprochen werden.

Mäu se speck

Es gibt einsilbige Wörter:

Tor Kind Zahn Bär Rot

Und es gibt mehrsilbige Wörter:

Ge-burts-tags-tor-te
Fahr-rad
Baum-haus
Fuß-ball-platz
Gi-raf-fe
Ka-rus-sell

Um herauszufinden, aus welchen Silben ein Wort besteht, hilft es, beim deutlichen Sprechen des Wortes die Betonungen mitzuklatschen.

Wenn du das kannst, fällt dir auch das Trennen von Wörtern viel leichter.

Übung 6: Wie viele Silben hörst du bei diesen Wörtern? Sprich sie laut aus und klatsch mit!

 ELEFANT	
 BALL	
 HAHN	
 KROKODIL	
 KIRSCHE	
 MOTORBOOT	

Einzahl und Mehrzahl

Fast alle Namenwörter (Nomen) können in der **Einzahl** und in der **Mehrzahl** vorkommen. Die Einzahl zeigt immer, dass es sich nur um ein einziges Ding handelt, die Mehrzahl zeigt an, dass es mehrere sind.

Zum Beispiel:

ein **Auto** (= Einzahl) - zwei **Autos** (= Mehrzahl)

ein **Pferd** (Einzahl)

drei **Pferde** (Mehrzahl)

ein **Haus** - vier **Häuser**

ein **Kind** - fünf **Kinder**

eine **Orange** - 10 **Orangen**

Übung 7: Schreibe die Mehrzahl auf!

Einzahl		Mehrzahl
Der Hund		Die Hunde
Der Junge		
Das Fenster		
Der Apfel		
Der Affe		
Der Finger		
Der Löwe		
Die Hexe		
Die Torte		

Übrigens: Einzahl und Mehrzahl nennt man auch Singular und Plural.

Die Mehrzahl wird bei verschiedenen Wörtern unterschiedlich gebildet:

Bei manchen Wörtern durch einen **Umlaut**:
der Apfel - die Äpfel, der Boden - die Böden, der Vater - die Väter

Bei anderen durch eine dieser **Wortendungen**:

-s -e -er -n -en

das Foto - die Fotos
der Fisch - die Fische
der Hase - die Hasen
die Tulpe - die Tulpen
die Waage - die Waagen

Bei wieder anderen durch einen **Umlaut** UND **eine Endung**:
der Ball - die Bälle der Fuß - die Füße

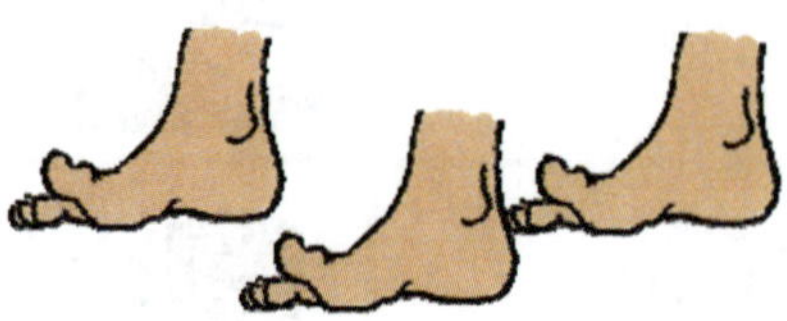

Übung 8: Wie heißt hier die Mehrzahl?

 Ast	
 Schwanz	
 Haus	
 Axt	
 Bratwurst	
 Bach	
 Fahrrad	
 Ei	
 Apfelsine	

Satzzeichen und Satzarten

In einer Unterhaltung zum Beispiel zwischen dir und deinen Freunden weiß meistens jeder von euch, wie ein bestimmter Satz gemeint ist. Wenn du zum Beispiel sagst: „Kann mir mal jemand sagen, wie spät es ist?", weiß jeder, dass das eine Frage ist, auf die du eine Antwort haben möchtest.

Wenn du einmal genau darauf achtest, wirst du feststellen, dass sich zum Beispiel Fragesätze in ihrer Melodie deutlich von anderen Sätzen unterscheiden. Bei Fragesätzen steigt die Tonhöhe am Ende des Satzes immer an.

Man kann also schon an der Melodie eines Satzes hören, ob jemand eine Frage stellt oder etwas anderes sagt.

Liest du aber in einem Buch darüber, dass eine Person etwas sagt, fehlt die Sprechmelodie, weil du die Personen im Buch ja nicht hören kannst.

Damit du trotzdem, auch wenn du liest, immer genau weißt, wie eine Person spricht und was sie meint, hat man bestimmte Satzzeichen erfunden, die einfach hinter den gesprochenen Satz gesetzt werden.

Satzzeichen helfen uns dabei, den Sinn eines geschriebenen Satzes besser zu verstehen.

Übung 9: Ergänze Fragezeichen oder Ausrufezeichen: ? !

Warum ist die Banane krumm
Wie spät ist es
Wollt ihr schon gehen
Haben wir eigentlich heute Hausaufgaben auf
Das ist doch wohl nicht dein Ernst
Magst du auch so gern Pizza
Wie viele Geschwister hast du
Warst du schon einmal in Spanien
Wer war schon dran
Los, rein mit euch
Du machst jetzt sofort deine Hausaufgaben
Geh bitte mit dem Hund in den Garten
Der Letzte macht das Licht aus
Hörst du schlecht

Das einfachste Satzzeichen ist der Punkt. Er zeigt an, dass es sich bei dem vor ihm stehenden Satz um einen ganz normalen **Aussagesatz** handelt.

Der Satz „Ein Mann geht über die Straße." ist zum Beispiel ein einfacher Aussagesatz.

Nach **Fragesätzen** steht immer ein Fragezeichen, zum Beispiel: „Wie spät ist es?".

Eine weitere Gruppe von Sätzen sind die Aufforderungssätze, in denen jemand dazu aufgefordert wird, etwas zu tun.

Hinter **Aufforderungssätzen** steht ein Ausrufezeichen. Das sieht so aus: !.

Zum Beispiel: **Mach jetzt sofort deine Hausaufgaben!**

Ich wette, diesen Aufforderungssatz hast du auch schon oft zu hören bekommen. Oder?

Du kennst jetzt also:

Aussagesätze mit einem einfachen Punkt am Satzende,
Fragesätze mit einem Fragezeichen am Satzende und
Aufforderungssätze mit einem Ausrufezeichen.

Übung 10: Ergänze das richtige Satzzeichen (. ? !). 

Tommi ist mein Freund
Wir gehen heute in den Zoo
Mach sofort deine Hausaufgaben
Um 15:00 Uhr ist Schulschluss
Das Spiel ging schon wieder unentschieden aus
Wann fährt der Zug ab
Der Letzte macht das Licht aus
Hörst du schlecht
Ich lese heute mein Lieblingsbuch
Morgen fällt die Schule aus
Du hast schon wieder gewonnen
Freitags ist der Kiosk ab 18:00 Uhr geschlossen
Haltet den Dieb

Groß- und Kleinschreibung

Wie du sicher schon weißt, gibt es von jedem Buchstaben eine kleingeschriebene und eine großgeschriebene Version. Man sagt auch **Kleinbuchstaben** und **Großbuchstaben**.

So sieht zum Beispiel der Großbuchstabe A aus: A

Und so der dazugehörige Kleinbuchstabe: a

Hier siehst du alle Buchstaben als Großbuchstaben und Kleinbuchstaben:

A a	B b	C c	D d
E e	F f	G g	H h
I i	J j	K k	L l
M m	N n	O o	P p
Q q	R r	S s	T t
U u	V v	W w	X x
Y y	Z z		
Ä ä	Ö ö	Ü ü	

Übung 11: Verbinde alle Großbuchstaben mit den dazugehörigen Kleinbuchstaben.

F H Z C Y B L O S X E A N U G J Q I D V P R M T W K

y a e h z d s l o w j c m q n g l p t u r f v k b x

Im Deutschen können Wörter großgeschrieben, also mit einem großgeschriebenen Anfangsbuchstaben, oder kleingeschrieben werden.

Großgeschriebene Wörter:

- Tomate
- Schule
- Papagei
- Meer
- Schokolade

Da es viel mehr Wörter gibt, die kleingeschrieben werden, ist es nützlich, sich vor allem zu merken, welche Wörter großgeschrieben werden.

Regel 1:
Alle Wörter, die am Satzanfang stehen, werden großgeschrieben.

Das heißt, dass jedes Wort, das als erstes in einem Satz steht, großgeschrieben wird.

Übung 12: Ergänze den ersten Buchstaben des Satzes.

_rankreich ist ein großes Land.

_ananen mag ich am liebsten.

_meisen leben in großen Familien.

_lumen duften.

_onig schmeckt süß.

Das Gleiche gilt für alle Wörter, die nach den folgenden Satzzeichen stehen:

Regel 2 (Schreibung nach Satzzeichen):

. Nach einem **Punkt** wird das nächste Wort großgeschrieben.

! Nach einem **Ausrufezeichen** wird das nächste Wort großgeschrieben.

? Auch nach einem **Fragezeichen** wird das nächste Wort großgeschrieben.

: Nach einem **Doppelpunkt** wird immer dann großgeschrieben, wenn ein vollständiger Satz folgt.

Lerntipp:
Schreibe wichtige Regeln oder auch Wörter, bei denen du oft Fehler machst, auf Karteikarten. Lass dich dann regelmäßig von Eltern oder Geschwistern abfragen.

Übung 13: Setze den richtigen Groß- oder Kleinbuchstaben ein.

__ (e)s war an einem Dienstag. __ (m)ax war schon früher erwacht als gewöhnlich. __ (d)ie Sonne war noch nicht aufgegangen, __ (d)ie Wiesen waren voller Tau.

__ (m)ax hatte an diesem Morgen ein ganz merkwürdiges Gefühl: __ (i)rgendwie fühlte er sich so leicht, __ (a)ls ob er über Nacht sein ganzes Gewicht verloren hätte. __ (u)nd tatsächlich:

__ (k)aum hatte er seine Bettdecke beiseite geworfen, __ (s)chwebte er auch schon zur Decke und hing dort wie ein mit Gas gefüllter Luftballon. __ (d)a das Fenster offen war, __ (s)egelte er einfach nach draußen und beschloss, eine Reise zu machen.

Großschreibung von Nomen (Namenwörter, Substantive)

Nomen – oder **Namenwörter** – sind Wörter, die alle möglichen Dinge, Personen, Pflanzen oder Tiere beschreiben.

Zum Beispiel:

der Wald 

die Rakete 

das Bein 

der Wolf 

der Ball 

die Eule 

das Ei 

das Telefon 

die Laterne 

Nomen (Namenwörter, Substantive) bezeichnen Dinge, Personen, Pflanzen oder Tiere und werden immer großgeschrieben!

Übung 14: Bitte ergänze die fehlenden Buchstaben.

Am Sonntag gehen die Kinder in den Zoo. Dort sehen sie

 _ffen, einen  _elfin, mehrere

 _inguine und  _öwen. _iger  gibt

es in dem Zoo auch,  _iraffen leider nicht. _m Abend

essen die Kinder noch ein  _rdbeereis, dann fahren sie

mit dem  _uto nach Hause.

Vor dem Schlafengehen liest der _ater noch eine Gutenachtgeschichte vor.

Auch Dinge, die man nicht anfassen kann, weil man sie nur denkt oder fühlt, sind Nomen:

die Freude, die Stille, die Seele, die Kälte, der Traum, der Schlaf

Auch sie werden natürlich großgeschrieben.

Namen werden immer großgeschrieben, auch die Namen von Städten, Ländern, Bergen, Flüssen und natürlich die Namen von Menschen.

Thomas, Paris, Europa, die Mosel, Deutschland oder Frankreich

Auch in der wörtlichen Rede wird das erste Wort immer großgeschrieben.

Ferdi sagte: „Heute läuft ein toller Film im Kino."
„Klar, da gehen wir hin", antwortete Alina.

Übung 15: Ergänze die fehlenden Buchstaben.

Die Hauptstadt von _(d)eutschland heißt _(b)erlin.
Nach der _(s)chule ging er sofort nach Hause.
Gestern hatte ich einen merkwürdigen _(t)raum.
Mitten durch Köln fließt der _(r)hein.
Am Wochenende kommt _(e)lisabeth zu Besuch.
Frederik genießt die _(s)tille.
Diese _(w)ärme ist nicht auszuhalten.
Man konnte Paul seine _(a)ngst ansehen.
Hasan wurde in der _(t)ürkei geboren.
Marc meinte: „_(d)as war ein tolles Spiel."
Sabine sagt: „_(h)eute bleibe ich zu Hause."
Alinas _(f)reude über das Geschenk war riesig.

Manchmal kann es aber auch schwieriger sein festzustellen, ob ein Wort mit einem großen oder einem kleinen Buchstaben beginnt. Das ist besonders bei Wörtern der Fall, die normalerweise kleingeschrieben werden, wie zum Beispiel Verben (Tuwörter) oder Adjektive (Eigenschaftswörter). Diese Wörter können manchmal auch so verwendet werden, dass sie großgeschrieben werden müssen.

Verben werden großgeschrieben, wenn man den Artikel (Begleiter) *das* oder *dem* davorsetzen kann.

Zum Aufzeigen benutzt Tim den rechten Arm.
(Das) Schwimmen macht Angela viel Spaß.
Der Lehrer hat (das) Drängeln verboten.
Beim Turnen habe ich mir den Fuß verstaucht.
Zum Spielen brauchen wir noch einen Mitspieler.
Vom Laufen bin ich schon völlig aus der Puste.
Ich habe dich am Lachen erkannt.

Na, wunderst du dich, wo der Artikel *dem* geblieben ist? Er hat sich in den Wörtern beim, zum, vom und am versteckt.

Beim Turnen	Bei dem Turnen
Zum Spielen	Zu dem Spielen
Vom Laufen	Von dem Laufen
am Lachen	an dem Lachen

Übung 16: Ergänze die fehlenden Groß- und Kleinbuchstaben.

Sofort nach dem _(k)lingeln rannten alle raus auf den Schulhof.
Gestern ist mir etwas _(w)itziges passiert.
Das _(b)etreten der Gleise ist verboten.
Wir _(b)etreten den Rasen, obwohl das _(b)etreten des Rasens verboten ist.
Vom _(k)lingeln des Weckers wurde er geweckt.
Angelika ist vom _(t)urnen befreit.
Ich brauche noch einen Helfer zum _(a)npacken.
Das _(r)echnen fällt Timo sehr leicht.
Anne will beim _(t)elefonieren nicht gestört werden.
Das _(l)ösen dieser Aufgaben ist ganz schön schwierig.

Manchmal werden Adjektive auch dann großgeschrieben, wenn sie keine der genannten Wortendungen haben.

Der **Erste**, der **Zweite**, der **Dritte** ...
Der **Kleine** ist jetzt an der Reihe.
Lesen ist wirklich das **Schönste** am ganzen Tag.
Zum Geburtstag wünschen wir dir alles **Gute**.

**Anredepronomen wie Sie, Ihre, Ihnen ...
werden großgeschrieben, wenn sie in einem Brief verwendet werden.**

Bitte beantworten Sie meinen Brief möglichst schnell.
Ich würde mich freuen, von Ihnen zu hören.
Bitte grüßen Sie auch Ihre Frau von mir.

Du weißt ja, dass **Sie** die richtige Anrede für alle Erwachsenen ist, mit denen du nicht gut befreundet bist. Wenn du übrigens einen Brief an einen Freund oder eine Freundin schreibst, kannst du **du** ruhig kleinschreiben. Auch die anderen Anredepronomen wie **dich**, **dein**, **ihr**, **euer** werden dann kleingeschrieben.

Manchmal kann es aber richtig sein, auch diese Anredepronomen großzuschreiben. Das ist zum Beispiel dann der Fall, wenn du besonders höflich sein willst. Auch ältere Menschen freuen sich darüber, wenn das **Du** und die anderen Anredepronomen großgeschrieben werden. Vielleicht denkst du bei deinem nächsten Brief an deine Oma oder eine Tante mal daran?

Übung 17: Ergänze die fehlenden Groß- und Kleinbuchstaben.

Zum _(l)esen eines Buches setze ich mich am _(l)iebsten in den Sessel.
Das _(g)rößte ist es, wenn ich draußen spielen kann.
Diese Tomatensoße esse ich am _(l)iebsten zu meinen Nudeln.
Sehr geehrter Hausmeister, bitte entschuldigen _(s)ie die Unordnung.
Könnten _(s)ie mir bitte sagen, wie spät es ist?
Am besten gefällt mir im Schwimmbad das _(r)utschen auf der Wasserrutsche.
Das _(e)rste, was man in der Schule lernt, ist das Alphabet.
Das _(g)ute daran ist, dass ich es jetzt kann.
Der _(l)etzte muss die Küche aufräumen.
Das _(r)ote gefällt mir gut, das Blaue gar nicht.

Schwierige Wörter mit Q

Leider gibt es ein paar Wörter, die sich ganz besonders schwierige Anfangsbuchstaben ausgesucht haben. Bei diesen Wörtern kann man nicht so einfach durch genaues Hinhören herausfinden, welchen Anfangsbuchstaben sie haben.

Zum Glück sind es aber nicht besonders viele, und du kannst dir sicher leicht merken, welche es sind.

Qualle  Qualm   Querstreifen

Eine glitschige Qualle. Leckerer Quark. Eine sprudelnde Quelle im Gebirge.

Na, ich finde, die hören sich alle so an, als würden sie mit einem K beginnen. Oder?

Leider tanzen diese Wörter ein wenig aus der Reihe und beginnen stattdessen mit einem ganz anderen Buchstaben, den du hier siehst: Q

Das Q wird wie „Kuh" ausgesprochen.

Übung 18: Mit welchem Anfangsbuchstaben beginnen diese Wörter?

Das „Q" taucht übrigens niemals allein auf, es kommt immer in Begleitung seines Freundes, des kleinen „u". Zusammen sehen sie dann so aus:

Q + u = Qu

Wenn man versucht, bei Wörtern, die mit „Q" beginnen, den Anfangsbuchstaben herauszufinden, kann man ganz schön ins Schleudern geraten, denn diese Wörter hören sich alle so an, als würden vorne ein „K" und ein „w" stehen, zum Beispiel bei

„Qualle" oder bei „Quark" oder „Qualm". 

Also, bei Wörtern, bei denen vorne ein „Kw" zu hören ist, musst du besonders gut aufpassen. Sie haben fast immer ein „Q" als Anfangsbuchstaben.

Fallen dir noch mehr Wörter ein, die mit „Q" anfangen? Frage doch mal deine Freunde, Geschwister und Eltern. Mal sehen, ob ihnen genauso viele „Q"-Wörter einfallen wie dir.

Tipp:
Im Deutschen gibt es keine Wörter, die mit Kw beginnen. Du solltest bei Wörtern, die so klingen, also besonders aufpassen.

Übung 19: Welche Wörter mit Qu oder K fallen dir noch ein? Schreibe sie auf:

Noch mehr Wörter mit schwierigen Anfangsbuchstaben

Nicht nur bei den „Q-Wörtern" ist es schwierig herauszufinden, mit welchem Buchstaben sie beginnen.

Hier siehst du einige Begriffe, deren Anfangsbuchstabe anders geschrieben wird, als man ihn ausspricht.

Huh, ein Vampir. Klingt so, als würde das Wort mit „W" anfangen. Tut es aber nicht. Der erste Buchstabe ist ein „V". Einige Wörter, die mit „V" beginnen, werden allerdings so ausgesprochen, als wäre der erste Buchstabe ein „W". Also aufgepasst! Dazu gehören zum Beispiel Wörter wie:

- **Vase**
- **Violine**
- **Verb**
- **Virus**
- **Vitamin**
- **Ventilator**

Übung 20: Was ist richtig? V oder W?

_ampir	
_ase	
_al	
_ulkan	
_ald	
_olf	

Der Yeti ist ein Schneemensch. Er ist nicht nur schwer in den Bergen zu finden, er ist auch noch schwierig zu schreiben.

Sein Name fängt nämlich mit einem **Y** an, obwohl man beim Sprechen nur ein **J** hört.

Ein **Chor**. Der ist ebenfalls schwierig zu schreiben. Das Wort Chor beginnt nämlich mit Ch, obwohl es sich anhört wie ein K.

Es gibt noch mehr Wörter, die so klingen, als würden sie mit einem K beginnen, zum Beispiel **Computer** oder **Clown**. Tatsächlich beginnen beide aber mit einem **C**.

Clown

Computer

Cola

Übung 21: Welcher Buchstabe fehlt hier?

_hor	
_eti	
_rokodil	
_omputer	
_arussell	
_lown	

Buchstaben richtig hören

Jetzt geht es vor allem um das richtige Hören und Erkennen von Buchstaben. Sicher denkst du jetzt: „Pah, das ist ja alles total einfach." Aber warte erst einmal ab ... Bei vielen Buchstaben ist das Hören und Erkennen wirklich sehr einfach. Nehmen wir als Beispiel den Buchstaben A.

Das A kann man immer ganz leicht hören und man verwechselt es auch nur ganz selten mit anderen Buchstaben.

E und I

Genauso einfach ist das zum Beispiel mit dem E oder mit dem I.

Schwieriger ist es schon mit den Buchstaben O und U. Die kann man manchmal leicht verwechseln. Sprich die Buchstaben einmal laut.

O U

Ohr 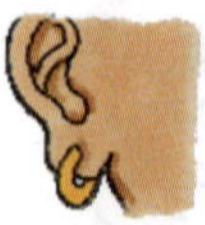 und Uhr  ... das klingt ziemlich ähnlich. Da musst du schon ganz genau hinhören.

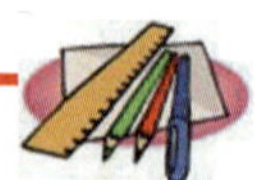

Lerntipp:
Mach beim Lernen regelmäßig kurze Pausen, in denen du dich bewegst und vielleicht nach draußen gehst.

Übung 22: Welche Buchstaben fehlen hier?

	_ nif _ rm
	_ rgel
	_ fen
	_ fer
	_ bst
	Aut_
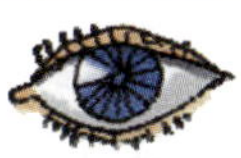	Aug_
	_ nd _ _ ner

Es gibt auch Buchstaben, die man nicht so leicht heraushören kann. Dazu gehören zum Beispiel diese:

D und T

Zum Beispiel in den Wörtern **Drei** und **Tomate**.

G und K

Zum Beispiel in den Wörtern **Giraffe** und **Kirsche**.

B und P

Zum Beispiel in den Wörtern **Blume** und **Pinguin**.

Diese Buchstaben klingen ziemlich ähnlich, und man muss schon sehr genau hinhören, damit man sie richtig versteht.

Trotzdem sind sie noch leicht herauszuhören im Vergleich zu solchen Buchstaben, bei denen man durch bloßes Hören überhaupt nicht sagen kann, welcher Buchstabe dahintersteckt.

Übung 23: Schreibe den Anfangsbuchstaben des Wortes in das Kästchen.

So geht es einem zum Beispiel bei den Buchstaben V und F.

Wenn man sie hört, klingen beide gleich.

Das V in dem Wort Vogel klingt zum Beispiel genau so wie

das F in dem Wort Fisch.

Beide klingen genau gleich, obwohl es zwei verschiedene Buchstaben sind.

Das kann bei einem Diktat in der Schule ganz schön gefährlich werden. Hast du damit auch schon einmal schlechte Erfahrungen gemacht?

Bei diesen Buchstaben muss man schon genau wissen, zu welchem Wort sie gehören, um sie unterscheiden zu können.

Übung 24: F oder V: Was ist richtig?

Einige Buchstaben treiben es aber ganz toll. Sie verändern ihren Klang und hören sich mal so und mal so an. Je nachdem, ob sie in einem Wort vorne oder ganz hinten stehen.

 Zum Beispiel der Buchstabe d. Steht er am Anfang eines Wortes, klingt er genau, wie ein d klingen sollte. In dem Wort Dose hört man deutlich ein d.

Das d kann aber auch wie ein t klingen, zum Beispiel wenn es am Ende eines Wortes steht, wie in dem Wort Hund  oder in dem Wort Hand .

Das Gleiche gilt für den Buchstaben g. Steht er am Anfang eines Wortes, wie zum Beispiel bei dem Wort Gitarre , klingt er wie ein richtiges g. Am Ende eines Wortes, wie bei dem Wort Berg , klingt das g plötzlich wie ein k.

Da hilft dann nur noch der geniale Vervielfältigungstrick: Bilde von solchen Wörtern, bei denen du dir nicht sicher bist, wie der letzte Buchstabe heißt, einfach die Mehrzahl, also zum Beispiel bei Hund - **Hunde** und bei Berg - **Berge**, dann kannst du leicht den letzten Buchstaben heraushören. Achte einmal darauf.

Übung 25: Bilde die Mehrzahl, um herauszufinden, ob der Buchstabe am Ende des Wortes ein d/t oder ein g/k ist.

	B_ _ _ _
	H_ _ _ _
	P_ _ _ _ _
	B _ _ _ _
	B _ _ _ _
	L _ _ _

Lange und kurze Vokale

Na, weißt du noch, welche Buchstaben Vokale (oder Selbstlaute) genannt werden? Genau, es sind die Buchstaben a, e, i, o und u.

Wenn du ganz genau aufpasst, kannst du hören, dass diese Buchstaben in manchen Wörtern lang und in anderen ganz kurz ausgesprochen werden.

Zum Beispiel der Buchstabe i. In dem Wort Kind 

ist das i ganz kurz. In dem Wort Apfelsine  wird das i lang ausgesprochen.

Das Gleiche gilt auch für andere Vokale wie zum Beispiel das e, u oder o. Auch sie gibt es sowohl lang als auch kurz.

Wenn du ganz genau aufpasst, kannst du hören, dass diese Buchstaben manchmal lang und manchmal ganz kurz ausgesprochen werden.

Kurzer Vokal	Langer Vokal
Kind	**Kino**
dumm	**Blume**
Erde	**Esel**
Onkel	**Opa**

Übung 26: Was meinst du? Wie wird der Vokal in diesem Wort ausgesprochen? Lang oder kurz? Kreuze an:

	lang	kurz
	☐	☐
	☐	☐
	☐	☐
	☐	☐

Übung 27: Sprich die folgenden Wörter einmal laut aus. Hör dir dabei genau zu. Finde bei jedem Wort heraus, ob es einen langen oder einen kurzen Vokal hat.

A: Ratte - raten

E: Geld - Erde - reden - retten - Bett - beten

I: Schiff - schief - Mitte - Miete

O: Ochse - Ofen - offen - verboten

U: Hunger - Buch

Vokalverlängerungen durch Dopplungen und Dehnungs-h

Ganz besonders musst du aufpassen, wenn die Vokale dadurch länger gemacht werden, dass man noch einen oder sogar zwei Buchstaben daran anhängt.

Zum Beispiel bei dem Wort **Saal**. Hier wird das a dadurch lang gemacht, dass noch ein a daran angehängt wird.

Oder in dem Wort **Aal**. Hier wird auch das a verdoppelt.

In dem Wort **Beet** wird das **e** durch Verdopplung verlängert.

Das Gleiche in dem Wort **Erdbeere**.

Das i kann durch Anhängen von einem e oder einem h lang gemacht werden. Beispiele sind: Dieb, Schiene oder die Personalpronomen (persönliche Fürwörter) ihm, ihr, ihnen und ihn.

Übung 28: Was meinst du? Wie werden diese Wörter geschrieben? Doppelter Vokal, einfacher Vokal oder Verlängerung durch e, eh oder h?

APFELS___NE

A___L

B___T

DELF___N

Auch andere Vokale können durch ein angehängtes h lang gemacht werden:
Zum Beispiel: Uhr, Bohne, Bahn, Sehne.

Wörter mit Dehnungs-h	
Wörter mit -ah oder -äh	Bahn, ahnen, Zahn, gähnen, zählen, Mahl, Pfahl, Strahl, zahm, Rahmen, Fahne, Sahne
Wörter mit -eh	dehnen, zehn, ehrlich, befehlen, empfehlen, fehlen, Kehle, Mehl, stehlen, angenehm, Sehne, vornehm, mehr, vermehren, verzehren
Wörter mit -ih	ihm, ihr, ihnen, ihn (mehr gibt es nicht!)
Wörter mit -oh oder -öh	Floh, stöhnen, Fohlen, johlen, Bohle, Kohl, hohl, Ohr, wohnen, Rohr, Bohrer, Stroh, Höhle, versöhnen, verwöhnen, Röhre
Wörter mit -uh oder -üh	Ruhm, rühmen, Mühle, Stuhl, Kuhle, Huhn, Uhr, Kuh, Schuh

Übung 29: Wie werden diese Wörter geschrieben? Mit oder ohne Dehnung? Fülle aus:

B ____ NE

BL ____ ME

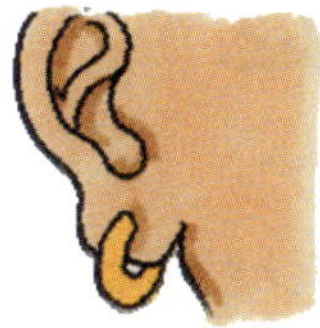

____ R

H ____ N

H ___ SE

ST ___ L

KN ___

N __ LPFERD

Z ___ GE

Achtung:
Die Wortendungen -sam, -bar, -sal und -an werden immer ohne h geschrieben!

Du siehst, es gibt mehrere Möglichkeiten, einen Vokal so zu schreiben, dass er lang ausgesprochen wird.

1. Es kann sich um einen einzelnen Vokal (a, e, i, o, u) handeln.

2. In einigen Fällen wird der Vokal verdoppelt, wie zum Beispiel in **Saal** oder **Moor**.

3. Es kann sich um einen Vokal mit angehängtem h oder e oder eh handeln.

Achtung:
Die Buchstaben ä, ö und ü kommen nie doppelt vor! Zum Beispiel: Brötchen, Härchen, Bötchen, Hütchen.

Lerntipp:
Schreibe schwierige Wörter auf ein Plakat, das du an deinem Schreibtisch aufhängst. Schau jeden Tag einmal darauf.

Übung 30: Am einfachsten ist es mit den doppelten Vokalen. Diese kommen nur selten vor und du kannst sie einfach auswendig lernen.

Wörter mit doppeltem a	
Staat	Aal
Maat	Haar
Paar	Waage
Aas	Paar
Saat	
Wörter mit doppeltem e	
Seele	Beet
Beere	Galeere
Kaffee	Klee
leer	Tee
Teer	Allee
Fee	Meer
See	Armee
Schnee	krakeelen
Porree	Heer
Idee	Speer
Wörter mit doppeltem o	
Moor	Boot
Zoo	doof
Moos	

Merken:
Direkt nach einem kurzen Vokal folgen in fast allen Fällen zwei Konsonanten (Mitlaute). Das können zwei gleiche Konsonanten sein:

Tanne - rennen - schaffen - hoffen - Klette - bellen - Ratte

... oder auch zwei unterschiedliche Konsonanten:

Hecke - hocken - Rest - Kind - Wald - Heft - Stift - Ring

Ausnahmen gibt es insbesondere bei kurzen Wörtern, die zum Beispiel aus dem Englischen kommen:

Pop - Job - Pony - Jet

Eine weitere Ausnahme bilden die folgenden kurzen Wörter, die du dir merken solltest:

ab - an - in - um - bis - drin - hin - zum - dran - man - weg - mit - was - plus - ob

Außerdem die Wörter bin und hat.

Übung 31: Fülle die Lücken mit i, ih oder ie aus.

Ein T __ ger.
Am D __ nstag fahren w __ r in die Fer __ en.
Dieser R __ se ist z __ mlich groß.
Vors __ cht: ein D __ b!
Eine Lokomot __ ve.
Er duldet keinen W __ derspruch.
Ich leihe d __ r mein Fahrrad.
Eine kompliz __ rte Masch __ ne.
Gestern hat mich w __ der eine B __ ne gestochen.
Am Samstag waren w __ r im K __ no.

Übung 32: Gehört hier noch ein Dehnungs-h hin? Ergänze:

Der Baum ist se __ r ka ___ l.
Se _ tze dich bitte auf den Stu _ l.
Eine Lokomoti _ ve.
Ein Zu _ g fä _ rt in den Ba _ nhof ein.
Das Hu _ n legt Eier.
Das ist eine schö _ ne U _ r.
Bo _ rmaschine.
Wenn du _ gu _ t aufpasst, machst du _ keine Fe _ ler.

Einfache/doppelte Konsonanten

Sicher erinnerst du dich noch daran, welche Buchstaben als Konsonanten (manchmal nennt man sie auch Mitlaute) bezeichnet werden. Richtig: Es handelt sich um die Buchstaben, die keine Vokale sind, also:

Alle Buchstaben außer a, e, i, o, u sind Konsonanten oder Mitlaute.

b, c, d, f, g, h, j, k, l, m, n, p, q, r, s, t, v, w, x, y, z

Konsonanten können allein oder mit einem Zwillingsbruder oder einer Zwillingsschwester in einem Wort erscheinen.

In dem Wort Hüte steht der Konsonant t allein. In dem Wort Hütte ist er doppelt vorhanden. Hast du gesehen, dass auch in dem Wort doppelt ein doppelter Konsonant vorkommt? Richtig, hier ist es ein doppeltes p.

Merken:
Die Doppelkonsonanten kk und zz kommen nur in Fremdwörtern, also in Wörtern aus einer anderen Sprache vor:
Makkaroni - Sakko - Mokka - Pizza - Razzia - Skizze

Übung 33: Fülle die Wortlücken aus. Muss ein Konsonant verdoppelt werden?

Wir hat_en gestern viel Spaß.
Die Has_en fres_en meinen ganzen Sal_at.
Ich wet_e, du kan_st nicht rat_en, wie schnel_ Rat_en laufen kön_en.
Hunde haben oft eine nas_e Nas_e.
Gestern kam_ mit der Post mein neuer Kam_.
Heute wol_en wir Würstchen gril_en.
Der Lehrer hat_e keinen blas_en Schim_er.
Der Flus_ ist vol_er Krok_odile.
Wer kom_t mit zum Imbis_?
In meiner Hos_e befand sich ein langer Ris_.
In Afrika kan_ ein Schlangenbis_ tödlich sein.
Ich glaube, ich schaf_e noch eine Kartof_el_.
Damit die Länge stim_t, mus_ man_ genau mes_en.
Gewit_er um Mit_ernacht ist ganz schön gruselig.

Ob ein Konsonant einfach oder doppelt in einem Wort vorkommt, kannst du leicht daran erkennen, wie der Vokal, der davorsteht, ausgesprochen wird.

Wird der Vokal lang ausgesprochen, folgt nur ein einfacher Konsonant.

Zum Beispiel in  Tiger,  Rose,

 Banane oder in dem Wort  Hase.

Wird der Vokal in einem Wort dagegen kurz gesprochen, folgen danach immer mindestens zwei Konsonanten:

Zum Beispiel in bitten, Sonne, Knolle oder in Butter.

Übung 34: Hier sind zwei Wörter versteckt, in denen kein einziger doppelter Konsonant vorkommt. Findest du heraus, welche Wörter das sind? Kreise die Bilder ein.

s, ss oder ß

Der Buchstabe s kann in der deutschen Sprache in unterschiedlichen Formen vorkommen. Mal schreibt man ein einfaches s, zum Beispiel in dem Wort Rasen, mal ein doppeltes s, wie in dem Wort Essen , und manchmal schreibt man ein ß wie in dem Wort Fuß . Der Buchstabe ß wird übrigens Eszett genannt.

Vielen Menschen fällt es nicht leicht zu unterscheiden, wann ein Wort mit einem s, mit einem ss oder mit einem ß geschrieben wird. Damit dir das nicht auch so ergeht, findest du im Folgenden alle wichtigen Regeln zu diesem schwierigen Buchstaben.

Regel 1:
Ein weiches s schreibt man immer mit einfachem s.

Jetzt fragst du dich natürlich, was ein weiches s ist. Als weiche oder auch stimmhafte Konsonanten (Mitlaute) werden solche bezeichnet, die beim Sprechen einen weichen Klang haben, zum Beispiel:

Sonne, sagen, segeln, reisen, Meise

Übung 35: Was meinst du: Handelt es sich bei diesem s um ein weiches oder um ein hartes s?

weich: **s** hart: **ss**

Im Gegensatz dazu haben die sogenannten harten (stimmlosen) Konsonanten einen harten Klang. Beim Beispiel des harten s hat kann man auch von einem zischenden Laut sprechen, zum Beispiel:

Wasser, essen, Ross, Hass, Hessen

Es gibt jedoch auch einige Wörter, bei denen das s zwar hart klingt, zu denen aber trotzdem ein weiches s gehört, zum Beispiel:

Gras, sie reist, Niespulver

Bei diesen Wörtern kann man das weiche s hören, wenn man Ableitungen oder Verlängerungen aus den Wörtern bildet:

Gräser, reisen, niesen

Wir können also unsere Regel 1 ein wenig erweitern:

Ein weiches s schreibt man immer mit einfachem s. Ein s ist dann weich, wenn es weich klingt oder wenn es in einer Ableitung oder Verlängerung des Wortes weich klingt.

Übung 36: Finde die Verlängerung, um das weiche (stimmhafte) oder das harte (stimmlose) s zu hören!

Wort	Verlängerung
das Gras	die Gräser
der Preis	die
der Riss	die
er reist	sie
der Kreis	die
die Maus	die
das Moos	die
das Haus	die
das Glas	die
das Ross	die
nass	die
der Schluss	die
das Verlies	die
der Verschluss	die
er löst	sie

Wörter mit weichem s am Wortanfang:

Sonne, segeln, sieben, Sofa

Wörter mit weichem s in der Wortmitte:

Rose, rasen, Hose, Blase, Hase

Wörter mit weichem s am Wortende:

Gras (Gräser), Kreis (Kreise), Maus (Mäuse)

Regel 2:
Nach einem kurzen Vokal schreibt man ss.

Also, wenn nach einem kurz gesprochenen Vokal - Vokale sind die Buchstaben a, e, i, o u - ein s-Laut zu hören ist, wird das Wort mit zwei s geschrieben:

Kasse, Schluss, nass, Masse, Kuss, Biss, Riss, hassen

Das Gleiche gilt auch für Wörter mit einem kurz gesprochenen Umlaut, also ä, ö oder ü:

müssen, küssen, Rösser

Übrigens:
Das doppelte s kann nie am Anfang eines Wortes stehen, nur in der Mitte oder am Ende!

Übung 37: Fülle die Lücken aus. Was fehlt? s oder ss?

AMEI___E	ANANA___

YP___ILON	WA___ERRINGE

E___KIMO	EIN___

E___EL	GE___ICHT

___ALAT	SCHLÜ___EL

Regel 3:
Nach einem langen Vokal schreibt man ß.

Wird ein Vokal lang gesprochen und folgt danach ein s-Laut, dann schreibt man ein ß:

Ruß, Gruß, Fuß, sie aß, sie saß, er gießt, er weiß, Straße, beißen, groß, grüßen

Auch das ß steht niemals am Anfang eines Wortes!

Regel 4:
Die Wortendung -nis wird immer mit einem s geschrieben.

Geheimnis, Gleichnis, Verhältnis, Ereignis

Nur im Plural (Mehrzahl) wird hier ss geschrieben:

Geheimnisse, Gleichnisse, Verhältnisse, Ereignisse

Übung 38: Fülle die Wortlücken richtig mit s/ss/ß aus.

In meiner Ho_e befand sich ein langer Ri_.
In Afrika kann ein Schlangenbi_ tödlich sein.
Ein Bi_ in den Fu_ ist sehr schmerzhaft.
Bestell deinen Eltern einen schönen Gru_.
Ich glaube, ich schaffe noch einen Klo_.
Vorsicht beim Überqueren der Stra_e.
Blumen brauchen viel Wa_er. Darum mu_ man sie regelmä_ig gie_en.
Nach einem Foul beim Fu_ball gibt es einen Freisto_.
Mei_tens schmeckt mir das E_en sehr gut.
Hunde, die bellen, bei_en nicht.
Tom ist ein richtiger Au_rei_er.

Das oder dass?

Als letzte unserer s-Regeln wollen wir uns nun auch noch anschauen, wann das Wort **das** mit einem und wann es mit zwei s (**dass**) geschrieben wird.

Regel 1:
Das Wort das wird immer dann mit einem s geschrieben, wenn es als Artikel (Begleiter) gebraucht wird.

das Fahrrad, das Haus, das Auto

Regel 2:
Das Wort das (mit einem s) kann durch die Wörter dieses, jenes oder welches ersetzt werden.

Das Auto, **das** die Straße entlangfährt, ist grün.
Jenes Auto, welches die Straße ...
Dieses Auto, welches die Straße ...

Regel 3:
Das Wort dass (mit zwei s) folgt häufig nach Wörtern des Sagens, Meinens oder Denkens.

Der Lehrer sagte, **dass** es heute keine Hausaufgaben gäbe.

Franz denkt, **dass** sein Verein am Wochenende gewinnt.

Wir glauben, **dass** du es schaffst.

Übung 39: Fülle die Wortlücken richtig mit s/ss aus:

Da_ Fahrrad, da_ ich dir gestern geliehen habe.
Da_ ist da_ Haus, da_ so schön aussieht!
Dort ist da_ Puzzle, da_ ich mir wünsche.
Am Strand gibt es Eis, da_ ist das beste.
Das Eis, da_ ich mir gekauft habe, schmeckt gut.
Ich glaube, da_ du daran denken wirst.
Anna denkt, da_ sie gewinnen wird.
Das Schwein, da_ ich dort hinten gesehen habe.
Da_ ist Johannes, er ist mein Freund.
Ich fürchte, da_ ich meine Hausaufgaben vergessen habe.
Da_ es heute regnen wird, glaube ich nicht.
Das Gerücht, da_ morgen schulfrei ist, ist falsch.

Wortstamm und Ableitungen

Hättest du gedacht, dass es in der deutschen Sprache mehrere Hunderttausend verschiedene Wörter gibt? Aber nicht alle Wörter sind wirklich komplett unterschiedlich. Viele Wörter, die sich unterschiedlich anhören, stammen ursprünglich vom gleichen Wort ab.

Nimm einmal als Beispiel das Wort „fahren". Von diesem Wort stammen eine Menge anderer Wörter ab. Zum Beispiel:

Wortstamm fahren

Fahrrad, Fahrkarte, Fähre, Gefährte, verfahren, anfahren, überfahren und noch viele mehr.

Der Teil eines Wortes, an dem du erkennen kannst, von welchem Wort es abstammt, nennt man den Wortstamm. Den Wortstamm kannst du dir vorstellen wie einen Baumstamm, von dem aus die abgeleiteten Wörter (so nennt man die Wörter, die von einem bestimmten Wortstamm abstammen) wie Äste und Zweige in alle Richtungen wachsen. Der (Wort-)Stamm dieses Wörterbaums bleibt dabei immer der gleiche.

Übung 40: Schreibe zu den hier abgebildeten Wörtern einige Wörter auf, die den gleichen Wortstamm haben.

sehen
sichtbar, unübersehbar ...

gehen
begehbar, Gang ...

singen
Gesang ...

hören
hörbar, Gehör...

In unseren Beispielen oben ist der Wortstamm „fahren". Man kann von einem Wortstamm auf unterschiedlichste Art und Weise neue Wörter ableiten.

Man kann zum Beispiel Adjektive (Eigenschaftswörter) erzeugen, indem man an das Stammwort einfach bestimmte Buchstaben hinten anhängt.

Zum Beispiel diese **Endungen**:

-ig, zum Beispiel ries-ig vom Stammwort **Riese**
-lich, zum Beispiel frag-lich vom Stammwort **fragen**
-los, zum Beispiel hoffnungs-los vom Stammwort **hoffen**
-bar, zum Beispiel wunder-bar vom Stammwort **Wunder**
und so weiter

Man kann durch Anhängen anderer Buchstaben neue Nomen erzeugen.

Zum Beispiel in den Wörtern:

Stimm-ung vom Stammwort **Stimme**
Schön-heit vom Stammwort **schön**
Zeug-nis vom Stammwort **(be)zeugen**

Übung 41: Bilde durch das Anhängen der Buchstaben -ig, -lich, -los und -bar neue Adjektive.

Herbst	
König	
Ruhe	
Schmerz	
Saft	
Geschmack	
Sommer	
Ende	
Abend	
Wunder	

Übung 42: Bilde durch das Anhängen der Buchstaben -ung,-keit, -heit und -nis neue Nomen aus diesen Stammwörtern.

Stimme	
heiter	
wahr	
vielfältig	
wagen	
ziehen	
heizen	
prüfen	

Eine andere Methode, von Stammwörtern neue Wörter abzuleiten, ist es, vorne vor das Wort verschiedene Buchstabengruppen zu setzen. Das funktioniert zum Beispiel gut mit diesen Vorsilben:

ab-, an-, auf-, be-, durch-, ent-, über-, ver-, vor-, weg-, zer-

In Wörtern wie:
ab-nehmen vom Stammwort nehmen
an-fahren vom Stammwort fahren
auf-stellen vom Stammwort stellen
be-schreiben vom Stammwort schreiben

Du siehst, es gibt viele Möglichkeiten, aus einem Wortstamm viele verschiedene Wörter zu bilden. Wenn du einmal nicht genau weißt, wie du ein bestimmtes Wort schreiben musst, überprüfe schnell, ob das Wort von einem anderen Wort abstammt. So kann man oft herausfinden, wie ein Wort geschrieben wird.

Übung 43: Was glaubst du? Welche dieser Wörter gehören nicht zu dem jeweiligen Wortstamm? Kreuze an.

Wortstamm				
STEIN	Steinboden	steinhart	Steilhang	Steigung
	☐	☐	☐	☐
SCHLAF	Schäfer	verschlafen	schlagen	schlaflos
	☐	☐	☐	☐
HAUS	Haube	Heu	häuslich	Hausfrau
	☐	☐	☐	☐
SONNE	sonnenklar	sonnig	sondern	sonderbar
	☐	☐	☐	☐
BLAU	bläulich	blühen	Blaulicht	Blase
	☐	☐	☐	☐
NACHT	nah	Nähmaschine	nächtlich	Nächte
	☐	☐	☐	☐
WOHN-	wohnen	wohnlich	Wohnhaus	Wohlstand
	☐	☐	☐	☐
LAUF-	laufend	lau	er läuft	Lauf
	☐	☐	☐	☐
APFEL	Aprikose	Apfelsaft	Äpfel	Apfelsine
	☐	☐	☐	☐
GLAS	glauben	gläsern	Wasserglas	glitschig
	☐	☐	☐	☐
HOLZ	hölzern	Holzbock	Holztisch	holpern
	☐	☐	☐	☐
TAG	täglich	Tage	tadellos	Tagung
	☐	☐	☐	☐

Trennung am Zeilenende

Ist dir auch schon einmal aufgefallen, dass die Seiten in deinen Schulheften nie breit genug sind, um das letzte Wort in einer Zeile noch vollständig hinzuschreiben? In diesen Fällen hilft nur eins: Das zu lang geratene Wort wird getrennt. Das heißt, du machst einen Trennstrich und schreibst den Rest des Wortes in die nächste Zeile.

Leider darf man Wörter nicht an jeder Stelle trennen. Damit du beim Trennen möglichst keine Fehler machst, habe ich einmal die wichtigsten Regeln für dich zusammengesucht. Zuerst die gute Nachricht: Bei den meisten Wörtern ist das Trennen ganz einfach. Man trennt sie nämlich einfach nach Silben – genau so, wie man das Wort beim Sprechen auch trennen würde.

Regel 1:
Die meisten Wörter werden zwischen zwei Silben getrennt.

Die einzelnen Silben eines Wortes hörst du am besten, wenn du das Wort langsam und deutlich aussprichst. Du kannst die Silben auch mitklatschen, um sie noch besser herauszuhören.

Haus-auf-ga-ben oder Schü-ler-zei-tung

Spiel-zeug-la-den, Him-beer-eis, Scho-ko-la-de, schul-frei

Übung 44: Zeichne einen senkrechten Strich an die Stellen, an denen diese Wörter getrennt werden können.

A u t o b a h n
R i e s e n r a d
W e l t r a u m f a h r t
E i s e n b a h n v e r k e h r
E i s b u d e n b e s i t z e r
G e s c h e n k
T a s c h e
N u d e l n
F r e i t a g
R o s e n s t r a u c h
T u l p e n v a s e
L ö w e n k ä f i g
F l a s c h e n g e i s t
Z w i e b e l k u c h e n
A u t o w e r k s t a t t
A s t g a b e l
H i m b e e r p u d d i n g

Bei Wörtern mit **Doppelkonsonanten** musst du gut aufpassen. Sie werden immer so getrennt, dass hinter dem Trennstrich nur ein Konsonant steht.

Regel 2:
Wörter mit zwei Konsonanten werden zwischen den beiden Konsonanten getrennt. Hat ein Wort drei Konsonanten, wird so getrennt, dass in der nächsten Zeile immer nur ein Konsonant steht.

Das heißt also, Keller wird Kel-ler getrennt. Aber Kellner wird Kell-ner getrennt. Die Buchstabenverbindungen st, sp, tz und pf werden einfach in der Mitte getrennt. Genau so würde man auch beim Sprechen trennen.

Regel 3:
st, sp, tz und pf werden in der Mitte getrennt.

Zum Beispiel: Kat-ze, hüp-fen, Wes-te, sit-zen

Und jetzt gut aufgepasst: Diese Buchstabenverbindungen darfst du NIEMALS trennen: ck, ch **und** sch.

Regel 4:
Die Buchstabenverbindungen ck, ch und sch werden nie getrennt. Sie bleiben immer zusammen.

Wörter mit diesen Buchstaben werden zum Beispiel so getrennt: Sa-chen, Wa-schen, Lo-cken.

Übung 45: Male einen senkrechten Strich an die Stellen, an denen diese Wörter getrennt werden können.

S C H I F F F A H R T
A F F E N T H E A T E R
K A N I N C H E N S T A L L
S A U E R S T O F F F L A S C H E
B E T T L A K E N
F L A S C H E N
M A C H E N
K E L L N E R
K A T Z E
K A L E N D E R
T I S C H P L A T T E
S P I T Z H U T
P F E R D E S T A L L
M Ü C K E N P L A G E
K E L L E R
S O C K E N
K L O P F E N
R E S T E

Wortarten

Wie du ja schon weißt, besteht jeder Satz aus mehreren verschiedenen Wörtern, beispielsweise dieser Satz:
Der Mann geht über die breite Straße.

Wenn du dir diesen Satz einmal anschaust, kannst du leicht sehen, dass er ganz unterschiedliche Wörter enthält. Einige Wörter bezeichnen Personen oder Gegenstände – in unserem Beispiel die Wörter **Mann** und **Straße**.

Andere Wörter bezeichnen Tätigkeiten – hier zum Beispiel das Wort **geht**.
Wieder andere beschreiben, wie etwas ist – hier das Wort **breit**.

Damit haben wir schon die wichtigsten Wortarten zusammen:

1. Namenwörter oder Nomen

Das sind Wörter, die Personen oder Sachen beschreiben, zum Beispiel:
Mann, Straße, Hand, Zitrone oder Schule.

Diese Wörter nennt man Namenwörter oder auch Nomen oder Substantive.

Übung 46: Finde die Nomen und kreuze sie an.

Fahrrad		fahren		schnell	
er		Himmel		Wald	
laufen		ihn		Lokomotive	
grün		Bahnhof		Rose	
Susanne		hüpfen		Kalender	
sonnig		rosa		Sonne	
blau		Schule		sie	
Auto		Ampel		rennen	
es		Schulhof		Frau	
blühen		Fehler		Gesang	
Farbe		gelb		Riese	
Satz		Buch		essen	
lang		sehen		Gesicht	
riesig		schwer		Gewicht	
selten		Rennrad		schnell	
krank		Arzt		Thomas	

2. Tätigkeitswörter oder Verben

Dazu gehören alle Wörter, die beschreiben, was jemand tut, zum Beispiel: **gehen, fahren, rattern, fallen** und so weiter.

Diese Wörter nennt man Tätigkeitswörter oder Verben.

3. Eigenschaftswörter oder Adjektive

Dazu gehören zum Beispiel Wörter wie **breit, lang, grün, schön, dumm** und so weiter.

Diese Wörter nennt man Eigenschaftswörter oder Adjektive.

Wie haben also bis jetzt: Namenwörter (Nomen), Tätigkeitswörter (Verben) und Eigenschaftswörter (Adjektive). Diese Wortarten kann man in fast jedem Satz finden.

Zum Beispiel in dem Satz: **Das Kind trägt einen gelben Pulli.** Hier haben wir zwei Namenwörter, nämlich **Kind** und **Pulli**, ein Tätigkeitswort (oder Verb), **trägt** bzw. **tragen**, und ein Eigenschaftswort, nämlich **gelb**.

Zu diesen Wortarten, die du jetzt schon kennst, kommen nun noch zwei weitere hinzu, die aber auch ganz leicht zu merken sind. Es handelt sich um Beiwörter (Begleiter) wie **der**, **die** und **das** und um die sogenannten persönlichen Fürwörter, die auch Pronomen genannt werden.

Übung 47: Finde die Verben und Adjektive. Kreuze sie an.

Fahrrad		fahren		schnell	
er		Himmel		Wald	
laufen		ihn		Lokomotive	
grün		Bahnhof		Rose	
Susanne		hüpfen		Kalender	
sonnig		rosa		Sonne	
blau		Schule		sie	
Auto		Ampel		rennen	
es		Schulhof		Frau	
blühen		Fehler		Gesang	
blumig		Einkauf		kaufen	
Hotel		baden		fröhlich	
singen		schlafen		Baum	
Urwald		silbern		springen	
Stift		schreiben		sorglos	

Fürwörter (Pronomen)

Pronomen sind Wörter, die als Ersatz für ein Nomen eingesetzt werden können. Pronomen können für Personen, Dinge, Tiere, Pflanzen und alles eingesetzt werden, für das es ein Nomen gibt.

Das Pronomen **er** kann zum Beispiel für **der Baum**, **Marc**, **der Schulhof**, **der Lehrer** und vieles mehr stehen.

Beispielsweise kannst du statt **Der Schüler geht in die Schule** auch **Er geht in die Schule** schreiben. **Er** ist in diesem Fall ein Pronomen, das für **Der Schüler** steht.

Das Pronomen **sie** kann zum Beispiel für **die Schule**, **die Blume**, **die Sonne** oder für **Antonia** stehen.

Beispielsweise kannst du statt **Antonia macht ihre Hausaufgaben** dann auch **Sie macht ihre Hausaufgaben** schreiben.

Das Gleiche gilt für das Pronomen **es**. Dieses Pronomen kann zum Beispiel für **das Auto**, **das Kind**, **das Mädchen** oder **das Schulfest** stehen.

So kannst du statt **Das Schulfest war sehr schön** auch einfach **Es war sehr schön** schreiben.

Übung 48: Schreibe die Sätze so, dass du das unterstrichene Wort durch ein Pronomen ersetzt.

Der Lehrer geht in die Schule.
Er geht in die Schule.
Die Sonne schien den ganzen Tag.
Der Baum hat schöne Blätter.
Mein Vater geht zur Arbeit.
Das Buch hat 200 Seiten.
Der Nikolaus kommt am 6. Dezember.
Der Hund bellt sehr laut.
Meine Schwester besucht die 2. Klasse.
Marc will immer aufbleiben.
Mädchen tragen manchmal Kleider.

Sicher hast du schon bemerkt, dass du Pronomen auch sehr gut dazu verwenden kannst, um in einem Aufsatz unschöne Wiederholungen zu vermeiden. Wenn du zum Beispiel schreibst:

Das Auto fährt die Straße entlang.
Das Auto bremst vor dem Zebrastreifen.

... klingt das nicht so gut, weil du in zwei aufeinanderfolgenden Sätzen **Das Auto** geschrieben hast.

Besser klingt es, wenn du in dem zweiten Satz ein Pronomen verwendest:

Das Auto fährt die Straße entlang.
Es bremst vor dem Zebrastreifen.

Also merken:
Pronomen können dabei helfen, in selbst geschriebenen Texten unschöne Wiederholungen zu vermeiden.

Lerntipp:
Wenn du gemeinsam mit Freunden lernst, kann immer abwechselnd einer von euch den Lehrer spielen, der den anderen den Lernstoff erklärt. Dadurch lernt man eine Menge und merkt schnell, wenn noch etwas unklar ist.

Übung 49: Schreibe die richtigen Pronomen in die Lücken.

Marc hat eine schwere Tasche. [___] trägt [___] auf dem Rücken.
Das T-Shirt ist Sara zu groß. [___] mag [___] trotzdem sehr gern.
Die Mutter ist böse auf Tim. [___] hat eine Blumenvase zerbrochen. [___] war sehr wertvoll.
Thomas ist sehr blass. [___] ist krank.
Das Buch hat 200 Seiten. [___] ist sehr dick.
Sabine isst gern Gemüse. Am liebsten isst [___] Brokkoli.
Der Hund hat schwarzes Fell. [___] glänzt in der Sonne.

Persönliche Fürwörter (Personalpronomen)

Persönliche Fürwörter sind Wörter, die als Ersatz für eine Person oder einen Namen benutzt werden können.

Statt **Sabine gibt Ayla ein Buch** könnte man ja auch sagen: **Sie gibt ihr ein Buch**. Die Wörter **Sie** und **ihr** sind also persönliche Fürwörter, die anstelle der Namen eingesetzt werden.

Weitere Personalpronomen sind:

Einzahl (Singular)	
1. Person	ich, mir, mich
2. Person	du, dir, dich
3. Person	er, sie, es, ihm, ihr, ihn

Mehrzahl (Plural)	
1. Person	wir, uns
2. Person	ihr, euch
3. Person	sie, ihnen

Du kannst dir also merken, dass die Personalpronomen der 1. Person immer dann verwendet werden, wenn jemand etwas über sich selbst sagt, zum Beispiel: **Ich habe mich gestern erkältet.**

Übung 50: Finde die Personalpronomen und markiere sie.

Ich gehe jetzt mit ihm nach Hause.
Wir haben jetzt alles für dich getan.
Im Schwimmbad haben uns die älteren Kinder geärgert.
Meine Eltern waschen jeden Samstag ihr Auto.
Mein Kaninchen ist süß. Es kommt sofort, wenn ich es rufe.
Hast du ein Fahrrad? Meins ist leider kaputt.
Das ist ein Foto von mir mit sechs Jahren.
Ich habe ihn gefragt, ob er mitkommen möchte.
Er ist gegangen, nachdem wir euch getroffen hatten.
Sage ihr bitte, dass sie mich anrufen möchte.
Seine Mutter hat ihm nicht erlaubt, es mitzubringen.
Während sie schlief, zerriss ihr Hund die Pantoffeln.
Sie sagte, dass es ihr gleichgültig sei.
Hanna kam zu spät, dafür ging sie früher wieder.

Personalpronomen in der 2. Person werden verwendet, wenn eine Person angesprochen wird. Zum Beispiel: **Du hast dich verletzt.**

Personalpronomen in der 3. Person werden verwendet, wenn etwas über eine Person gesagt wird. Zum Beispiel: **Sie hat gestern ihr Buch vergessen.**

Das Gleiche gilt natürlich auch für Personalpronomen in der Mehrzahl. Hier sprechen in der 1. Person mehrere Personen über sich, in der 2. Personen werden mehrere Personen angesprochen und in der 3. Person wird über mehrere Personen gesprochen.

Wir haben uns gestern verlaufen.
Ihr habt beim Fußballspiel verloren.
Sie haben vergeblich auf uns gewartet.

Übrigens, das Personalpronomen **Sie** kann auch als Anrede verwendet werden: **Guten Tag Herr Meyer, Sie kommen zu früh.**
In diesem Fall ist mit dem **Sie** die angesprochene Person gemeint. Auch in Briefen verwendet man das **Sie** als Anrede für erwachsene Personen, die man nicht so gut kennt, dass man sie duzen dürfte.

Auch Erwachsene benutzen oft das **Sie** als Anrede, wenn sie nicht eng befreundet sind.

Hallo Frau Müller, Sie haben ja ein tolles Kleid.

Übung 51: Finde die Personalpronomen und markiere sie.

Seid ihr schon da? Wir kommen in einer Stunde.
Sie gab ihm das Buch seiner Mutter zurück.
Das lassen wir uns von euch nicht gefallen.
Möchten Sie etwas trinken?
Darf ich mit euch Fußball spielen?
Du hast dir gestern deinen Zeh gestoßen.
Er meinte, sein Fahrrad funktionierte nicht.
Wir wollen morgen ins Kino gehen.
Anne und Tom sagten, dass sie mitkommen wollten.
Bitte nehmen Sie Platz.
Guten Morgen, wie geht es Ihnen?
Er sagt, dass sie ihn angelogen habe.

Besitzanzeigende Pronomen

Zum Schluss schauen wir uns noch einige besondere Pronomen an, die die Aufgabe haben zu zeigen, wem etwas gehört. Bei diesen Pronomen handelt es sich um:

mein, dein, sein, ihr, unser und euer

Das ist mein Bonbon.

Das ist seine Laterne. oder Das ist ihre Laterne.
(Einzahl - Singular)

Das ist dein Papagei.

Das ist unser Buch.

Das sind eure Kekse.

Das ist ihr Luftballon.
(Mehrzahl - Plural: Der Luftballon der Kinder)

Besitzanzeigende Pronomen werden auch **Possessivpronomen** genannt.

Übung 52: Setze Nomen und Pronomen in den Plural (in die Mehrzahl).

Das ist mein Bonbon.
Das sind unsere Bonbons.
Das ist seine Laterne.
Das ist dein Papagei.
Das ist unser Buch.
Das ist dein Haus.
Das ist mein Fahrrad.
Das ist dein Luftballon.
Das ist ihre Puppe.
Das ist mein Hund.
Das ist dein Keks.

Die Namen der Wortarten

Sicher hast du schon bemerkt, dass es manchmal mehr als einen Namen für eine Wortart gibt. Das liegt daran, dass manchmal in der Grundschule andere Namen für die Wortarten verwendet werden als in der weiterführenden Schule, die du nach der Grundschule besuchen wirst. Am besten ist es, du merkst dir schon jetzt die verschiedenen Namen, dann musst du dich später nicht erst lange umgewöhnen.

Wir haben deshalb hier einmal eine Liste mit den Bezeichnungen der Wortarten zusammengestellt, in der du immer nachschauen kannst, wenn du dir einmal unsicher bist.

Namenwort, Hauptwort	Nomen, Substantiv
Tuwort, Tätigkeitswort	Verb
Wiewort, Eigenschaftswort	Adjektiv
Fürwort	Pronomen
Persönliches Fürwort	Personalpronomen
Besitzanzeigendes Fürwort	Possessivpronomen
Stellvertreter, Begleiter	Artikel

Übung 53: Trage ein, um welche Wortart es sich handelt.

riechen	Verb
rot	
es	
baden	
ihn	
hoch	
schwierig	
Tastatur	
tippen	
Tisch	
sitzen	
Sitz	
blau	
Wolke	
euch	

Noch ein paar Tipps zu den Adjektiven (Eigenschaftswörtern)

Adjektive dienen dazu zu beschreiben, wie ein Ding, eine Person, ein Tier oder irgendeine andere Sache ist oder wie etwas getan wird.

Das Haus ist groß.
Das Auto fährt schnell.
Franz ist blond.
Der Baum ist hoch.
Sabine ist schlau.

Wörter mit den Endungen **-lich, -ig, -isch, -sam, -haft** und **-bar** sind immer Adjektive.

Die Schlange schimmert *grünlich*.
Das Buch ist *gruselig*.
Das Wetter ist heute sehr *stürmisch*.
Das Monster war sehr *grausam*.
Frederike ist sehr *schreckhaft*.
Die Ferien sind *wunderbar*.

Tipp:
Adjektive, die beschreiben, wie, wo, wann oder warum eine Tätigkeit ausgeführt wird, werden auch als Umstandswörter (Adverbien) bezeichnet.

Thomas lief gestern schnell über die Straße.
Julia kam deshalb zu spät.
Timo macht seine Aufgaben in der Schule sehr ordentlich.

Übung 54: Finde Adjektive mit den Endungen -lich, -ig, -isch, -sam, -haft und -bar.

-lich	-ig	-isch	-sam	-haft	-bar
königlich	ekelig	kindisch	furchtsam	glaubhaft	sonderbar

Vergleichen mit Adjektiven

Mithilfe von Adjektiven lassen sich zwei oder auch mehrere Dinge sehr gut miteinander vergleichen.

lang – länger – am längsten
gefährlich – gefährlicher – am gefährlichsten

Paul war beim 100-Meter-Lauf schnell.
Martin war aber schneller.
Rosalinde war am schnellsten und hat gewonnen.

Man nennt diese Vergleichsformen von Adjektiven auch **Steigerungsformen**. Dabei wäre zum Beispiel groß die Grundform, größer die erste Steigerungsform und am größten die zweite Steigerungsform. Manchmal werden die Steigerungsformen auch **Vergleichsstufen** genannt. Dann gibt es: Grundstufe, 1. Vergleichsstufe, 2. Vergleichsstufe.

Grundstufe	Steigerungsform 1	Steigerungsform 2
lang	länger	am längsten
groß	größer	am größten
hoch	höher	am höchsten
tief	tiefer	am tiefsten
klug	klüger	am klügsten
sauber	sauberer	am saubersten

Übung 55: Finde die Vergleichsstufen zu diesen Adjektiven.

Grundstufe	Steigerungsform 1	Steigerungsform 2
tief		
lang		
kurz		
breit		
freundlich		
schnell		
langsam		
kalt		
warm		
heiß		
hoch		
schmutzig		
fleckig		
sauber		
herrlich		
fantastisch		

Die Personalformen der Verben (Tuwörter)

Bisher haben wir uns bei den Verben nur die sogenannte Grundform angeschaut. Die Grundform eines Verbs endet immer auf -en oder -n:

lesen, gehen, laufen, singen, sein

Die Grundform eines Verbs findest du auch immer dann, wenn du das Verb in einem Wörterbuch nachschlägst.

Vielleicht hast du aber schon bemerkt, dass sich die Form eines Verbs in einem Satz auch verändern kann? Welche Form das Verb dabei annimmt, hängt davon ab, wer etwas tut.

So heißt es zum Beispiel:

Ich laufe.
Du läufst.
Sie läuft.

Lerntipp:
Schreibe die Grundform von schwierigen Verben auf die Vorderseite einer Karteikarte. Auf der Rückseite notierst du die Personalformen. So kannst du entweder allein oder mit Eltern, Geschwistern oder Freunden üben.

Übung 56: Bilde die erste Person Einzahl zu diesen Tätigkeiten.

aufstehen

Ich ______________________________.

frühstücken

Ich ______________________________.

gehen

Ich ______________________________.

essen

Ich ________________.

schlafen

Ich ________________.

Man nennt diese unterschiedlichen Formen eines Verbs auch die Personalformen des Verbs. Alle Verben haben also 6 verschiedene Personalformen (3 im Singular und 3 im Plural).

Singular (Einzahl)	
1. Person	ich laufe
2. Person	du läufst
3. Person	er läuft sie läuft es läuft

Plural (Mehrzahl)	
1. Person	wir laufen
2. Person	ihr lauft
3. Person	sie laufen

Übung 57: Bilde die erste Person Mehrzahl zu diesen Tätigkeiten.

 aufstehen

Wir ______________________________.

 frühstücken

Wir ______________________________.

gehen

Wir ______________________________.

 essen

Wir ______________________________.

 schlafen

Wir ______________________________.

Um herauszufinden, welche Person etwas tut, kannst du dir Folgendes merken:

1. Person: Eine Person sagt etwas über sich selbst (Singular) oder mehrere Personen sagen etwas über sich selbst aus (Plural).

   Beispiel: Ich lese. Wir lesen.

2. Person: Eine Person wird angesprochen (Singular) oder mehrere Personen werden angesprochen (Plural).

   Beispiel: Du liest. Ihr lest.

3. Person: Es wird etwas über eine Person (Singular) oder mehrere Personen (Plural) ausgesagt.

   Beispiel: Er liest. Sie lesen.

Expertentipp:
Die Grundform eines Verbs nennt man auch Infinitiv.

Übung 58: Bilde von diesen Verben die Personalformen.

Grundform: lesen
1. Person Singular:
2. Person Singular:
3. Person Singular:
1. Person Plural:
2. Person Plural:
3. Person Plural:

Grundform: laufen
1. Person Singular:
2. Person Singular:
3. Person Singular:
1. Person Plural:
2. Person Plural:
3. Person Plural:

Die Befehlsform von Verben

Neben den Personalformen der Verben gibt es noch eine weitere besondere Form, nämlich die sogenannte **Befehlsform**. Die Befehlsform eines Verbs wird immer dann verwendet, wenn jemand dazu aufgefordert wird, etwas zu tun. In einigen Fällen sieht die Befehlsform genau so aus wie eine der Personalformen.

Gehe jetzt sofort aus dem Zimmer!

In anderen Fällen nimmt sie eine Form an, die es bei den Personalformen nicht gibt.

Lies jetzt bitte das Buch! Iss jetzt bitte dein Brot!

essen	
Aufforderung an eine Person:	Iss die Banane!
Aufforderung an mehrere Personen:	Esst die Banane!
Aufforderung an eine Person, die gesiezt wird:	Essen Sie die Banane!
sprechen	
Aufforderung an eine Person:	Sprich in das Mikrofon!
Aufforderung an mehrere Personen:	Sprecht in das Mikrofon!
Aufforderung an eine Person, die gesiezt wird:	Sprechen Sie in das Mikrofon!

Übung 59: Bilde die Befehlsform.

Grundform: ein Buch lesen
Aufforderung an eine Person:
Aufforderung an mehrere Personen:
Aufforderung an eine Person, die gesiezt wird:

Grundform: den Bruder rufen
Aufforderung an eine Person:
Aufforderung an mehrere Personen:
Aufforderung an eine Person, die gesiezt wird:

Grundform: das Zimmer aufräumen
Aufforderung an eine Person:
Aufforderung an mehrere Personen:
Aufforderung an eine Person, die gesiezt wird:

Die Zeitformen der Verben

Verben und ihre Personalformen hast du ja schon kennengelernt.

Wenn nicht, erkläre ich es dir noch einmal ganz kurz: Verben sind Wörter, die eine Tätigkeit beschreiben, zum Beispiel die Wörter „gehen", „schlafen", „singen" und so weiter.

Das Tolle an diesen Wörtern ist, dass man damit nicht nur ausdrücken kann, was jemand tut, sondern sogar wann er es getan hat oder wann er es tun wird.

Je nachdem, ob jemand etwas gerade in diesem Moment tut oder ob er es gestern getan hat oder morgen tun wird, verändert sich das entsprechende Zeitwort.

Schau dir einmal diese Sätze an:

Sabine packt ihren Koffer.
Sabine packte ihren Koffer.
Sabine wird ihren Koffer packen.

Im ersten Fall, **Sabine packt ihren Koffer**, packt sie den Koffer genau jetzt in diesem Moment. Man nennt diese Zeitform **Gegenwartsform** oder auf lateinisch **Präsens**.

Also, Präsens heißt Gegenwart!

Übung 60: Ergänze die fehlenden Verben im Präsens.

rennen	Er ______________ über die Straße zum Kiosk.
holen	Tommi ______________ den Ball aus dem Keller.
bestellen	Im Eiskaffee ______________ Carola ein Erdbeereis.
gehen	Vor der Schule ______________ es immer rund.
brennen	Feuer! Das Haus ______________.
trampeln	Zwei Ameisen ______________ über eine Ameisenstraße.
schieben	Die Freunde ___________ die schwere Kiste vor die Tür.
springen	Der kleine Affe ____________ von Ast zu Ast.
fangen	Thomas ________________ den Ball im Flug.
benutzen	In Paris __________________ Tim die Metro.
fahren	In London ______________ Max mit dem Taxi.
schreien	Das kleine Baby ____________ die ganze Nacht.
streichen	Jasmin ______________ die Tür mit weißer Farbe.

In dem Satz Sabine packte ihren Koffer. hat Sabine den Koffer schon früher gepackt, zum Beispiel gestern. Der Satz könnte auch heißen: Sabine packte gestern ihren Koffer.

Diese Zeitform nennt man **1. Vergangenheit**, **Präteritum** oder **Imperfekt**.

Wenn man ausdrücken will, dass etwas in der Vergangenheit passiert ist, das jetzt schon vorbei und erledigt ist, und das eine Auswirkung auf die Gegenwart hat, verwendet man die 2. Vergangenheit oder Perfekt.

Sabine hat ihren Koffer gepackt. (Sie ist also fertig und es kann losgehen).

Sätze im Perfekt werden immer mit den Hilfsverben haben oder sein gebildet:

Singular	Plural
Ich habe gelesen.	Wir haben gelesen.
Du hast gelesen.	Ihr habt gelesen.
Er/sie/es hat gelesen.	Sie haben gelesen.

Singular	Plural
Ich bin gegangen.	Wir sind gegangen.
Du bist gegangen.	Ihr seid gegangen.
Er/sie/es ist gegangen.	Sie sind gegangen.

Übung 61: Ergänze die fehlenden Verben im Präteritum.

rennen	Er _____über die Straße zum Kiosk.
holen	Tommi ____ den Ball aus dem Keller.
bestellen	Im Eiskaffee __________Carola ein Erdbeereis.
gehen	Vor der Schule ____ es immer rund.
brennen	Feuer! Das Haus _______.
trampeln	Zwei Ameisen ________ über eine Ameisenstraße.

Übung 62: Ergänze die fehlenden Verben im Perfekt.

schieben	Die Freunde _____ die schwere Kiste vor die Tür ________.
springen	Der kleine Affe ____von Ast zu Ast ___________.
fangen	Thomas ____ den Ball im Flug ________________.
benutzen	In Paris ___ Tim die Metro___________________.
fahren	In London ____ Max mit dem Taxi ______________.
schreien	Das kleine Baby ____ die ganze Nacht ___________.
streichen	Jasmin ___ die Tür mit weißer Farbe___________.

Aber auch für etwas, das noch nicht passiert ist, sondern erst zu einem späteren Zeitpunkt passieren wird, gibt es eine Zeitform. Diese nennen wir Zukunft oder Futur.

Sabine wird ihren Koffer packen. Sabine wird übermorgen ihren Koffer packen.

Wie du siehst, wird für das Futur immer das Wort werden in unterschiedlichen Formen verwendet.

Die Namen der Zeitformen:	
Gegenwart	Präsens
Vergangenheit 1	Präteritum oder Imperfekt
Vergangenheit 2	Perfekt
Zukunft	Futur

Wir haben also bisher das Präsens für Tätigkeiten, die genau jetzt passieren, das Präteritum für Tätigkeiten in der Vergangenheit, das Perfekt für abgeschlossene Tätigkeiten in der Vergangenheit und das Futur für Tätigkeiten, die erst in der Zukunft stattfinden werden.

Lesen	
Präsens (Gegenwart):	Paul liest ein Buch.
Präteritum (1. Vergangenheit):	Paul las ein Buch.
Perfekt (2. Vergangenheit):	Paul hat ein Buch gelesen.
Futur (Zukunft):	Paul wird ein Buch lesen.

Übung 63: Ergänze die fehlenden Verben im Futur.

rennen	Er _____über die Straße zum Kiosk__________.
holen	Tommi ____ den Ball aus dem Keller_____________.
bestellen	Im Eiskaffee ____Carola ein Erdbeereis_________.
gehen	Vor der Schule ____ es immer rund ______________.
brennen	Feuer! Das Haus ___ ______________________.
trampeln	Zwei Ameisen ____ über eine Ameisenstraße ____________.
schieben	Die Freunde _____ die schwere Kiste vor die Tür _________.
springen	Der kleine Affe ____von Ast zu Ast ____________.
fangen	Thomas ____ den Ball im Flug _________________.
benutzen	In Paris ___ Tim die Metro____________________.
fahren	In London ____ Max mit dem Taxi _______________.
schreien	Das kleine Baby ____ die ganze Nacht ____________.
streichen	Jasmin ___ die Tür mit weißer Farbe____________.

Präteritum und Perfekt

Es ist nicht ganz einfach, den Unterschied zwischen Präteritum und Perfekt zu verstehen. Man kann mit diesen beiden Zeitformen unterscheiden, ob eine Tätigkeit, die in der Vergangenheit stattgefunden hat, abgeschlossen ist und Auswirkungen auf die Gegenwart hat oder nicht.

Präteritum:
Es schneite. (Es hat irgendwann mal einmal geschneit. Vielleicht ist das schon Jahre her).

Perfekt:
Es hat geschneit. (Es liegtjetzt noch Schnee)

Merken:
Die Zeitform Präteritum wird vor allem in Berichten und Büchern verwendet. Harry zog seinen Zauberstab. Außerdem für Tätigkeiten, die noch nicht endgültig abgeschlossen sind oder die keine Auswirkungen auf die Gegenwart haben und auch für Gewohnheiten: Hannah trug immer blaue Kleider.

Das Perfekt wird oft in der Alltagssprache verwendet. Außerdem für Handlungen die abgeschlossen sind und eine Auswirkung auf die Gegenwart haben: Paul hat seine Jacke angezogen. (Wir können jetzt also endlich losgehen.)

Übung 64: Kreuze an. Imperfekt oder Perfekt?

	Imperfekt	Perfekt
Rolf ging zur Schule.		
Alina hat alles aufgegessen.		
Der Zug kam zu spät.		
Der Lehrer hat uns viele Hausaufgaben aufgegeben.		
Paul hat gestern viel gelacht.		
Das Fahrrad hat 100 Euro gekostet.		
Die Blume ist verblüht.		
Alya las das neue Buch.		
Fred rannte über die Straße.		
Tom hat alles bezahlt.		
Alina hat alle Aufgaben gelöst.		
Die Schwestern umarmten sich.		
Meine Eltern sind weggefahren.		
Alle haben gut aufgepasst.		
Ich habe mein Geld vergessen.		
Sie redeten den ganzen Tag.		
Sie haben es mir versprochen.		
Eric hat alles erledigt.		
Nina küsste Frederic.		
Frederic hat sich darüber gefreut.		
Meine Mutter hat mein Zimmer aufgeräumt.		

Verhältniswörter (Präpositionen)

Du hast ja mittlerweile schon fast alle wichtigen Wortarten kennengelernt. Deshalb wollen wir uns jetzt einmal mit den ganz kleinen Wörtern beschäftigen, die zu keiner der bisher besprochenen Wortarten gehören.

Ganz wichtig sind zum Beispiel die sogenannten Verhältniswörter oder Präpositionen.

Präpositionen sind Wörter wie zum Beispiel:

auf, an, über, unter, neben, um, in, ab, während, bei

und viele mehr.

Durch Präpositionen kann beschrieben werden, in welchem Verhältnis zwei oder mehrere Dinge zueinander stehen.

In dem Satz „Das Buch liegt auf dem Tisch."
beschreibt die Präposition „auf", dass das Buch auf dem Tisch ist und der Tisch unter dem Buch. Es wird hier also ein räumliches Verhältnis beschrieben.

Beispiele für räumliche Präpositionen:
auf (auf dem Tisch), neben (neben dem Stuhl), in (in Spanien), aus (aus Paris), zwischen (zwischen den Autos)

Übung 65: Ergänze die Präpositionen.

Beim Frühstück stehen Butter, Marmelade, Kakaotasse und Brötchenkorb __________ dem Tisch.

Das Kind sitzt _________ Tisch.

Es hat das Messer ______ der Hand.

Die Beine streckt es ______________den Tisch.

Eine Brötchenhälfte liegt _________ dem Frühstücksbrettchen.

Die Butter steht __________ der Tasse.

Die Tasse steht __________ dem Tisch.

In dem Satz „Thomas malt ein Bild, während Jule ein Buch liest." wird dagegen ein zeitliches Verhältnis beschrieben, nämlich dass beide Tätigkeiten gleichzeitig stattfinden.

Weitere Beispiele für zeitliche Präpositionen sind:

ab (ab morgen), bis (bis Donnerstag), seit (seit letztem Jahr), um (um 9:00 Uhr), am (am Sonntag), in (in zwei Stunden)

Es gibt auch Präpositionen, die sowohl räumlich als auch zeitlich verwendet werden können:

Der Ball war <u>innerhalb</u> des Spielfeldes. (räumlich)
Die Arbeit muss <u>innerhalb</u> von zwei Stunden erledigt werden. (zeitlich)

Du kannst dir also schon mal merken, dass es räumliche und zeitliche Präpositionen gibt. Später wirst du lernen, dass es noch ein paar andere gibt, aber die benötigst du erst, wenn du zu einer weiterführenden Schule gehst.

> Merken:
> Präpositionen beschreiben das räumliche oder zeitliche Verhältnis zwischen zwei oder mehreren Dingen oder Vorgängen.

Übung 66: Ergänze die Präpositionen.

Tim putzt sich schon _____ zwei Minuten die Zähne.

Wenn er im Bett liegt, darf er noch ______ acht Uhr lesen.

____ Abend liest der Vater eine Geschichte vor.

Es sind noch drei Seiten ___________ zum Ende des Kapitels.

Elfmeter! Das Foul war __________ des Strafraums.

Ich habe keine Zeit, _________ 15:00 Uhr muss ich meine Hausaufgaben erledigt haben.

________ zwei Stunden haben wir Mathe.

Bindewörter (Konjunktionen)

Die sogenannten Bindewörter (Konjunktionen) sind Wörter, die mehrere Wörter oder Sätze miteinander verbinden können.

Ein häufig verwendetes Bindewort ist das Wort und.

Chris kaufte ein Comicheft und ging dann zur Schule.
Das Abendessen bestand aus Kartoffeln und Bohnen.

Andere Konjunktionen sind zum Beispiel:
oder, weil, als, dass, obwohl, wenn ...

Wir gehen einkaufen oder ins Kino.
Er ist gut in der Schule, weil er viel lernt.
Das rote Kleid gefällt mir besser als das weiße.
Sie ging so langsam, dass sie zu spät kam.
Ich lese das Buch, obwohl es langweilig ist.
Ich komme zur Party, wenn du auch kommst.

Übung 67: Ergänze die Konjunktionen.

Als Tim wach wurde, schien die Sonne ________ es war warm.

Er räkelte sich _________ musste gähnen.

Tim dachte darüber nach, ob er heute das blaue ____ das rote T-Shirt anziehen sollte.

Tina spielt gern in ihrem Zimmer mit ihrem Bärchen, _________ es draußen regnet.

Die 4 Fälle

Sicher ist dir schon einmal aufgefallen, dass Nomen oft in unterschiedlichen Formen vorkommen, je nachdem, wie sie in einem Satz benutzt werden. Man spricht hier von den 4 Fällen, in denen Nomen auftreten können. Die 4 Fälle gibt es für jedes Nomen jeweils in der Einzahl (Singular) und in der Mehrzahl (Plural).

Die vier Fälle heißen:	
Nominativ	1. Fall
Genitiv	2. Fall
Dativ	3. Fall
Akkusativ	4. Fall

Schauen wir uns einmal ein Beispiel an. Nehmen wir dazu das Nomen Pferd.

Der Nominativ Einzahl lautet: **das Pferd**
Der Genitiv Einzahl lautet: **des Pferdes**
Der Dativ Einzahl lautet: **dem Pferd**
Der Akkusativ Einzahl lautet: **das Pferd**

Sicher hast du schon bemerkt, dass sich nicht nur das Nomen, sondern auch der dazugehörige Begleiter (Artikel) in den verschiedenen Fällen verändert.

Übung 68: Ergänze die Artikel und die Nomen in allen vier Fällen in der Einzahl (Singular). Lies dazu bitte zuerst die Erklärungen auf der nächsten Seite.

das Buch

1. Fall: ________________________

2. Fall: ________________________

3. Fall: ________________________

4. Fall: ________________________

das Baby

1. Fall: ________________________

2. Fall: ________________________

3. Fall: ________________________

4. Fall: ________________________

das Lineal

1. Fall: ________________________

2. Fall: ________________________

3. Fall: ________________________

4. Fall: ________________________

Merken:
Wenn sich der Fall eines Nomens verändert, ändert sich oft auch die Form des dazugehörigen Artikels.

Doch wie kann man herausfinden, in welchem Fall ein Nomen in einem Satz steht? Dazu gibt es zum Glück ein sehr einfaches Hilfsmittel. Man kann nämlich zu jedem Fall eine Frage stellen und so herausfinden, um welchen Fall es sich handelt.

Ich habe dir hier zu allen Fällen die Fragen einmal aufgeschrieben.

Einzahl (Singular)	
Frage	Fall
Wer oder was?	**1. Fall: Nominativ** **das Pferd, der Lehrer, die Frau, das Kind**
Wessen?	**2. Fall: Genitiv** **des Pferdes, des Lehrers, der Frau, des Kindes, meiner Eltern**
Wem?	**3. Fall: Dativ** **dem Pferd, dem Lehrer, der Frau, dem Kind**
Wen oder was?	**4. Fall: Akkusativ** **das Pferd, den Lehrer, die Frau, das Kind**

Übung 69: Ermittle durch Fragen, in welchem Fall die Nomen stehen.

 Das Pferd steht auf der Weide.

______steht auf der Weide? Fall

 Ich mag meinen Freund.

_______magst du? Fall

 Der Vogel sitzt auf dem Ast.

________sitzt auf dem Ast? Fall

 Das ist das Haus meiner Eltern.

________ Haus ist das? Fall

 Dem Hund gehört der Knochen.

________ gehört der Knochen? Fall

Mehrzahl (Plural)	
Frage	Fall
Wer oder was?	1. Fall: Nominativ die Pferde, die Lehrer, die Frauen, die Kinder
Wessen?	2. Fall: Genitiv der Pferde, der Lehrer, der Frauen, der Kinder
Wem?	3. Fall: Dativ den Pferden, den Lehrern, den Frauen, den Kindern
Wen oder was?	4. Fall: Akkusativ die Pferde, die Lehrer, die Frauen, die Kinder

Übung 70: Trage zu diesen Nomen die Formen der Fälle im Singular (Einzahl) ein.

Nomen	Nominativ	Genitiv	Dativ	Akkusativ
die Puppe				
der Ball				
das Haus				
das Pferd				
der Hase				
das Kind				
die Hose				
das Hemd				
der Bär				

Übung 71: Trage zu diesen Nomen die Formen der Fälle im Plural (Mehrzahl) ein.

Nomen	Nominativ	Genitiv	Dativ	Akkusativ
die Puppen				
die Bälle				
die Häuser				
die Pferde				
die Hasen				
die Kinder				
die Hosen				
die Hemden				
die Bären				

Satzteile (Satzglieder) bestimmen

So, jetzt geht es um Satzteile oder Satzglieder. Das ist ziemlich leicht und du wirst bestimmt keine Probleme damit haben.

Wenn du schon etwas über Wortarten gelernt hast, dann weißt du ja schon, dass jeder Satz aus mehreren unterschiedlichen Wörtern besteht.

Genauso gibt es in jedem Satz bestimmte Teile, die sogenannten Satzglieder.

[Paul] [geht] [in die Schule.]

[Claire] [schenkt] [Marc] [ein schönes Buch.]

Um herauszufinden, welche Satzglieder es in einem Satz gibt und wie man sie nennt, gibt es einen ganz tollen Trick, den ich dir jetzt verrate.

Man muss nämlich nur einige Fragen beantworten, um alle wichtigen Satzteile zu finden. Nehmen wir als Beispiel diesen Satz:

Unser Lehrer sitzt singend im Kirschbaum.

Die erste Frage lautet: **Wer tut etwas?**
Die Antwort ist [Unser Lehrer.] Diesen Satzteil nennt man **Satzgegenstand oder Subjekt**.

Übung 72: Finde das Subjekt oder die Subjekte und unterstreiche sie.

Thomas fährt gern mit seinem neuen Fahrrad.
Sabine und Monika paddeln zusammen im Pool.
Meine Plastikente schwimmt in meiner Badewanne.
Mein Bruder hält immer zu mir.
Im letzten Jahr bin ich in England gewesen.
Er sprach laut und deutlich.
Meine Freunde und ich erleben viele Abenteuer.
Mein Hund schläft den ganzen Tag.
Zu Weihnachten bekommt Lisa ein Kaninchen.
Zu seinem nächsten Geburtstag hat Tom 15 Freunde eingeladen.
Lisa ist meine beste Freundin.

Die zweite Frage lautet: **Was tut er, sie oder es?** Die Antwort hierauf ist sitzt. Diesen Teil des Satzes, der beschreibt, was jemand tut, nennt man Satzaussage oder Prädikat.

Schließlich kann man noch fragen, wie jemand etwas tut.
In unserem Beispiel sitzt der Lehrer ja **singend** im Kirschbaum.
Die Antwort auf diese Frage lautet also singend. Diesen Teil eines Satzes, der beschreibt, wie, wann oder wo jemand etwas tut, nennt man **adverbiale Bestimmung** oder **Umstandsbestimmung**.
Zu den adverbialen Bestimmungen gehört dann natürlich auch die Antwort auf die Frage, wo der Lehrer singt. Also ist im Kirschbaum auch eine adverbiale Bestimmung.
Unser Lehrer sitzt singend im Kirschbaum.
Wer? Unser Lehrer ist der Satzgegenstand oder das Subjekt.
Was tut er? sitzt ist die Satzaussage oder das Prädikat.
Wie tut er es? singend ist eine adverbiale Bestimmung.
Wo tut er es? im Kirschbaum ist eine weitere adverbiale Bestimmung.

Achte einmal darauf: Alle Sätze bestehen mindestens aus den Satzgliedern Subjekt und Prädikat. Du kannst sie überall wiederfinden.

Viele Sätze werden darüber hinaus noch durch adverbiale Bestimmungen ergänzt, die aussagen, wie, wann und wo das Subjekt etwas tut.

Übung 73: Finde das Prädikat und unterstreiche es.

Ich male ein Bild.
Thomas sitzt auf dem Stuhl.
Meine Plastikente schwimmt in meiner Badewanne.
Mein Bruder hält immer zu mir.
Im letzten Jahr bin ich in England gewesen.
Er sprach laut und deutlich.
Meine Freunde und ich erleben viele Abenteuer.
Mein Hund schläft den ganzen Tag.
Zu Weihnachten bekommt Lisa ein Kaninchen.
Zu seinem nächsten Geburtstag hat Tom 15 Freunde eingeladen.
Fritz läuft 100 Meter in 12 Sekunden.
Sabine hilft ihrem Bruder.

Objekte

Zum Schluss wollen wir uns noch ein weiteres Satzglied anschauen, das auch in vielen Sätzen vorkommt. Es handelt sich hierbei um ein Satzglied, das **Objekt** genannt wird.

Lisa liest [ein Buch.]
Frederic sieht [einen Vogel.]
Elisabeth verschenkt [Blumen.]

Objekte sind also Ergänzungen, die benötigt werden, damit der Satz vollständig ist. Ob in einem Satz ein Objekt benötigt wird oder nicht, hängt von dem Verb ab, das in diesem Satz verwendet wird.

Der Satz Elisabeth verschenkt. ist nicht vollständig, weil man nicht weiß, <u>was</u> Elisabeth verschenkt. Hier wird also ein Objekt benötigt. Es gibt zwei Arten von Objekten:

1. Objekte, die man durch die Fragewörter wen oder was herausfinden kann. Was verschenkt Elisabeth? Blumen!

2. Objekte, die man durch das Fragewort wem herausfinden kann.

Ich gebe [Thomas] [mein Fahrrad].

In diesem Satz finden wir sogar zwei Objekte, eines durch Wen? oder Was? (mein Fahrrad) und eins durch Wem? (Thomas).

Übung 74: Bestimme Subjekt, Prädikat und Objekt. Unterstreiche alle Subjekte rot, die Prädikate blau und die Objekte grün.

Ich mag meine Eltern.
Frederic kämmt seine Haare.
Thomas isst einen Hamburger.
Der Apfelbaum trägt Früchte.
Der Hund bellt.
Wir gehen in den Zoo.
Kim schreibt einen Brief.

Übung 75: Markiere hier die adverbiale Bestimmung. Es können auch mehrere sein!

Der Polizist fragte gestern erstaunt nach dem unbekannten Mann.
Das Schulfest findet am Mittwoch in zwei Wochen statt.
Morgens macht mein Bruder gut gelaunt das Frühstück.
Bei uns wird immer abends in der Küche gegessen.
Gelangweilt nahm sich Max im Wartezimmer sein Mathebuch vor.

Akkusativ- und Dativobjekte

Objekte, die eine Antwort auf die Frage **Wen?** oder **Was?** geben, nennt man auch Akkusativobjekte. Sicher erinnerst du dich noch an die 4 Fälle der Nomen? Auch dort wird nach dem 4. Fall (Akkusativ) mit **Wen?** oder **Was?** gefragt. Dementsprechend nennt man die Objekte, die eine Antwort auf die Frage **Wem?** geben, auch Dativobjekte - vergleichbar mit dem 3. Fall (Dativ) bei den Nomen.

Akkusativobjekt
Der Vogel fängt (wen? oder was?) den Wurm.
Meike sucht (wen? oder was?) ihren Freund.
Paul besucht (wen? oder was?) seine Tante.

Dativobjekt
Ich vertraue (wem?) dir.
Der Lehrer hilft (wem?) seinen Schülern.
Tante Erna begegnet (wem?) einem Geist.

Übung 76: Finde heraus, ob es sich um ein Akkusativ- oder um ein Dativobjekt handelt.

Satz	Akkusativ oder Dativ?
Der Hund frisst <u>die Wurst.</u>	Akkusativobjekt
Sara gratuliert ihrer Oma.	
Das Mädchen liest ein Buch.	
Heidi telefoniert mit Katrin.	
Der Vater bügelt sein Oberhemd.	
Ich widerspreche dir.	
Charlotte streichelt ihr Kaninchen.	
Tim verleiht seinen Buntstift.	
Janis kocht Nudeln.	
Das Auto gehört meinen Eltern.	
Der Vater wäscht sein Auto.	
Sabrina hilft Ihrem Bruder.	

Dativobjekt + Akkusativobjekt
Rosalie gibt (wem?) dem Lehrer (wen? oder was?) ihre Hausaufgaben.
Hauke leiht (wem?) Maik (wen? oder was?) das Segelflugzeug.
Aila schreibt (wem?) Leon (wen? oder was?) einen Brief.

Übung 77: Bestimme die Satzglieder der folgenden Sätze. Markiere sie mit unterschiedlichen Farben. Nimm Blau für das Dativobjekt und Rot für das Akkusativobjekt.

	Tim putzt sich seine Zähne.
	Alina gibt ihrem Bären einen Kuss.
	Mutter bringt Vater ein Stück Käse.
	Alina schmiert sich ein Marmeladenbrötchen.
	Tim gibt seinem Bruder ein Kissen ab.

Zeichensetzung

Einige Satzzeichen und ihre richtige Verwendung haben wir ja schon besprochen.

Hier noch einmal zur Wiederholung die wichtigsten:

Aussagesätze:
Lisa fährt mit dem Fahrrad. Paul liest ein Buch.
Nach Aussagesätzen steht immer ein Punkt.

Fragesätze:
Warum kommst du so spät? Wie geht es dir?
Nach Fragesätzen steht immer ein Fragezeichen.

Aufforderungssätze:
Mach sofort deine Hausaufgaben! Prima, das hast du gut gemacht! Hurra, ich habe gewonnen!
Nach Ausrufesätzen steht ein Ausrufezeichen.

Bei Aufforderungen kann man am Satzende ein **Ausrufezeichen** oder einen **Punkt** setzen. Ein Ausrufezeichen wird dann gesetzt, wenn die Aufforderung sehr ernst gemeint ist, ein Punkt, wenn die Aufforderung freundlich gemeint ist.

Beispiele:
Fass mich nicht an!
Komm bitte heute Abend mit ins Kino.

Übung 78: Ergänze bitte die fehlenden Satzendezeichen.

Du machst jetzt sofort deine Hausaufgaben
Bringe jetzt sofort den Müll raus
Der Letzte macht die Tür zu
Hörst du schlecht
Räum sofort dein Zimmer auf
Geh jetzt in die Klasse
Warum ist die Banane krumm
Wie spät ist es
Wollt ihr schon gehen
Haben wir eigentlich heute Hausaufgaben auf
Sarah mäht gerne den Rasen
Magst du auch so gern Hamburger
Wie viele Geschwister hast du
Warst du schon einmal in Berlin
Wer war schon dran
Du bleibst heute zu Hause
Heute ist ein schöner Tag
Bleiben Sie sofort stehen
Wo fährt die Linie 12 ab

Schwieriger ist das schon mit den Doppelpunkten. Ein **Doppelpunkt** steht zum Beispiel vor einer wörtlichen Rede:

Franz sagte: „Ich gehe jetzt nach Hause."
Lisa meint: „Das reicht für heute."

Nach einem Doppelpunkt wird immer großgeschrieben, wenn nach dem Doppelpunkt ein vollständiger Satz folgt.

Nicht ganz einfach ist es bei den kleinen Strichen, die Beistriche oder Kommas genannt werden. Kommas ist übrigens die Mehrzahl von Komma.
Das hast du sicher schon öfter gehört.

Wir fangen mit einer ganz einfachen Regel an:

Zwischen gleichartigen, aufzählenden Satzteilen muss immer ein Komma stehen.

Das klingt komplizierter, als es ist. Schau dir einmal dieses Beispiel an:
Heute kaufen wir Rosen, Tulpen, Narzissen und Maiglöckchen.

Du siehst: Zwischen den aufgezählten Blumensorten steht immer ein Komma. Aber halt, nach den Narzissen steht ja gar kein Komma. Das liegt an dem Wort und. Wenn in einer Aufzählung und, oder oder sowie steht, fällt das Komma weg.

Übung 79: Ergänze die fehlenden Kommas.

Marcel kann sich nicht entscheiden, ob er lieber Nudeln Kartoffeln oder Reis mag.

Der Blumenstrauß war voller Rosen Nelken Veilchen und Tulpen.

Johannas Lieblingsfarben sind Rot Blau Gelb Grün und Orange.

Auf der Einkaufsliste stehen Seife Obst Wurst Gemüse und Blumen.

In der Klasse stehen Stühle Tische Regale und Schultaschen herum.

Sarah isst am liebsten Pommes Pizza Spaghetti sowie Eis.

Yeliz mag Fußball Tennis Handball und Schwimmen.

Wenn zwei Sätze zusammengesetzt werden, benutzt man ebenfalls ein Komma, um zu zeigen, wo der erste Satz aufhört und der zweite beginnt.

Ich kann nicht kommen, weil ich krank bin.

Die beiden Sätze werden durch das Wort „weil" getrennt. Der zweite Satzteil erklärt den ersten.

Der erste Teil des Satzes kann auch ohne den zweiten benutzt werden. **Ich kann nicht kommen.** Der zweite Teil kann aber nicht ohne den ersten stehen: **weil ich krank bin.** ist kein vollständiger Satz. Darum heißt der erste Satzteil auch **Hauptsatz** und der zweite heißt **Nebensatz**.

Haupt- und Nebensätze werden immer durch ein Komma getrennt. Verbindungswörter zwischen Haupt- und Nebensatz können sein:
weil, obwohl, damit, wenn, dass ...

Beispiele:
Franz glaubt, dass er die Prüfung bestanden hat.
Patrick hatte gute Laune, obwohl er krank war.
Schließe die Tür, damit es nicht zieht.
Leonie hat verloren, wenn Sonja eine 6 würfelt.

Übung 80: Ergänze die Kommas.

Morgen gehe ich zur Schule weil ich wieder gesund bin.
Bitte kaufe Eier ein weil ich Kuchen backen möchte.
Der Angeklagte wurde verurteilt weil er etwas gestohlen hatte.
Ich mache meine Hausaufgaben damit ich bessere Noten bekomme.
Tim hat eine rote Tasche obwohl seine Lieblingsfarbe Blau ist.
Jana hat ihre Aufgaben erledigt wenn sie den Geschirrspüler ausgeräumt hat.
Sarah geht zur Schule damit sie etwas lernt.

Merken:
Anführungszeichen werden gesetzt, um eine wörtliche Rede zu kennzeichnen. Dabei wird am Beginn der wörtlichen Rede das Anführungszeichen unten gesetzt und am Ende das Anführungszeichen oben.

„Ich gehe jetzt nach Hause."

Wird die wörtliche Rede von einem Begleitsatz eingeleitet, steht nach dem Begleitsatz ein Doppelpunkt.

Valerie sagt: „Marcus kommt auch zu meiner Party."

Steht der Begleitsatz eingeschoben oder hinter der wörtlichen Rede, wird er durch Kommas abgetrennt.

„Ohne mich", sagte Paul, „ich mache da nicht mit!"
„Haben wir morgen eigentlich schulfrei?", fragte Sabine.

Übung 81: Ergänze die Doppelpunkte, Kommas und die Anführungszeichen für die wörtliche Rede. Vergiss auch die übrigen Satzzeichen wie zum Beispiel die Fragezeichen nicht.

Die Mutter sagt Du machst jetzt sofort deine Hausaufgaben
Der König rief Der Letzte macht die Tür zu
Hörst du schlecht wollte Tina wissen
Die Mutter sagte Räum sofort dein Zimmer auf
Geh jetzt in die Klasse sagte der Lehrer
Die kleine Schwester fragte Warum ist die Banane krumm
Jana fragte Wie spät ist es
Wollt ihr schon gehen wollte der Gastgeber wissen
Haben wir eigentlich heute Hausaufgaben auf fragte Tim
Lisa überlegte Was sollen wir heute Abend machen
So ein Mist dachte Thomas
Macht doch nicht so einen Lärm flüsterte Elisabeth
Fred gähnte Ich muss jetzt unbedingt schlafen
Haltet den Dieb rief der Polizist
Es ist Zeit zu gehen bemerkte Sabine

Tipps zu Diktaten

„Oh nein, ein Diktat!" Ich wette, das hast du auch schon oft gedacht, wenn euer Lehrer oder eure Lehrerin mit den Diktatheften in die Klasse kam.
Dabei sind Diktate meistens gar nicht so schlimm. Mit ein paar Regeln und Tricks kannst du leicht die am häufigsten vorkommenden Stolperfallen beim Diktat vermeiden.

1. Jeder hat ein paar Spezialwörter, die er immer und immer wieder falsch schreibt. Man kann sich die Dinger einfach nicht merken. Meistens sind es aber nur ganz wenige Wörter, die einem so viele Probleme machen.

Mein Tipp: Mach dir eine Liste mit den Wörtern, die du schon häufiger in einem Diktat falsch geschrieben hast, und hänge sie zum Beispiel über deinem Schreibtisch auf.

Dann erfindest du eine eigene Merkregel für jedes Fehlerwort. Wenn du zum Beispiel das Wort „Weihnachten" immer ohne das „h" schreibst, kannst du dir merken: „Weihnachten gibt's keinen Wein, sondern Geschenke." Schon kannst du dir leicht merken, dass Weihnachten nichts mit Wein zu tun hat und auch nicht so geschrieben wird.

2. Viele Fehler kannst du einfach dadurch vermeiden, dass du dir ein paar kleine Grundregeln merkst.

Wenn du die beherrschst, musst du dir nicht mehr bei jedem einzelnen Wort merken, wie es geschrieben wird.

3. Das A und O beim Diktat ist das genaue Hinhören. Fast alle Lehrerinnen und Lehrer möchten nämlich, dass du und deine Mitschülerinnen und Mitschüler möglichst wenige Fehler machen. Deshalb helfen sie euch schon beim Diktieren, indem sie bestimmte Buchstaben besonders betonen oder eine Pause machen, wenn ein Komma gesetzt werden muss, und so weiter. Achte beim nächsten Diktat mal darauf.

4. Erst hören, dann schreiben. Beim Diktat kommt es darauf an, dass du das, was die Lehrerin oder der Lehrer diktiert, genau nachschreibst.

Dazu musst du aber zuerst einmal genau anhören, was überhaupt diktiert wird. Alle Versuche, mit dem Schreiben schon anzufangen, während noch diktiert wird, führen fast immer zu unnötigen Fehlern. Also erst genau zuhören und abwarten, bis dein Lehrer ausgesprochen hat, dann kurz überlegen und erst dann losschreiben.

Zum Schluss verrate ich dir noch einen Spezialtrick, den du dann anwenden kannst, wenn du nach dem Diktat ein wenig Zeit hast, um alles noch einmal in Ruhe durchzulesen.

Zuerst liest du das Diktat ganz normal durch. Dabei findest du schon die offensichtlichsten Fehler oder vielleicht sogar ganze Wörter, die du beim Schreiben vergessen hast.

Danach liest du dein Diktat von hinten nach vorne, Wort für Wort. Du beginnst mit dem letzten Wort und liest dich Wort für Wort bis zum ersten Wort durch. Das ist zwar anstrengend, aber du wirst dich wundern, wie viele Fehler du auf diese Weise finden kannst, die du vorher einfach übersehen hast.
Diese Methode kannst du übrigens auch in anderen Fächern wie zum Beispiel Englisch benutzen.

Tipps zum aufmerksamen Lesen

Manchmal ist es ganz schön schwierig, beim Lesen oder Zuhören alles genau zu verstehen, um es vielleicht später sogar noch einmal wiedergeben zu können.

Zum Glück gibt es aber auch hierzu ein paar Tricks und Regeln, die dir das aufmerksame Lesen oder Zuhören und auch das Behalten in Zukunft erleichtern können.

Regel Nummer 1:
Was du vor deinem inneren Auge siehst, vergisst du nicht so leicht.
Das bedeutet, dass du dir alles, was du siehst oder hörst, möglichst genau in deiner Fantasie vorstellen solltest.

Angenommen, eine Geschichte beginnt so: „Der König lief unruhig in seinem hellen, großen Empfangszimmer hin und her."

Dann stelle dir genau vor, wie der König aussieht, denke an die Kleidung und an die Krone, die ein König auf dem Kopf hat. Vielleicht fallen dir sogar die witzigen Schnabelschuhe ein, die Könige im Film oft tragen.
Wenn du dir deinen König jetzt vorstellst, wie er in einem Raum, in dem die Sonne durchs Fenster scheint, hin- und hergeht, kannst du dir sicher alles leicht merken.

Besonders schwierig ist es oft, sich Zahlen oder Namen zu merken, die in einem Text vorkommen.

Aber auch dazu gibt es natürlich einen Trick. Wenn zum Beispiel in einem Text über die Ritterzeit die Jahreszahl 1255 vorkommt, kannst du dir einfach einen Ritter vorstellen, der die Zahl 1255 auf seinen Brustpanzer geschrieben hat. Oder im Rittersaal hängt ein Teppich an der Wand, in den die Zahl 1255 eingewebt ist.

Natürlich kannst du dir Zahlen oder Namen auch ganz anders merken. Wichtig ist dabei nur, dass du dir das Bild ganz genau vor deinem inneren Auge vorstellen kannst.
Es spielt keine Rolle, ob es ein schönes oder hässliches Bild ist. Es kann auch ein völlig verrücktes Bild sein. Die kann man sich oft sogar am besten merken.

Regel Nummer 2: Einleitung, Hauptteil, Schluss

Fast jede Geschichte besteht aus drei Teilen: der Einleitung, dem Hauptteil und dem Schluss der Geschichte.
Wenn du darauf achtest, kannst du dir die Handlung einer Geschichte viel leichter merken.
In der Einleitung werden meistens die Personen und die Orte, an denen die Geschichte spielt, vorgestellt.
Im Hauptteil passieren die wichtigsten Dinge.
Im Schlussteil wird alles aufgelöst. Wenn im Schlussteil alles gut wird, nennt man das auch „Happy End".
Versuche also immer zu erkennen, wie eine Geschichte aufgebaut ist.

Regel Nummer 3: Langsamer ist besser

Stell dir mal vor, du besuchst ein fremdes Land, zum Beispiel im Urlaub. Was es da alles zu sehen gibt. Wenn du dort mit einem superschnellen Rennwagen durchfahren würdest, könntest du das ganze Land an einem Tag bereisen. Allerdings hättest du dann viele schöne Sehenswürdigkeiten gar nicht bemerkt und du könntest deinen Freunden fast nichts Interessantes aus dem deinem Urlaub erzählen.

Beim Lesen ist es ganz ähnlich. Schnellleser bringen sich um den ganzen Spaß. Erst wenn du eine Geschichte beim Lesen so richtig deutlich in deinem inneren Fantasiekino sehen kannst, hast du wirklich aufmerksam und vollständig gelesen. Alle anderen verpassen die Hälfte und haben auch nur halb so viel Spaß dabei.

Regel Nummer 4: Übung macht den Meister

Beim Lesen ist es so: Je mehr man liest, desto mehr Spaß macht das Lesen und desto häufiger liest man dann wieder.

Für dich heißt das: Wenn du viel liest, fällt dir das Lesen umso leichter und macht mehr Spaß. Wenn du dich aber vor dem Lesen drückst, wird es immer schwieriger. Falls du wenig Spaß am Lesen hast, beachte Regel Nummer 5.

Regel Nummer 5: Lies, was dir gefällt

Es gibt überall so viel zu lesen. Es gibt Comics, Abenteuergeschichten, Zeitschriften und Zeitungen, es gibt Schilder, Kochbücher, Bedienungsanleitungen, Fernsehprogramme und noch viel mehr.

Ganz egal, was dir gefällt: Lies alles, woran du Spaß hast. Auch beim Comiclesen lernt man Lesen. Stör dich nicht daran, dass manche Leute etwas anderes behaupten.

Es gibt so viele tolle Geschichten: Abenteuergeschichten, Weltraumgeschichten, Pferdegeschichten, Geschichten von Kindern und Geschichten von Seemonstern. Ich wette, wenn du deine Eltern, Geschwister oder Freunde fragst, hat bestimmt jeder einen anderen tollen Lesetipp für dich.

Lösungen

3	A; B; E; F; B; N
4	K; F; T; S; A; B; B
6	3; 1; 1; 3; 2; 3
7	Die Jungen; Die Fenster; Die Äpfel; Die Affen; Die Finger; Die Löwen; Die Hexen; DieTorten
8	Äste; Schwänze; Häuser; Äxte; Bratwürste; Bäche; Fahrräder; Eier; Apfelsinen
9	?; ?; ?; ?; ?; ?; ?; ?; ?; !; !; !; !; ?
10	.; .; !; .; .; ?; !; ?; .; .; .; .; !
12	F; B; A; B; H
13	E; M; D; d; M; I; a; U; K; s; D; s
14	A; D; P; L; T; G; A; E; A; V
15	D; B; S; T; R; E; S; W; A; T; D; H; F
16	K; W; B; b; B; K; T; A; R; T; L
17	L; l; G; l; S; S; R; E; G; L; R
18	Q; K; Q; Q; K
20	V; V; W; V; W; W
21	C; Y; K; C; K; C
22	Uniform; Orgel; Ofen; Ufer; Obst; Auto; Auge; Indianer
23	D; K; T; G; T; D; T; K; D
24	V; F; V; F; F; V
25	Berge; Hunde; Pferde; Beete; Brote; Loks
26	kurz; kurz; lang; lang
28	Apfelsine; Aal; Beet; Delfin
29	Bohne; Blume; Ohr; Hahn; Hase; Stuhl; Knie; Nilpferd; Ziege
31	Tiger; Dienstag; wir; Ferien; Riese; ziemlich; Vorsicht; Dieb; Lokomotive; Widerspruch; dir; komplizierte; Maschine; wieder; Biene; wir; Kino
32	sehr; kahl; Setze; Stuhl; Lokomotive; Zug; fährt; Bahnhof; Huhn; schöne; Uhr; Bohrmaschine: du; gut; du; Fehler
33	hatten; Hasen; fressen; Salat; wette; kannst; raten; schnell; Ratten; können; nasse; Nase; kam; Kamm; wollen; grillen; hatte; blassen; Schimmer; Fluss; voller; Krokodile; kommt; Imbiss; Hose; Riss; kann; Schlangenbiss; schaffe; Kartoffel; Länge; stimmt; muss; man; messen; Gewitter; Mitternacht
34	Ente; Papagei
35	Ameise (weich); Wasser (hart); Messer (hart); Hase (weich); Rose (weich)
36	Preise; Risse; reisen; Kreise; Mäuse; Moose; Häuser; Gläser; Rösser; Nässe; Schlüsse; Verliese; Verschlüsse; lösen
37	S; S; S; SS; S; S; S; S; S; SS
38	s; ss; ss; ss; ß; ß; ß; ß; ss; ss; ß; ß; ß; ß; s; ss; ß; s; ß
39	[s; s] [s; s; s] [s; s] [s] [ss] [ss] [s] [s] [ss] [ss] [ss]
41	herbstlich; königlich; ruhig; schmerzlich; saftig; geschmacklich; sommerlich; endlich; abendlich; wunderlich
42	Stimmung; Heiterkeit; Wahrheit; Vielfältigkeit; Wagnis; Ziehung; Heizung; Prüfung
43	Steilhang; Steigung; Schäfer; schlagen; Haube; Heu; sondern; sonderbar; blühen; Blase; nah; Nähmaschine; Wohlstand; lau; Aprikose; glauben; glitschig; holpern; tadellos
44	Au-to-bahn; Rie-sen-rad; Welt-raum-fahrt; Ei-sen-bahn-ver-kehr; Eis-bu-den-be-sit-zer; Ge-schenk; Ta-sche; Nu-deln; Frei-tag; Ro-sen-strauch; Tul-pen-va-se; Lö-wen-kä-fig; Fla-schen-geist; Zwie-bel-ku-chen; Au-to-werk-statt; Ast-ga-bel; Him-beer-pud-ding

45	Schiff-fahrt; Af-fen-the-ater; Ka-nin-chen-stall; Sau-er-stoff-fla-sche; Bett-la-ken; Fla-schen; ma-chen; Kell-ner; Kat-ze; Ka-len-der; Tisch-plat-te; Spitz-hut; Pfer-de-stall; Mü-cken-pla-ge; Kel-ler; So-cken; klop-fen; Res-te
46	Fahrrad; Himmel; Wald; Lokomotive; Bahnhof; Rose; Susanne; Kalender; Sonne; Schule; Auto; Ampel; Schulhof; Frau; Fehler; Gesang; Farbe; Riese; Satz; Buch; Gesicht; Gewicht; Rennrad; Arzt; Thomas
47	fahren; schnell; laufen; grün; hüpfen; sonnig; rosa; blau; rennen; blühen; blumig; kaufen; baden; fröhlich; singen; schlafen; silbern; springen; schreiben; sorglos
48	Sie schien | Er hat | Er geht | Es hat | Er kommt | Er bellt | Sie besucht | Er will | Sie tragen
49	Er trägt sie | Sie mag es | Er hat ... Sie war | Er ist | Es ist | isst sie | Es glänzt
50	Ich ihm | Wir dich | uns| ihr | Es ich es | du | mir | Ich ihn er | Er wir euch | ihr sie mich | ihm es | sie ihr | Sie ihr | sie
51	ihr Wir | Sie ihm | wir uns euch | Sie | ich euch | du dir | Er | Wir | sie | Sie | Ihnen | Er sie ihn
52	Das sind ihre Laternen. | Das sind eure Papageien. | Das sind unsere Bücher. | Das sind eure Häuser | Das sind unsere Fahrräder | Das sind eure Luftballons | Das sind eure Puppen. | Das sind unsere Hunde. | Das sind eure Kekse.
53	rot: Adjektiv | es: Personalpronomen | baden: Verb | ihn: Personalpronomen | hoch: Adjektiv | schwierig: Adjektiv | Tastatur: Nomen | tippen: Verb | Tisch: Nomen | sitzen: Verb | Sitz: Nomen | blau: Adjektiv | Wolke: Nomen | euch: Personalpronomen
55	tiefer - am tiefsten | länger - am längsten | kürzer - am kürzesten | breiter - am breitesten | freundlicher - am freundlichsten | schneller - am schnellsten | langsamer - am langsamsten | kälter - am kältesten | wärmer - am wärmsten | heißer - am heißesten | höher - am höchsten | schmutziger - am schmutzigsten | fleckiger - am fleckigsten | sauberer - am saubersten | herrlicher - am herrlichsten | fantastischer - am fantastischsten
56	Ich stehe auf. | Ich frühstücke. | Ich gehe. | Ich esse. | Ich schlafe.
57	Wir stehen auf. | Wir frühstücken. | Wir gehen. | Wir essen. | Wir schlafen.
58	ich lese, du liest, er liest, wir lesen, ihr lest, sie lesen | ich laufe, du läufst, er läuft, wir laufen, ihr lauft, sie laufen
59	Lies ein Buch!; Lest ein Buch!; Lesen Sie ein Buch!; Ruf den Bruder!; Ruft den Bruder!; Rufen Sie den Bruder!; Räum das Zimmer auf!; Räumt das Zimmer auf!; Räumen Sie das Zimmer auf!
60	rennt | holt | bestellt | geht | brennt | trampeln | schieben | springt | fängt | benutzt | fährt | schreit | streicht
61	rannte | holte | bestellte | ging | brannte | trampelten |
62	haben ... geschoben | ist ... gesprungen | hat ... gefangen | hat .... benutzt | ist ... gefahren | hat ... geschrien | hat ... gestrichen
63	wird ... rennen | wird ... holen | wird ... bestellen | wird ... gehen | wird ... brennen | werden ... trampeln | werden ... schieben | wird ... springen | wird ... fangen | wird ... benutzen | wird ... fahren | wird ... schreien | wird ... streichen
64	I; P; I; P; P; P; P; I; I; P; P; I; P; P; P; I; P; P; I; P; P (P = Perfekt | I = Imperfekt)
65	auf | am | in | unter | auf | neben | auf
66	seit | bis | Am | bis | innerhalb | bis | In
67	und | und | oder | wenn
68	das Buch, des Buches, dem Buch, das Buch | das Baby, des Babys, dem Baby, das Baby | das Lineal, des Lineals, dem Lineal, das Lineal
69	Wer? 1. Fall | Wen oder was? 4. Fall | Wer? 1. Fall | Wessen? 2. Fall | Wem? 3. Fall.

70	die Puppe, der Puppe, der Puppe, die Puppe | der Ball, des Balls, dem Ball, den Ball | das Haus, des Hauses, dem Haus, das Haus | das Pferd, des Pferdes, dem Pferd, das Pferd | der Hase, des Hasen, dem Hasen, den Hasen | das Kind, des Kindes, dem Kind, das Kind | die Hose, der Hose, der Hose, die Hose | das Hemd, des Hemdes, dem Hemd, das Hemd | der Bär, des Bären, dem Bären, den Bär
71	die Puppen, der Puppen, den Puppen, die Puppen | die Bälle, der Bälle, den Bällen, die Bälle | die Häuser, der Häuser, den Häusern, die Häuser | die Pferde, der Pferde, den Pferden, die Pferde | die Hasen, der Hasen, den Hasen, die Hasen | die Kinder, der Kinder, den Kindern, die Kinder | die Hosen, der Hosen, den Hosen, die Hosen | die Hemden, der Hemden, den Hemden, die Hemden | die Bären, der Bären, den Bären, die Bären
72	Thomas | Sabine Monika | Plastikente | Bruder | ich | Er | Freunde ich | Hund | Lisa | Tom | Lisa
73	male | sitzt | schwimmt | hält | bin ... gewesen | sprach | erleben | schläft | bekommt | hat ... eingeladen | läuft | hilft
74	Ich mag meine Eltern. Frederic kämmt seine Haare. Thomas isst einen Hamburger. Der Apfelbaum trägt Früchte. Der Hund bellt. Wir gehen in den Zoo. Kim schreibt einen Brief.
75	Der Polizist fragte gestern erstaunt nach dem unbekannten Mann. | Das Schulfest findet am Mittwoch in zwei Wochen statt. | Morgens macht mein Bruder gut gelaunt das Frühstück. | Bei uns wird immer abends in der Küche gekocht. | Gelangweilt nahm sich Max im Wartezimmer sein Mathebuch vor.
76	DO = Dativobjekt, AO = Akkusativobjekt ihrer Oma: DO | ein Buch: AO | mit Katrin: DO | sein Oberhemd: AO | dir: DO | ihr Kaninchen: AO | seinen Buntstift: AO | Nudeln: AO | meinen Eltern: DO | Sein Auto: AO | Ihrem Bruder: DO
77	Tim putzt sich seine Zähne. | Alina gibt ihrem Bären einen Kuss. | Mutter bringt Vater ein Stück Käse. | Alina schmiert sich ein Marmeladenbrötchen. | Tim gibt seinem Bruder ein Kissen ab.
78	!; !; !; ?; !; !; ?; ?; ?; ?; .; ?; ?; ?; ?; !; .; !; ?
79	Marcel kann sich nicht entscheiden, ob er lieber Nudeln, Kartoffeln oder Reis mag. Der Blumenstrauß war voller Rosen, Nelken, Veilchen und Tulpen. Johannas Lieblingsfarben sind Rot, Blau, Gelb, Grün und Orange. Auf der Einkaufsliste stehen Seife, Obst, Wurst, Gemüse und Blumen. In der Klasse stehen Stühle, Tische, Regale und Schultaschen herum. Sarah isst am liebsten Pommes, Pizza, Spaghetti sowie Eis. Yeliz mag Fußball, Tennis, Handball und Schwimmen.
80	Morgen gehe ich zur Schule, weil ich wieder gesund bin. Bitte kaufe Eier ein, weil ich Kuchen backen möchte. Der Angeklagte wurde verurteilt, weil er etwas gestohlen hatte. Ich mache meine Hausaufgaben, damit ich bessere Noten bekomme. Tim hat eine rote Tasche, obwohl seine Lieblingfarbe Blau ist. Jana hat ihre Aufgaben erledigt, wenn sie den Geschirrspüler ausgeräumt hat. Sarah geht zur Schule, damit sie etwas lernt.
81	Die Mutter sagt: „Du machst jetzt sofort deine Hausaufgaben!" | Der König rief: „Der Letzte macht die Tür zu!" | „Hörst du schlecht?", wollte Tina wissen. | Die Mutter sagte: „Räum sofort dein Zimmer auf!" | „Geh jetzt in die Klasse!", sagte der Lehrer. | Die kleine Schwester fragte: „Warum ist die Banane krumm?" | Jana fragte: „Wie spät ist es?" |„Wollt ihr schon gehen?", wollte der Gastgeber wissen. | „Haben wir eigentlich heute Hausaufgaben auf?", fragte Tim. | Lisa überlegte: „Was sollen wir heute Abend machen?" | „So ein Mist!", dachte Thomas. „Macht doch nicht so einen Lärm!", flüsterte Elisabeth. Fred gähnte: „Ich muss jetzt unbedingt schlafen." „Haltet den Dieb!", rief der Polizist. „Es ist Zeit zu gehen!", bemerkte Sabine.

Frank E. Callies

Mathematik

Frank E. Callies

Mathematik

1. bis 4. Klasse

Hinweis

Alle Angaben in diesem Buch wurden vom Autor mit größter Sorgfalt erarbeitet bzw. zusammengestellt und unter Einschaltung wirksamer Kontrollmaßnahmen reproduziert. Trotzdem sind Fehler nicht ganz auszuschließen. Der Verlag und der Autor sehen sich deshalb gezwungen, darauf hinzuweisen, dass sie weder eine Garantie noch die juristische Verantwortung oder irgendeine Haftung für Folgen, die auf fehlerhafte Angaben zurückgehen, übernehmen können. Für die Mitteilung etwaiger Fehler sind Verlag und Autor jederzeit dankbar.
Internetadressen oder Versionsnummern stellen den bei Redaktionsschluss verfügbaren Informationsstand dar. Verlag und Autor übernehmen keinerlei Verantwortung oder Haftung für Veränderungen, die sich aus nicht von ihnen zu vertretenden Umständen ergeben. Evtl. beigefügte oder zum Download angebotene Dateien und Informationen dienen ausschließlich der nicht gewerblichen Nutzung. Eine gewerbliche Nutzung ist nur mit Zustimmung des Lizenzinhabers möglich.

Satz: DTP-Satz A. Kugge, München
art & design: www.ideehoch2.de
Druck: Neografia, a.s.
Printed in Slovakia

Inhaltsverzeichnis

Zahlen

Hier siehst du die Zahlen von 1 bis 9:

1	2	3	4	5	6	7	8	9
Eins	Zwei	Drei	Vier	Fünf	Sechs	Sieben	Acht	Neun

Jede Zahl hat einen Namen:

Eins	1	
Zwei	2	
Drei	3	
Vier	4	
Fünf	5	
Sechs	6	
Sieben	7	
Acht	8	
Neun	9	

Zahlen gibt es überall, nicht nur in der Schule. Auch draußen auf der Straße, zu Hause, auf dem Schulweg, am Bahnhof, beim Arzt und an vielen anderen Orten. Achte einmal darauf.

Übung 1: Finde in diesem Bild alle Zahlen und kreise sie ein.

Mit Zahlen kann man Dinge zählen.

Eine Gruppe von Dingen, die man zählen kann, nennt man auch eine **Menge**.

Diese Menge enthält zum Beispiel 2 Pinguine.

Und diese Menge enthält 4 Pinguine.

Die Dinge in einer Menge werden auch die Elemente der Menge genannt.

Beim Zählen von Dingen beginnt man immer mit der Zahl 1, also

1, 2, 3, 4, 5, 6, 7, 8, 9 ...

Übung 2: Zähle die Elemente in diesen Mengen.

Wenn man die Elemente einer Menge durchgezählt hat, ist die letzte Zahl die Anzahl der Elemente der Menge.

Die Menge der Fische hat also 5 Elemente.

Die Elemente einer Menge können auch unterschiedliche Eigenschaften haben.

Diese Menge enthält 4 Elemente. Alle Elemente haben die Eigenschaft Tier.

In einer Menge können alle Elemente bestimmte Eigenschaften haben. Mehrere oder alle Elemente der Menge können die gleiche oder unterschiedliche Eigenschaften haben.

Übung 3: Ordne zu. Male eine Linie zur richtigen Anzahl.

1	2	3	4	5

1	2	3	4	5

Diese Menge enthält 5 Elemente. Alle Elemente haben die Eigenschaft rot.

Merken:
Man kann die Elemente in einer Menge abzählen. Die Elemente einer Menge können unterschiedliche Eigenschaften haben.

Was kann man mit Zahlen alles machen?

Zahlen können für die unterschiedlichsten Dinge verwendet werden.

- Natürlich kann man mit Zahlen Dinge **abzählen**. Das hast du ja schon gesehen.

Übung 4: Zeichne die Zahlen nach.

Übung 5: Zähle und trage die Anzahl in die Kästchen ein.

- Man kann mit Zahlen aber auch Dinge messen. Zum Beispiel kannst du mit einem Zentimetermaßband oder einem Zollstock (Gliedermaßstab) messen, wie groß du bist. Auch große Entfernungen kann man messen und in Zahlen ausdrücken. So kann man sogar messen, wie weit es bis zum Mond ist.

Die Entfernung von der Erde bis zum Mond beträgt übrigens mehr als 380000 km. Eine Riesenzahl, die du dir aber nicht merken musst.

- Mit Zahlen kann man natürlich nicht nur Längen und Entfernungen messen, sondern auch Gewichte und viele andere Dinge.

  Ein Elefant wiegt ungefähr 4000 Kilogramm. Selbst ein Elefantenbaby kommt schon auf über 100 Kilogramm! Ein menschliches Baby wiegt dagegen bei der Geburt meist nur ungefähr 3 Kilogramm.

- Auch zum Ordnen kann man Zahlen gut gebrauchen. So kann man zum Beispiel bei einem Wettrennen genau sagen, wer auf dem 1. Platz, dem 2. Platz und wer auf dem 3. Platz gelandet ist.

Übung 6: Zähle und trage in die Kästchen ein:

Übung 7: Schau im Lexikon nach. Wie viel wiegen diese Tiere?

Außerdem kann man mit Zahlen natürlich auch rechnen. Man kann Dinge dazuzählen oder abziehen, man kann Dinge vervielfältigen oder andere Rechnungen damit durchführen.

Noch mehr über Zahlen

Die Zahlen von 1 bis 9 kennst du ja jetzt schon. Es kommt nun noch eine neue Zahl hinzu, die du auch oft benötigen wirst.
Es handelt sich dabei um die Zahl 0 (Null). Die Null ist eine merkwürdige Zahl, denn null bedeutet nichts. Eine Menge mit 0 Elementen hat also kein einziges Element.

5 Elemente 0 Elemente

Wir können unsere Zählreihe auch statt mit der 1 mit der 0 beginnen:

0, 1, 2, 3, 4, 5, 6, 7, 8, 9

Null bedeutet „nichts". Trotzdem ist die 0 eine wichtige Zahl, die du beim Rechnen nie einfach weglassen darfst.

Übung 8: Finde die versteckten Zahlen und male sie bunt an.

Übung 9: Fülle die fehlenden Zahlen aus.

0			3		5		7	8	
	1			4		6			9
		2	3				7	8	
	1			4	5	6			

Mithilfe der 0 können wir auch noch eine weitere Zahl schreiben, nämlich die Zahl 10. Die Zehn kommt direkt nach der Neun.

0, 1, 2, 3, 4, 5, 6, 7, 8, 9, 10

Damit haben wir dann auch schon alle Zahlen zusammen, die wir für unsere ersten Rechenaufgaben benötigen. Nach der 10 kommen noch unendlich viele weitere Zahlen, mit denen wir uns aber erst später beschäftigen werden.

Jede Zahl (außer der 0) hat zwei sogenannte Nachbarzahlen.

> Die Nachbarzahlen einer Zahl sind die Zahlen, die in der Zahlenreihenfolge rechts und links von der Zahl stehen.

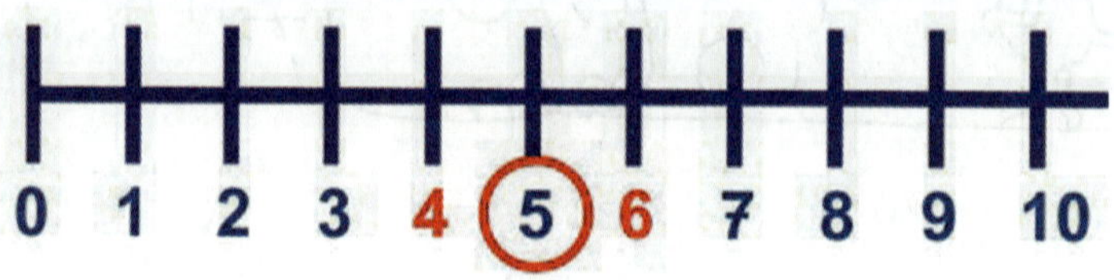

Nachbarzahlen der 3 234

Nachbarzahlen der 8 789

Die Zahl, die links von einer Zahl steht, die also um 1 kleiner ist als die Zahl, nennt man Vorgänger.
Die Zahl, die rechts von einer Zahl steht, die also um 1 größer ist als die Zahl, nennt man Nachfolger.

Übung 10: Finde die Nachbarzahlen und trage sie in die Felder ein.

	2	
	6	
	4	
	8	
	9	
	3	
	5	
	1	

Es gibt gerade und ungerade Zahlen. Gerade Zahlen sind zum Beispiel 2, 4, 6, 8 und so weiter. Gerade Zahlen sind immer durch 2 teilbar. Außerdem gehört auch die 0 zu den geraden Zahlen.

Ungerade Zahlen sind alle anderen Zahlen, also zum Beispiel 1, 3, 5, 7, 9 und so weiter. Ungerade Zahlen sind nicht durch 2 teilbar.

Zerlegen von Zahlen

Jede Zahl kann in mindestens zwei Zahlen zerlegt werden, zum Beispiel die Zahl 5:

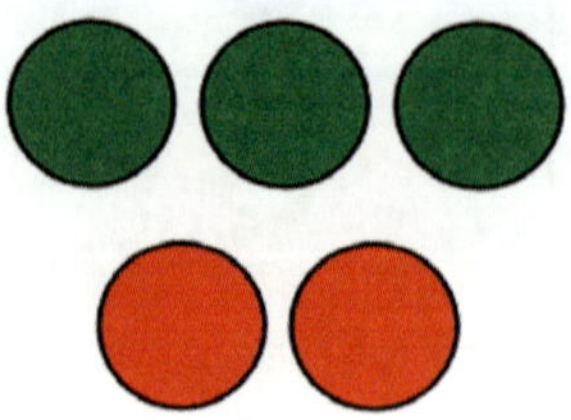

5

3 + 2

In diesem Beispiel ist die Zahl 5 in 3 und 2 zerlegt worden. Man kann auch schreiben:

$$3 + 2 = 5$$

Übung 11: Schreibe die Aufgaben in Zahlen zu den folgenden Zerlegungen.

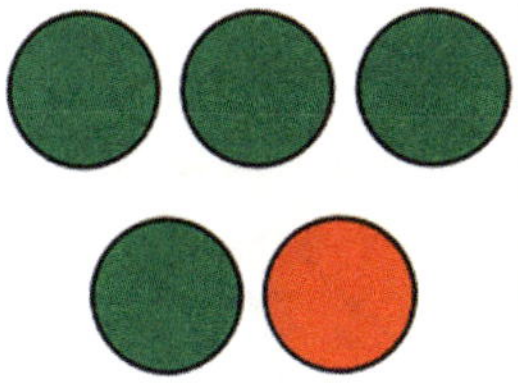		+		=	5
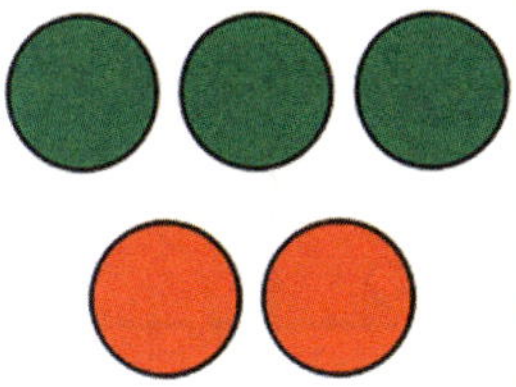		+		=	5
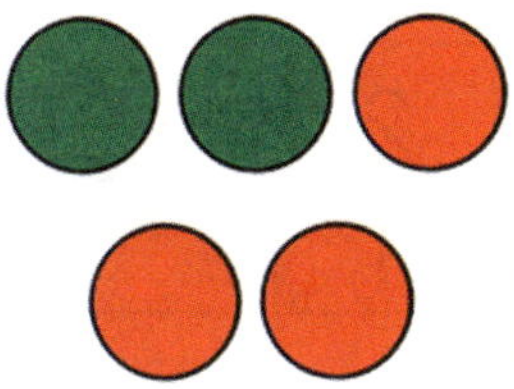		+		=	5
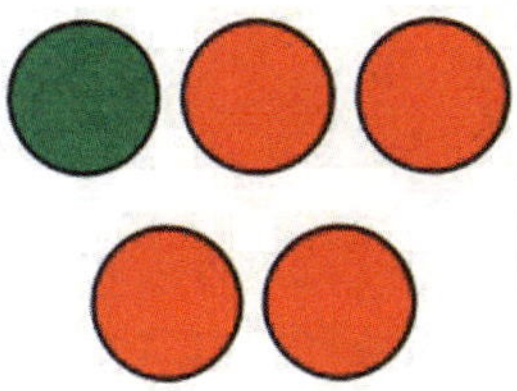		+		=	5

Genau so können natürlich auch alle anderen Zahlen zerlegt werden.

Um auf einen Blick zu sehen, wie eine Zahl zerlegt werden kann, kannst du dir ein solches Zahlenhaus aufmalen:

In das Dach des Zahlenhauses schreibst du die Zahl, die du zerlegen willst. In die einzelnen Wohnungen auf der linken Seite schreibst du die Zahlen von 0 bis zu der Zahl, die in der Spitze steht.
Mit den Wohnungen auf der rechten Seite machst du es umgekehrt.

Wie du siehst, ergeben die Zahlen in einem Stockwerk zusammengezählt immer die Zahl oben im Dach. Auf diese Weise findest du alle Möglichkeiten, die Zahl im Dach in zwei Zahlen zu zerlegen.

7	
7	0
6	1
5	2
4	3
3	4
2	5
1	6
0	7

Übung 12: Fülle diese Zahlenhäuser aus. Tipp: Du benötigst in jedem Haus so viele Stockwerke wie die Zahl, die im Dach steht, + 1. Wenn dort eine 3 steht, brauchst du also 4 Stockwerke.

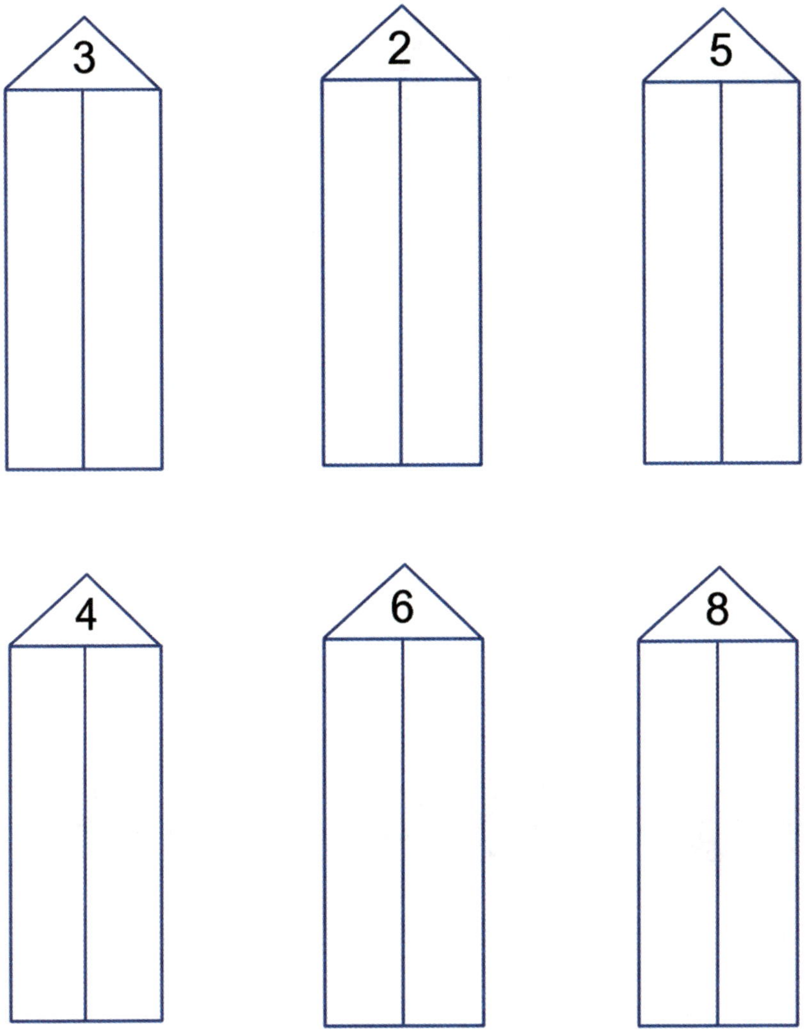

Rechnen mit Zahlen bis 5

Schau dir einmal diese Pinguine an. Kannst du abzählen, wie viele es sind?

Klar, das sind genau 5 Stück.

Und wie viele haben wir hier?

Genau. 2 Pinguine!

Zu den 2 Pinguinen kommt jetzt noch einer hinzu:

Na, wie viele Pinguine sind es jetzt insgesamt? Ganz genau. 3 Pinguine.

Übung 13: Verbinde die Zahlen mit der Menge, die die gleiche Anzahl von Elementen enthält.

Hast du das Zeichen + bemerkt? Das Zeichen nennt man Pluszeichen, und es zeigt an, dass etwas dazukommt oder dazugezählt wird.

Das Zeichen = ist das Gleichheitszeichen oder Ist-Zeichen. Dieses Zeichen zeigt an, was herauskommt, wenn man etwas hinzuzählt oder abzieht.

Unsere Pinguin-Aufgabe können wir natürlich auch mit Zahlen schreiben:

$$2 + 1 = 3$$

> Das Gleichheitszeichen wirst du beim Rechnen immer wieder benötigen. Es sagt aus, dass das, was rechts von ihm steht, genauso viel ist wie das, was links von ihm steht. Meistens steht links vom Gleichheitszeichen eine Aufgabe und rechts davon das Ergebnis.

Übung 14: Löse diese Aufgaben. Schreibe die richtige Anzahl der Pinguine in das letzte Feld.

Natürlich können wir nicht nur mit Pinguinen rechnen, sondern auch mit allen anderen Dingen, die man zählen kann.

Zum Beispiel mit Blumen:

Oder mit Strichen:

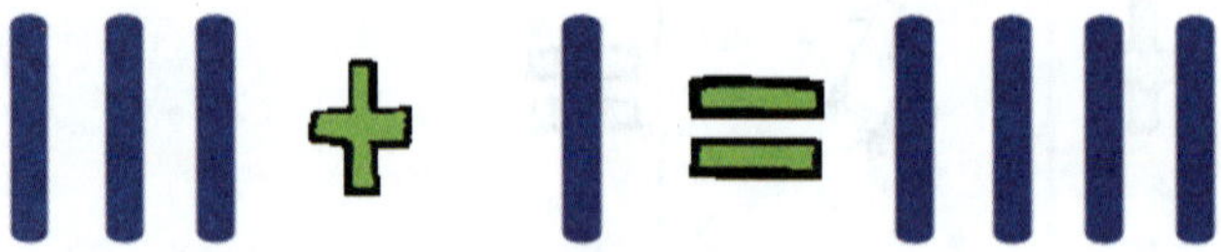

Oder mit Streichhölzern:

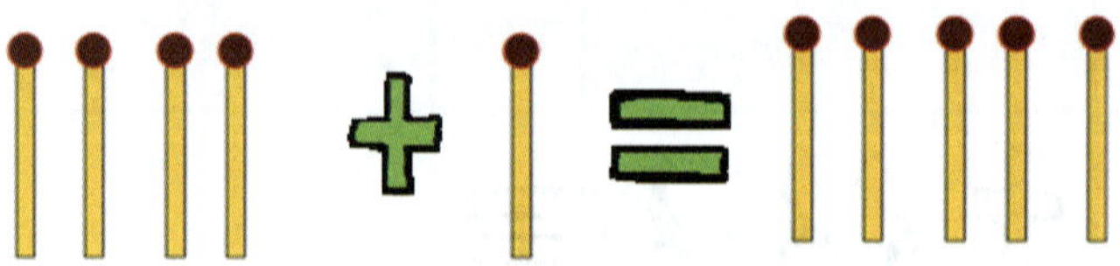

Aufgaben im Zahlenbereich bis 10 kannst du oft auch mithilfe deiner Finger ausrechnen.

Aufgaben werden natürlich meistens ohne Bilder und nur mit Zahlen geschrieben werden.

Übung 15: Rechne aus.

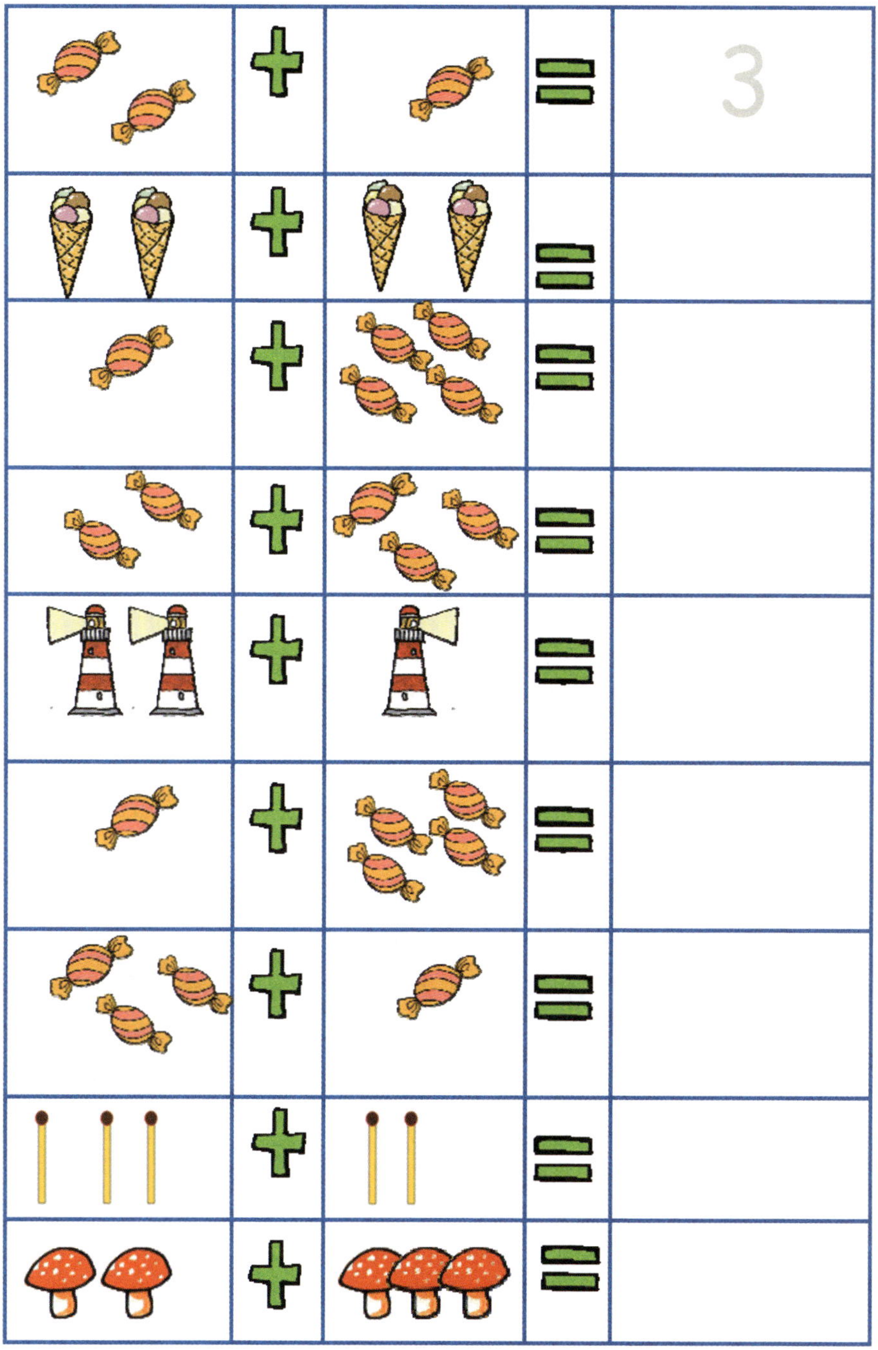

$2 + 2 = 4$

$3 + 2 = 5$

$1 + 2 = 3$

Das Zusammenzählen von Zahlen nennt man übrigens auch Addieren!

Plusaufgaben bis 10

Addieren kann man natürlich auch mit größeren Zahlen. Wir wollen das jetzt einmal im Zahlenraum bis 10 ausprobieren. Die 10 ist übrigens die Zahl, die direkt nach der 9 kommt. Die 10 ist also der Nachfolger der 9.

... 5, 6, 7, 8, 9, 10 ...

Wie du siehst, besteht die 10 nicht nur aus einer Ziffer, sondern aus zwei, nämlich der 1 und der 0.

Übung 16: Rechne die Aufgaben aus und male den Papagei den Ergebnissen entsprechend aus:

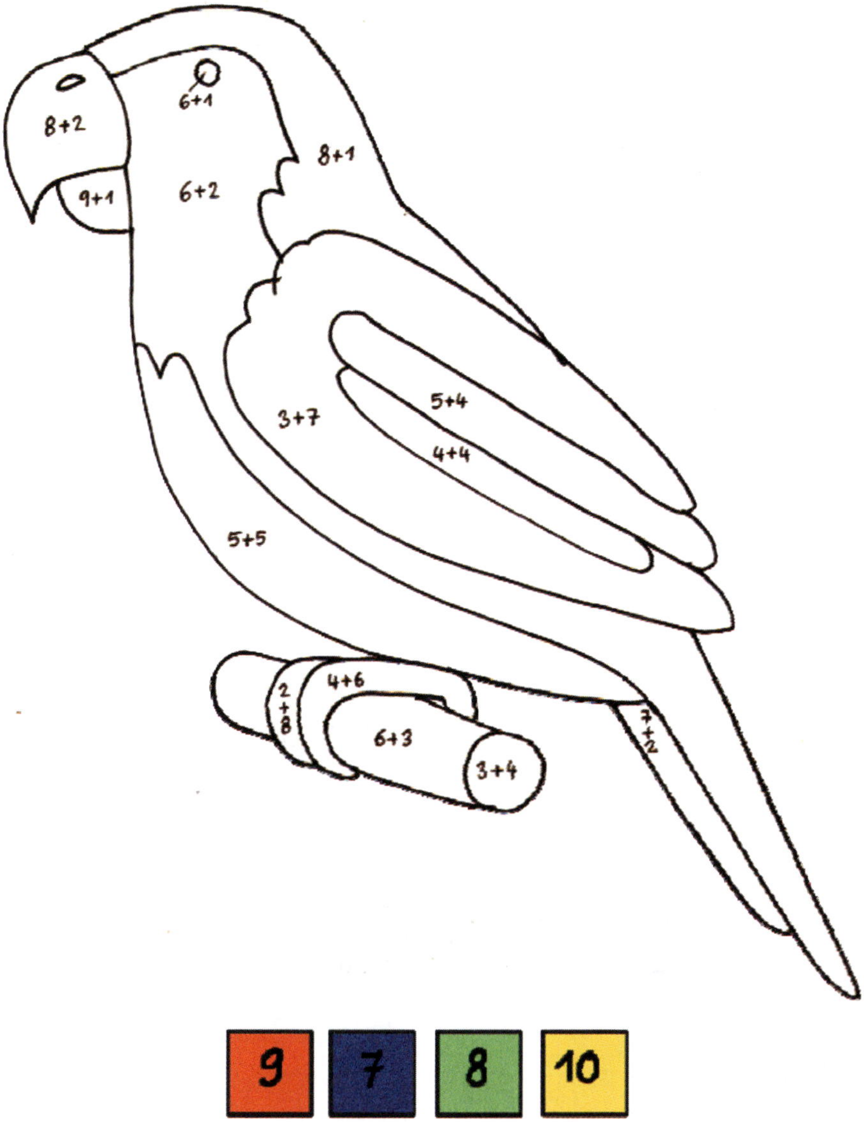

Alle Zahlen, die größer als 9 sind, bestehen aus mehreren Ziffern. Sie werden aus den Ziffern 0 bis 9 zusammengesetzt.

Es gibt Zahlen, die aus 2 Ziffern, aus 3 Ziffern oder aus noch viel mehr Ziffern bestehen. Zum Beispiel diese Zahl:

150000000

Diese Riesenzahl (sie heißt 150 Millionen) ist zum Beispiel in Kilometern gerechnet die Entfernung der Sonne zur Erde.

Für das Addieren bis 10 kannst du dir leicht ein kleines Hilfsmittel basteln. Zeichne einfach solche Streifen auf Papier und schneide sie aus.

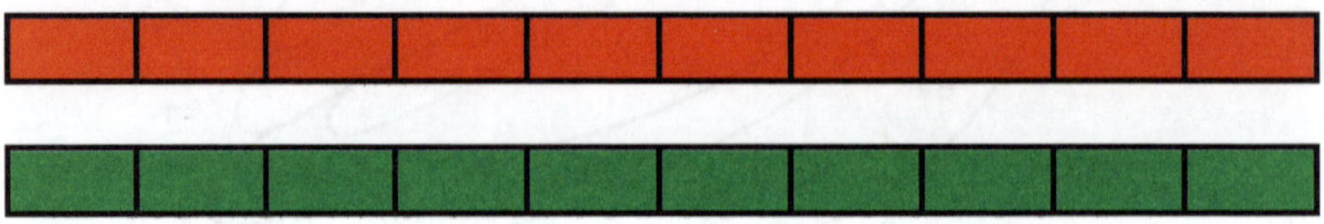

Schneide dann für jede Zahl von 1 bis 10 jeweils ein Stück mit genauso vielen Feldern vom roten und vom grünen Streifen ab. Mit den Stücken kannst du dann jede Aufgabe bis 10 zusammenlegen, zum Beispiel so:

5 + 3

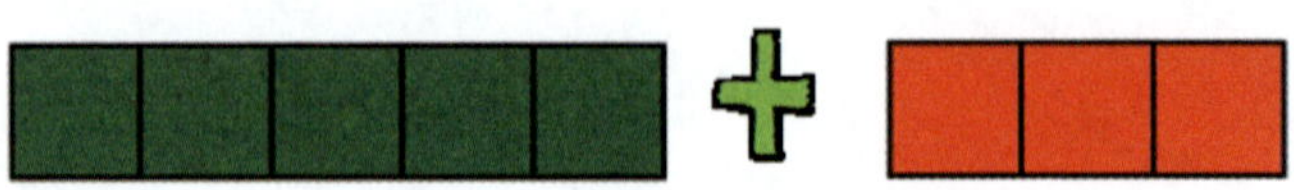

Übung 17: Wie lautet diese Rechenaufgabe? Schreibe die Zahlen auf und löse die Aufgabe.

	+		=	
4	+	3	=	7
	+		=	
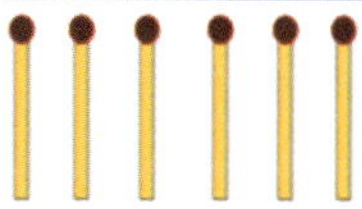	+		=	
	+		=	
	+		=	

Dann einfach die Felder abzählen, und schon hast du das

Ergebnis:  = 8

Du hast ja schon gelernt, dass Zahlen zerlegt werden können.
Das Gleiche gilt auch für das Rechnen bis 10.

Achte einmal darauf, dass auch unterschiedliche Aufgaben zu dem gleichen Ergebnis führen können.

1	+	9	=	10
2	+	8	=	10
3	+	7	=	10
4	+	6	=	10
5	+	5	=	10
6	+	4	=	10
7	+	3	=	10
8	+	2	=	10
9	+	1	=	10

Übung 18: Löse die Aufgaben.

1 + 3 = ☐	2 + 7 = ☐
3 + 5 = ☐	4 + 3 = ☐
2 + 6 = ☐	2 + 5 = ☐
8 + 2 = ☐	6 + 3 = ☐
7 + 1 = ☐	6 + 2 = ☐
9 + 1 = ☐	6 + 4 = ☐

Minusaufgaben bis 10

Natürlich können Zahlen nicht nur zusammengezählt (addiert), sondern auch voneinander abgezogen werden.

Das Abziehen von Zahlen nennt man übrigens auch Subtrahieren.

Das Abziehen von Zahlen kannst du dir leicht so vorstellen: Wenn sich zum Beispiel 5 Eichhörnchen treffen und 2 davon weglaufen, dann entspricht das der Aufgabe 5 − 2.

Na, wie viele bleiben dann noch übrig? Klar, natürlich 3!

Bei den Minusaufgaben wird also immer von einer vorhandenen Menge etwas abgezogen. Zum Üben kannst du übrigens auch hier wieder die farbigen Streifen verwenden.

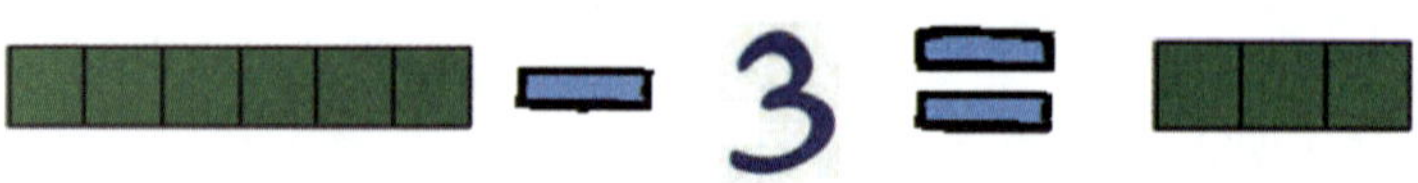

Einfach 3 Kästchen wegnehmen oder abschneiden, und schon hast du das Ergebnis.

Übung 19: Löse diese Aufgaben. Schreibe die richtige Anzahl der Pinguine in das letzte Feld.

	−		=	3
	−		=	
	−		=	
	−		=	
	−		=	
	−		=	
	−		=	

Kleine Rechengeschichten

Rechnen muss man nicht nur in der Schule. Tatsächlich kommt es immer wieder vor, dass du auch in der Freizeit, beim Spielen, beim Sport oder zum Beispiel beim Einkaufen genau rechnen musst.

Nehmen wir mal folgendes Beispiel:

Alina kauft sich ein neues Comic-Heft. Das Heft kostet 3 Euro. Alina bezahlt an der Kasse mit einem 10-Euro-Schein. Da muss sie doch noch Geld zurückbekommen. Nur wie viel?

Alina rechnet: 10 Euro minus 3 Euro für das Heft, das ergibt genau 7 Euro!

Die Rechenaufgabe sieht also so aus:
10 - 3 = 7

Klaus kauft sich für 5 Euro ein Kartenspiel. Auch er bezahlt mit einem 10-Euro-Schein. Was muss Klaus ausrechnen?

Klar, Klaus rechnet 10 Euro minus 5 Euro und weiß nun, wie viel Geld er zurückbekommt.

10 - 5 = 5

Achte bei deinem nächsten Einkauf einmal darauf und rechne selbst nach.

Übung 20: Löse die Aufgaben.

10 - 3 = ☐	5 - 2 = ☐
8 - 4 = ☐	9 - 3 = ☐
6 - 5 = ☐	3 - 1 = ☐
7 - 3 = ☐	7 - 6 = ☐
4 - 2 = ☐	6 - 3 = ☐
9 - 2 = ☐	8 - 1 = ☐

Auch bei vielen anderen Gelegenheiten ist es von Vorteil, wenn du gut rechnen kannst.

Deine Mannschaft hat in der ersten Runde 4 Punkte errungen. In der zweiten Runde sind noch einmal 5 dazugekommen. Wie viele Punkte habt ihr insgesamt?

4 + 5 = 9

Auf deiner Geburtstagsfeier wird gegessen. Ihr seid insgesamt 10 Personen. 3 Teller stehen schon auf dem Tisch. Wie viele fehlen noch?

10 - 3 = 7

Du hast 10 Sammelbilder, davon gibst du 4 an deinen besten Freund ab. Wie viele Bilder hast du noch?

10 - 4 = 6

Du sparst für eine neue CD. Von deiner Tante hast du bereits 6 Euro bekommen. Am nächsten Sonntag schenkt dir deine Oma 4 Euro. Wie viel hast du insgesamt?

6 + 4 = 10

Übung 21: Löse diese Sachaufgaben.

Sachaufgabe 1
Deine Schwester und du habt von eurer Tante eine Tüte Bonbons geschenkt bekommen. Von den 10 Bonbons habt ihr schon 6 aufgegessen. Wie viele Bonbons sind noch in der Tüte?

Sachaufgabe 2
Im Auto gibt es insgesamt 5 Sitzplätze. Du willst mit deinen Eltern, deiner Schwester und deiner Freundin einen Ausflug machen. Wie viele Sitzplätze sind noch im Auto übrig?

Sachaufgabe 3
Mit deinem Freund machst du einen Kinderflohmarkt. 2 Euro habt ihr schon eingenommen. Jetzt kauft ein Kind ein Spielzeugauto für 3 Euro. Wie viel Euro habt ihr nun insgesamt?

Sachaufgabe 4
Für eine Handballmannschaft benötigt ihr 7 Spieler. Kurz vor dem Spiel sind erst 5 Spieler gekommen. Wie viele fehlen noch, damit die Mannschaft komplett ist?

Größer und kleiner

Eine Zahl kann größer, kleiner oder gleich einer anderen Zahl sein. Hier siehst du die Zahlen von 1 bis 10 auf einem sogenannten Zahlenstrahl.

Eine Zahl ist dann größer als eine andere, wenn sie rechts von ihr auf dem Zahlenstrahl liegt.

Eine Zahl ist dann kleiner als eine andere, wenn sie links von ihr auf dem Zahlenstrahl liegt.

Die Zahl 6 ist also größer als die 5 und die 3 ist kleiner als die 4. Um zu beschreiben, dass eine Zahl größer, kleiner oder gleich ist, verwenden wir diese Zeichen:

größer: $>$ kleiner: $<$ gleich: $=$

Übung 22: Trage jeweils das richtige Zeichen ein.

12 □ 3	7 □ 9	11 □ 4
1 □ 2	15 □ 19	14 □ 4
17 □ 13	3 □ 6	5 □ 3
11 □ 8	2 □ 12	10 □ 9
14 □ 11	13 □ 14	16 □ 6
2 □ 3	5 □ 1	9 □ 19
13 □ 15	2 □ 3	11 □ 16
7 □ 13	11 □ 20	19 □ 14
13 □ 20	20 □ 18	17 □ 16
16 □ 2	9 □ 11	1 □ 20

Rechnen mit Zahlen bis 20

So, ich denke, du bist jetzt fit genug, um auch schon mit größeren Zahlen im Zahlenraum bis 20 zu rechnen. Im Grunde funktioniert das genau so wie die bisherigen Aufgaben auch. Es gibt nur einen wichtigen Unterschied. Bei einigen Aufgaben musst du nun die 10er-Grenze überspringen.

Ich habe dir hier als kleine Rechenhilfe einmal die Zahlen von 1 (eins) bis 20 (zwanzig) aufgeschrieben:

1, 2, 3, 4, 5, 6, 7, 8, 9, 10, 11, 12, 13, 14, 15, 16, 17, 18, 19, 20

Auch dieser Zahlenstrahl kann dir helfen, die Aufgaben zu lösen.

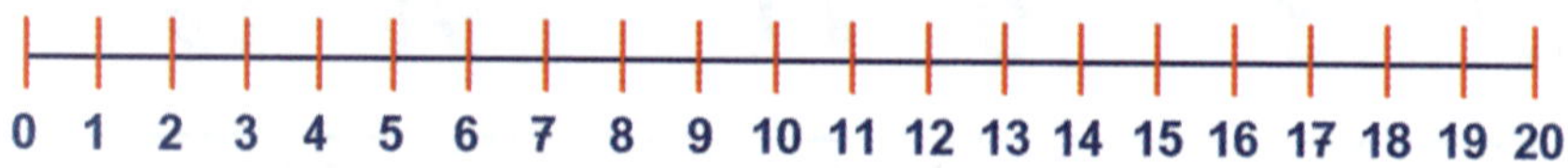

Zähle einfach von der ersten Zahl so viele Schritte weiter, wie hinzugezählt (addiert) werden sollen. So kommst du sicher zum richtigen Ergebnis.

Das Gleiche gilt natürlich auch für Minusaufgaben. Hier musst du von der ersten Zahl aus so viele Schritte rückwärts gehen, wie in der Aufgabe abgezogen (subtrahiert) werden sollen.

Übung 23: Jeweils zwei Kärtchen haben das gleiche Ergebnis. Verbinde sie.

8 + 5

7 + 7

9 + 5

3 + 10

11 + 1

12 + 7

4 + 8

14 + 5

6 + 9

7 + 9

9 + 6

13 + 3

Mehrere Zahlen vergleichen

Du hast ja schon gelernt, wie du zwei Zahlen miteinander vergleichen und dabei feststellen kannst, welche Zahl größer oder kleiner ist.

Auf diese Art und Weise kannst du nun auch mehrere Zahlen in eine Reihenfolge, zum Beispiel von klein nach groß oder umgekehrt, bringen.

Schau dir einmal diese Zahlen an, sie sind völlig durcheinandergeraten.

Wir sollten sie einmal der Größe nach ordnen.

Dazu beginnen wir einfach mit der kleinsten Zahl und fügen die anderen der Reihe nach an:

$$1 < 4 < 8 < 10 < 13 < 17 < 20$$

Übung 24: Rechne erst und male die Felder dann mit den richtigen Farben aus.

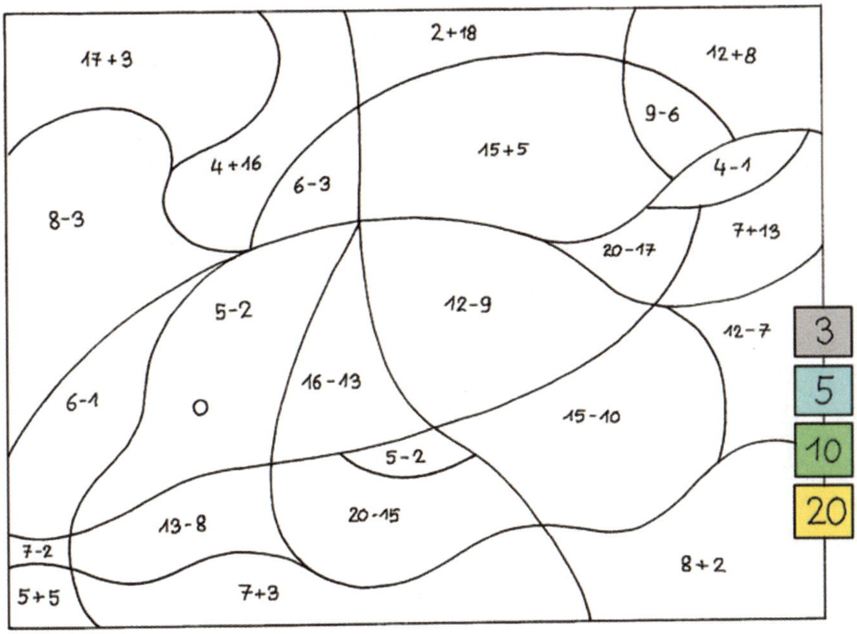

Übung 25: Rechne diese Minusaufgaben aus.

17 - 4 = ☐	12 - 3 = ☐
18 - 10 = ☐	20 - 5 = ☐
11 - 8 = ☐	9 - 8 = ☐
19 - 9 = ☐	20 - 8 = ☐

Natürlich können die Zahlen auch statt von klein nach groß von groß nach klein geordnet werden. Das sieht dann so aus:

$$20 > 17 > 13 > 10 > 8 > 4 > 1$$

Beachte bei den Zahlenreihen die Zeichen für größer und kleiner.

Kettenaufgaben

Ein beliebtes Thema im Mathematikunterricht sind die sogenannten Kettenaufgaben. Dabei werden in einer Aufgabe mehrere Rechnungen nacheinander durchgeführt.

Das sieht dann zum Beispiel so aus:

$$5 + 3 + 6 = ?$$

Bei so einer Kettenaufgabe musst du mehrere Rechnungen durchführen. Zuerst addierst du die ersten beiden Zahlen. Das Ergebnis musst du dir dann merken. (Das ist das Schwierigste bei diesen Aufgaben!) Zu dem Ergebnis zählst du dann die dritte Zahl hinzu.

In unserem Beispiel geht das so: $\mathbf{5 + 3 = 8}$. Die 8 merken wir uns und zählen dann noch die 6 hinzu, also $\mathbf{8 + 6 = 14}$. Ganz einfach, oder? Du kannst es gleich selbst ausprobieren.

Übung 26: Rechne die Kettenaufgaben aus und trage das Ergebnis ein.

3 + 7 + 9 = ☐	13 + 2 + 4 = ☐
5 + 11 + 2 = ☐	14 + 2 + 2 = ☐
11 + 7 + 1 = ☐	9 + 5 + 4 = ☐
2 + 2 + 2 = ☐	12 + 4 + 4 = ☐
10 + 2 + 4 = ☐	7 + 3 + 8 = ☐
14 + 1 + 1 = ☐	3 + 12 + 2 = ☐
17 + 1 + 2 = ☐	16 + 2 + 2 = ☐
11 + 3 + 5 = ☐	5 + 5 + 5 = ☐
4 + 3 + 7 = ☐	2 + 11 + 7 = ☐
8 + 2 + 10 = ☐	13 + 3 + 3 = ☐
6 + 6 + 6 = ☐	2 + 13 + 2 = ☐
1 + 17 + 2 = ☐	3 + 9 + 4 = ☐
7 + 7 + 5 = ☐	11 + 1 + 1 = ☐

Natürlich können Kettenaufgaben auch aus Minusaufgaben bestehen:

18 - 6 - 4 = ?

Auch hier kannst du wieder damit beginnen, den ersten Teil der Aufgabe auszurechnen, also **18 - 6 = 12**. Die 12 merkst du dir wieder und ziehst dann davon noch die 4 ab: **12 - 4 = 8**. Gelöst!

Um das Ganze etwas schwieriger zu machen, mischen wir jetzt eine Plusaufgabe und eine Minusaufgabe in einer Kettenaufgabe:

13 - 5 + 8 = ?

Das machst du jetzt schon mit links, oder? Natürlich, erst 13 - 5 ausrechnen. Das ergibt 8. Dann + 8 rechnen. 8 + 8, klare Sache, das ergibt 16.

So, ich glaube, Kettenaufgaben können dir jetzt keine Angst mehr einjagen. Starte doch mal mit deinen Freunden einen Kettenaufgabenwettbewerb. Statt mit zwei Aufgaben in einer Kettenaufgabe könnt ihr es ja mal mit drei oder vier Aufgaben versuchen. Aber Vorsicht! Dafür braucht man schon ein sehr gutes Gedächtnis.

Übung 27: Rechne die Kettenaufgaben aus:

8 - 2 + 6 = ☐	11 + 1 - 6 = ☐
4 + 9 - 6 = ☐	14 - 1 + 5 = ☐
10 + 7 - 1 = ☐	3 + 8 - 3 = ☐
10 - 1 + 5 = ☐	13 + 1 - 6 = ☐
12 - 5 + 2 = ☐	6 + 4 - 7 = ☐
5 + 8 - 5 = ☐	4 + 11 - 3 = ☐
1 + 5 - 6 = ☐	7 - 3 + 9 = ☐
9 + 6 - 2 = ☐	6 + 6 - 6 = ☐
3 + 4 - 6 = ☐	8 + 11 - 1 = ☐
5 - 2 + 9 = ☐	13 - 2 + 5 = ☐
4 + 8 - 6 = ☐	2 + 14 - 2 = ☐
3 + 13 - 2 = ☐	3 + 10 - 1 = ☐
8 - 7 + 2 = ☐	10 - 2 + 6 = ☐

Verdoppeln

Beim Verdoppeln kommt zu einer Menge oder zu einer Zahl noch einmal die gleiche Menge oder die gleiche Zahl hinzu.

Zum Beispiel bei diesen Fischen. In der ersten Menge sind es zwei Fische. Rechts kommen dann noch genau einmal so viele hinzu. Es sind rechts also doppelt so viele Fische wie links. In Zahlen ausgedrückt, sieht das dann so aus:

Wenn zu 2 noch einmal 2 hinzukommen, ergibt das 4. Das Doppelte von 2 ist also 4.

Das geht natürlich auch mit jeder anderen Zahl. Das Doppelte von 3 ist 6 und das Doppelte von 8 ist 16.

Übung 28: Verdopple diese Zahlen.

Einfach	4	8	3	6	5	1	9
Doppelt							

Einfach	1	7	5	3	8	2	6
Doppelt							

Einfach	9	4	7	5	3	8	2
Doppelt							

Übung 29: Male die doppelte Anzahl in die Kästchen.

Malnehmen (Multiplizieren)

Jetzt zeige ich dir, wie man malnimmt oder multipliziert. Das Multiplizieren kann oft sehr nützlich sein, weil man sich damit viele Additionsaufgaben ersparen kann.

Schau dir einmal diese Luftballons an.

Wenn du sie zählen willst, könntest du zum Beispiel schreiben: 4 + 4 + 4. Das ergibt natürlich ... klar, 12!

Einfacher geht es mit der Multiplikation. Hier können wir statt 4 + 4 + 4 einfach schreiben 3 · 4. Gesprochen heißt das „drei mal vier". Und 3 · 4 ist genau das Gleiche wie 4 + 4 + 4.

Viel nützlicher ist das natürlich bei noch größeren Zahlen. Hier kannst du durch das Multiplizieren viele einzelne Additionen einsparen.

Merken:
Das Malnehmen nennt man auch Multiplizieren oder Multiplikation.

Übung 30: Löse diese Aufgaben:

$3 \cdot 4 = \square$	$2 \cdot 2 = \square$	$4 \cdot 1 = \square$
$2 \cdot 3 = \square$	$2 \cdot 4 = \square$	$4 \cdot 2 = \square$
$5 \cdot 3 = \square$	$4 \cdot 4 = \square$	$6 \cdot 3 = \square$
$4 \cdot 5 = \square$	$3 \cdot 6 = \square$	$2 \cdot 9 = \square$
$7 \cdot 2 = \square$	$3 \cdot 5 = \square$	$2 \cdot 6 = \square$
$8 \cdot 1 = \square$	$8 \cdot 2 = \square$	$5 \cdot 4 = \square$
$5 \cdot 2 = \square$	$4 \cdot 3 = \square$	$9 \cdot 1 = \square$
$6 \cdot 2 = \square$	$2 \cdot 7 = \square$	$1 \cdot 1 = \square$

Halbieren

Schau dir einmal diese Zebras an. Ihr Gehege im Zoo ist viel zu klein.

Klar, 8 Zebras passen da einfach nicht rein. Deshalb wäre es doch eine gute Idee, ein zweites Gehege zu bauen und die Zebras auf beide Gehege aufzuteilen, oder?

Das Beste wäre natürlich, die Tiere so aufzuteilen, dass sich in beiden Gehegen gleich viele Zebras befinden.

> Das Aufteilen eine Menge in zwei gleiche Teile nennt man HALBIEREN.

Übung 31: Dieses sind Rechenpyramiden. Halbiere die an der Spitze stehende Zahl. Trage die beiden Zahlen in der zweiten Reihe ein. Bilde in der untersten Reihe zwei unterschiedliche Plusaufgaben, die die Zahlen in der zweiten Reihe ergeben.

Na, wie viele Zebras müssen in jedem der beiden Gehege sein, damit in beiden gleich viele Zebras enthalten sind?

Klare Sache: In jedes Gehege kommen genau 4 Zebras.
8 Zebras können wir also in zwei Gehege mit jeweils 4 Zebras aufteilen. Wir haben die Menge der Zebras in zwei gleiche Teile aufgeteilt, also halbiert.

So, jetzt fühlen sich die Zebras wieder wohl und haben genug Platz.

Übung 32: Halbiere die Anzahl dieser Dinge. Nimm einen Stift und zeichne jeweils die gleiche Anzahl in die Kästchen.

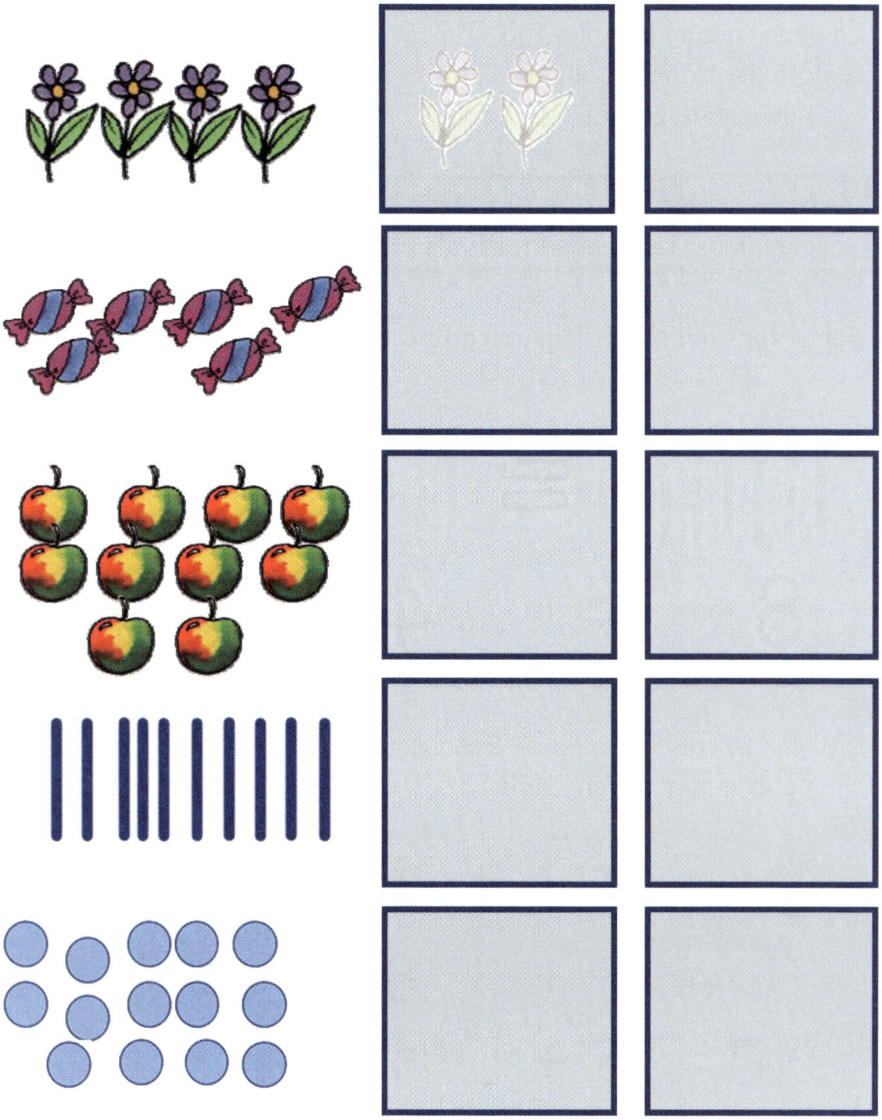

Genauso einfach lassen sich auch Zahlen halbieren. Aber Vorsicht! Nur die sogenannten geraden Zahlen wie 2, 4, 6, 8, 10 und so weiter lassen sich problemlos halbieren. Wir nennen diese Zahlen deshalb auch die geraden Zahlen. Bei den restlichen Zahlen wie zum Beispiel 1, 3, 5, 7, 9, 11 und so weiter funktioniert das Halbieren nicht so einfach. Sie heißen deshalb auch ungerade Zahlen.

> Gerade Zahlen wie 2, 4, 6, 8, 10, 12 und so weiter können in zwei gleiche Teile aufgeteilt, also halbiert werden.

Schau dir einmal die folgenden Beispiele an.

$$8 = 4 + 4$$

Die Hälfte von 8 ist also 4. Genauso einfach geht es auch mit allen anderen geraden Zahlen:

$$2 = 1 + 1 \quad 4 = 2 + 2$$
$$6 = 3 + 3 \quad 8 = 4 + 4$$
$$10 = 5 + 5 \quad 12 = 6 + 6$$

Übung 33: Trage jeweils die Hälfte ein.

Zahl	10	4	8	2	6	12
halbiert						

Zahl	14	18	20	16
halbiert				

Übung 34: Ergänze die folgenden Aufgaben.

6 = 3 + ☐   4 = 2 + ☐   2 = 1 + ☐

10 = 5 + ☐   8 = 4 + ☐   12 = 6 + ☐

16 = 8 + ☐   18 = 9 + ☐   20 = 10 + ☐

Übung 35: Löse diese Aufgaben.

2 + 2 = ☐   4 + 4 = ☐   6 + 6 = ☐

7 + 7 = ☐   8 + 8 = ☐   9 + 9 = ☐

Die Zahlen bis 100

Du hast ja bisher schon die Zahlen bis 20 kennengelernt. Jetzt wollen wir uns einmal anschauen, wie es nach der 20 weitergeht.

Nach der 20 folgen diese Zahlen:

21, 22, 23, 24, 25, 26, 27, 28, 29

Die Zahlen werden so ausgesprochen:

21	Einundzwanzig
22	Zweiundzwanzig
23	Dreiundzwanzig
24	Vierundzwanzig
25	Fünfundzwanzig
26	Sechsundzwanzig
27	Siebenundzwanzig
28	Achtundzwanzig
29	Neunundzwanzig

Nach der 29 kommt dann die Zahl 30 (Dreißig). Da geht es dann wieder von vorne los: Einunddreißig (31), Zweiunddreißig (32), Dreiunddreißig und so weiter. Du siehst also: Immer wenn ein neuer Zehner erreicht wird, kannst du die folgenden 9 Zahlen jeweils auf die gleiche Weise bilden.

Übung 36: Verbinde die Zahlen beginnend mit 1 der Reihenfolge nach.

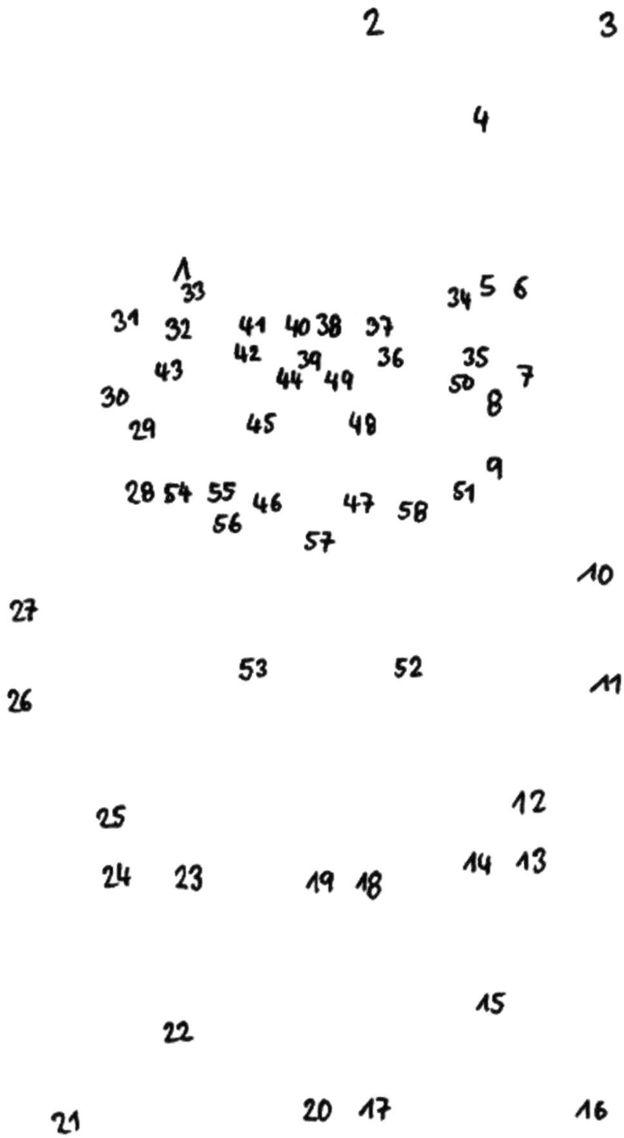

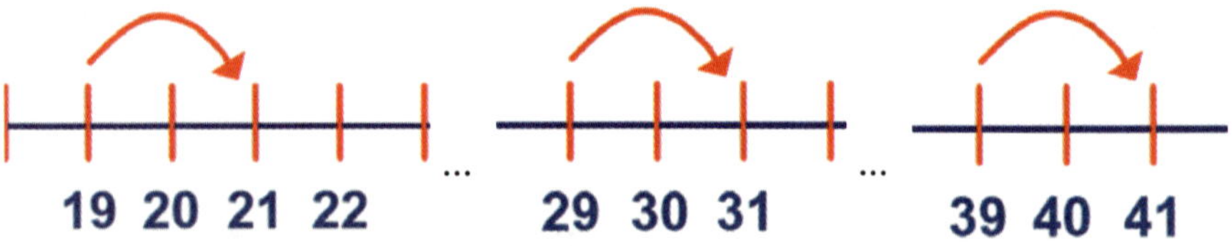

Zehnerübergänge

Ich habe dir hier einmal einen Zahlenstrahl aufgezeichnet, an dem du in Zehnerabständen die Zahlen bis 100 ablesen kannst:

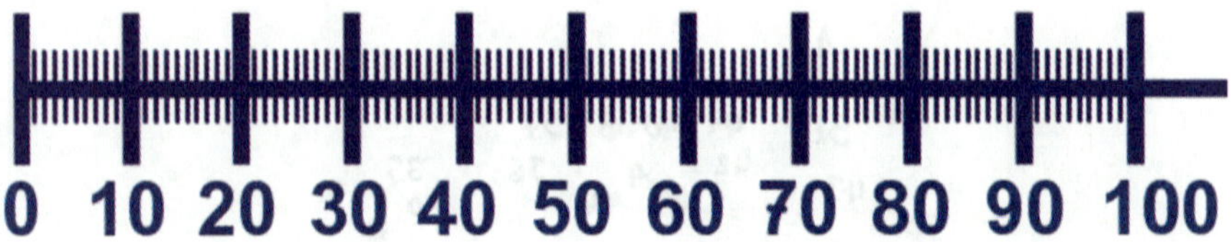

Von jedem Zehner aus sind es also genau 10 Schritte bis zum jeweils nächsten Zehner. Also:

10 + **10** = **20**, 20 + **10** = **30**, 30 + **10** = **40**

40 + **10** = **50**, 50 + **10** = **60**, 60 + **10** = **70**

70 + **10** = **80**, 80 + **10** = **90** **und** 90 + **10** = **100**

Zwischen den Zehnerschritten liegen die Einserschritte, die du ja schon kennst.

Übung 37: Löse diese Aufgaben.

$10 + 10 = \square \cdot 10 = 20$

$10 + 10 + 10 = \square \cdot 10 = 30$

$5 + 5 + 5 + 5 = \square \cdot 5 = 20$

$9 + 9 + 9 + 9 + 9 = \square \cdot 9 = 45$

$2 + 2 = \square \cdot 2 = 4$

$8 + 8 + 8 + 8 + 8 = \square \cdot 8 = 40$

$3 + 3 + 3 = \square \cdot 3 = 9$

$4 + 4 + 4 = \square \cdot 4 = 12$

$6 + 6 + 6 + 6 = \square \cdot 6 = 24$

$1 + 1 + 1 + 1 + 1 + 1 = \square \cdot 1 = 6$

$7 + 7 + 7 + 7 + 7 = \square \cdot 7 = 35$

$2 + 2 + 2 + 2 + 2 = \square \cdot 2 = 10$

Das Einmaleins

Nun wollen wir uns einmal das sogenannte Einmaleins anschauen. Beim Einmaleins geht es um die Multiplikation (das Malnehmen). Im kleinen Einmaleins sind alle Multiplikationsaufgaben mit den Zahlen von 0 bis 10 enthalten.

Das sind zum Beispiel Aufgaben wie:

$1 \cdot 1 = 1;\ 2 \cdot 1 = 2;\ 3 \cdot 1 = 3 \ldots$

$1 \cdot 2 = 2;\ 2 \cdot 2 = 4;\ 3 \cdot 2 = 6 \ldots$

$1 \cdot 3 = 3;\ 2 \cdot 3 = 6;\ 3 \cdot 3 = 9 \ldots$

$1 \cdot 4 = 4;\ 2 \cdot 4 = 8;\ 3 \cdot 4 = 12 \ldots$

und so weiter.

Die Aufgaben des kleinen Einmaleins musst du auswendig lernen und so lange üben, bis du sie im Schlaf aufsagen kannst. Das ist sehr wichtig für alle weiteren Rechenaufgaben.

Übung 38: Lerne das Einmaleins auswendig.

1 · 1 = 1	1 · 2 = 2	1 · 3 = 3	1 · 4 = 4	1 · 5 = 5
2 · 1 = 2	2 · 2 = 4	2 · 3 = 6	2 · 4 = 8	2 · 5 = 10
3 · 1 = 3	3 · 2 = 6	3 · 3 = 9	3 · 4 = 12	3 · 5 = 15
4 · 1 = 4	4 · 2 = 8	4 · 3 = 12	4 · 4 = 16	4 · 5 = 20
5 · 1 = 5	5 · 2 = 10	5 · 3 = 15	5 · 4 = 20	5 · 5 = 25
6 · 1 = 6	6 · 2 = 12	6 · 3 = 18	6 · 4 = 24	6 · 5 = 30
7 · 1 = 7	7 · 2 = 14	7 · 3 = 21	7 · 4 = 28	7 · 5 = 35
8 · 1 = 8	8 · 2 = 16	8 · 3 = 24	8 · 4 = 32	8 · 5 = 40
9 · 1 = 9	9 · 2 = 18	9 · 3 = 27	9 · 4 = 36	9 · 5 = 45
10 · 1 = 10	10 · 2 = 20	10 · 3 = 30	10 · 4 = 40	10 · 5 = 50
1 · 6 = 6	1 · 7 = 7	1 · 8 = 8	1 · 9 = 9	1 · 10 = 10
2 · 6 = 12	2 · 7 = 14	2 · 8 = 16	2 · 9 = 18	2 · 10 = 20
3 · 6 = 18	3 · 7 = 21	3 · 8 = 24	3 · 9 = 27	3 · 10 = 30
4 · 6 = 24	4 · 7 = 28	4 · 8 = 32	4 · 9 = 36	4 · 10 = 40
5 · 6 = 30	5 · 7 = 35	5 · 8 = 40	5 · 9 = 45	5 · 10 = 50
6 · 6 = 36	6 · 7 = 42	6 · 8 = 48	6 · 9 = 54	6 · 10 = 60
7 · 6 = 42	7 · 7 = 49	7 · 8 = 56	7 · 9 = 63	7 · 10 = 70
8 · 6 = 48	8 · 7 = 56	8 · 8 = 64	8 · 9 = 72	8 · 10 = 80
9 · 6 = 54	9 · 7 = 63	9 · 8 = 72	9 · 9 = 81	9 · 10 = 90
10 · 6 = 60	10 · 7 = 70	10 · 8 = 80	10 · 9 = 90	10 · 10 = 100

Teilen (Dividieren)

Sicher kennst du das. Es gibt nur eine Tafel Schokolade, aber drei Freunde oder Geschwister möchten sie gern haben. Die Tafel muss also geteilt werden, in diesem Beispiel in drei Teile.

Teilen musst du nicht nur im Matheunterricht. Geteilt wird überall dort, wo etwas in mehrere Teile aufgeteilt oder verteilt werden muss. Das kommt im Alltag, in der Schule oder beim Spielen sehr häufig vor.

Hier haben wir vier Kekse. Du willst sie dir mit einem Freund teilen. Wie viele Kekse bekommt jeder?

Als mathematische Aufgabe sieht das dann so aus:

4 : 2 = ?

Das Zeichen, das zwischen der 4 und der 2 steht, nennt man auch das Geteilt-Zeichen. Die Aufgabe liest man dann so:

vier geteilt durch zwei

Das Ergebnis? Klar, jeder bekommt 2 Kekse.

4 : 2 = 2

Übung 39: Jede Rechenaufgabe in diesem Bild steht für eine Farbe. Rechne und male das Bild aus.

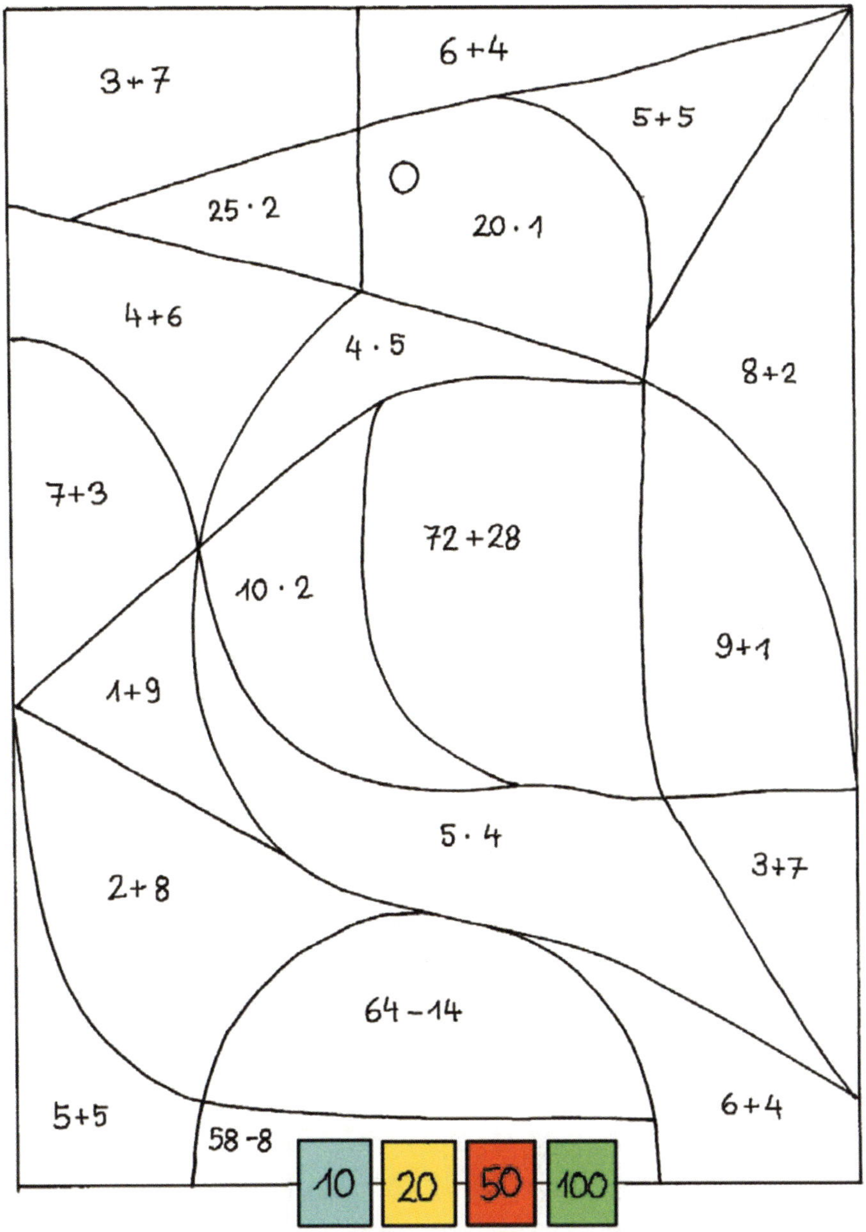

Das Teilen nennt man auch Division oder Dividieren. „10 geteilt durch 5" bedeutet das Gleiche wie „10 dividiert durch 5".

Auch mit Bonbons kann man das Teilen gut einüben. Angenommen, in einer Tüte befinden sich 20 Bonbons. Die 20 Bonbons sollen auf 5 Kinder verteilt werden.

Um auszurechnen, wie viele Bonbons jedes Kind bekommt, muss die Rechenaufgabe lauten:

20 : 5

Du könntest jetzt zum Beispiel 5 Haufen mit Bonbons bilden. Jeder Haufen muss natürlich gleich viele Bonbons enthalten. Das sieht dann so aus:

So, jetzt hat jedes Kind gleich viele Bonbons, nämlich genau 4 Stück. Alle 20 Bonbons sind aufgeteilt.

20 : 5 ist also 4!

Übung 40: Rechne folgende Aufgaben aus:

30 : 5 =	14 : 7 =
40 : 4 =	28 : 7 =
16 : 2 =	30 : 3 =
6 : 3 =	100 : 10 =
21 : 3 =	70 : 7 =
25 : 5 =	20 : 4 =
64 : 8 =	18 : 6 =
15 : 3 =	12 : 4 =
10 : 2 =	20 : 2 =
8 : 4 =	56 : 8 =
2 : 1 =	40 : 5 =
10 : 5 =	21 : 7 =
8 : 2 =	48 : 6 =
80 : 10 =	36 : 6 =
50 : 5 =	49 : 7 =

Du könntest die Lösung auch so ausrechnen:
Ziehe von den 20 Bonbons immer wieder 5 ab (für jedes Kind jeweils 1). So kannst du herausfinden, wie oft die 5 in die 20 passt.

$$20 - 5 - 5 - 5 - 5 = 0$$

Du kannst also 4-mal die 5 von der 20 abziehen, bis kein Bonbon mehr übrig ist.

Fällt dir bei dieser Kettenaufgabe etwas auf? Ja, das sieht so ähnlich aus wie bei den Beispielen zum Multiplizieren, nur dass hier statt plus minus gerechnet wird. Und tatsächlich ist die Division (das Teilen) das genaue Gegenteil vom Multiplizieren (Malnehmen).

Du kannst zum Beispiel alle Divisionsaufgaben auch einfach umdrehen, um das Ergebnis zu überprüfen:

$$10 : 5 = 2 \rightarrow 2 \cdot 5 = 10$$
$$15 : 3 = 5 \rightarrow 5 \cdot 3 = 15$$
$$6 : 2 = 3 \rightarrow 3 \cdot 2 = 6$$
$$8 : 4 = 2 \rightarrow 2 \cdot 4 = 8$$

> Die Division ist die Umkehrung der Multiplikation. Die Multiplikation kann zur Überprüfung der Ergebnisse von Divisionsaufgaben angewendet werden.

Achtung: Durch die Null wird niemals geteilt. In einer Klassenarbeit wäre das ein böser Fehler.

Übung 41: Jede Rechenaufgabe in diesem Bild steht für eine Farbe. Rechne und male das Bild aus:

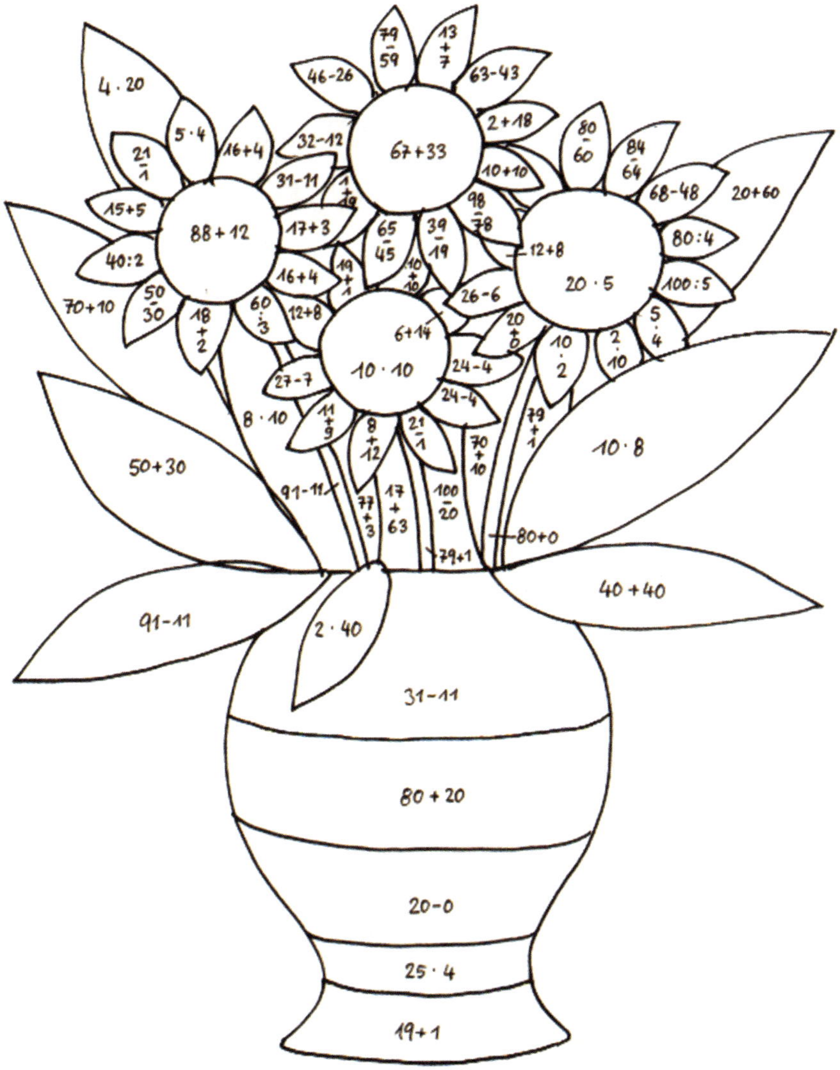

Formen und Größen (Geometrie)

Die Geometrie beschäftigt sich mit Formen, Größen, Längen, Winkeln und Rauminhalten.
Zuerst werde ich dir einmal die verschiedenen geometrischen Formen vorstellen.

Da ist zunächst der Kreis.

Ein Kreis hat keine Ecken und ist vollkommen rund.

Dann gibt es noch das Dreieck.

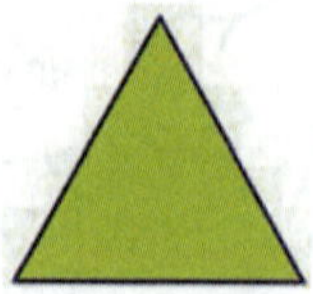

Ein Dreieck hat genau drei Ecken. Wenn alle Seiten des Dreiecks gleich lang sind, nennt man das Dreieck gleichseitiges Dreieck.

Wenn zwei Seiten des Dreiecks senkrecht (im Winkel von 90 Grad) aufeinanderstehen, nennt man das Dreieck rechtwinkliges Dreieck.

Sind zwei Seiten des Dreiecks gleich lang, dann nennt man dieses Dreieck gleichschenkliges Dreieck.

Als Nächstes zeige ich dir nun das Viereck.

Wie heißt die Form?

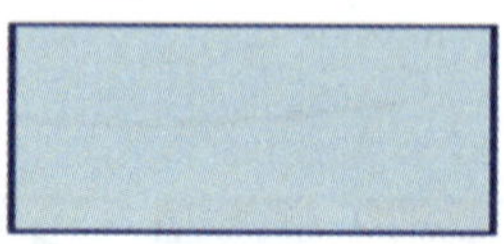

Übung 42: Welche Form ist gemeint? Trage den Namen ein.

Eigenschaften	Name?
Drei Ecken, alle Seiten sind gleich lang.	
Vier Ecken, alle Seiten sind gleich lang.	
Drei Ecken, zwei Seiten sind gleich lang.	
Keine Ecken.	
Vier Ecken, die gegenüber-liegenden Seiten sind gleich lang.	
Drei Ecken, zwei Seiten stehen rechtwinklig aufeinander.	

Ein Viereck hat, wie der Name schon sagt, 4 Ecken. Ein Viereck, bei dem die gegenüberliegenden Seiten gleich lang sind, nennt man Rechteck.

Ein Viereck mit 4 gleich langen Seiten nennt man Quadrat.

Eine Form mit mehr als 4 Ecken nennt man Vieleck. Ein Vieleck kann zum Beispiel so aussehen:

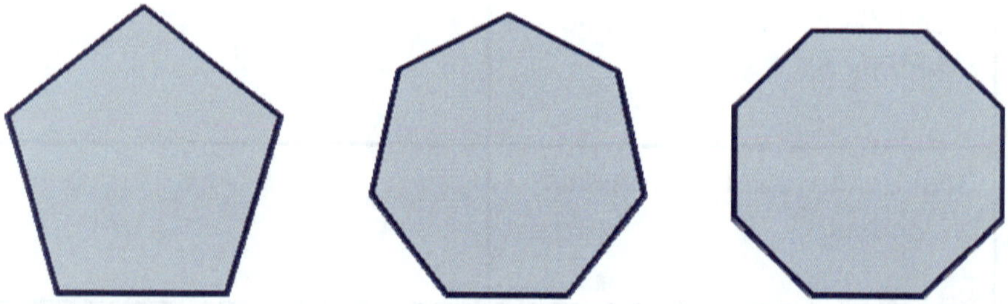

Fünfeck Siebeneck Achteck

Na, kommt dir das Achteck bekannt vor? Genau, das sieht genau so aus wie ein bekanntes Verkehrszeichen, nämlich das Stoppschild.

Auch viele andere Verkehrsschilder haben eine von den geometrischen Formen, die du bisher schon kennengelernt hast.

Übung 43: Jeder Fläche ist eine geometrische Form zugeordnet, die eine bestimmte Farbe hat. Male das Bild aus:

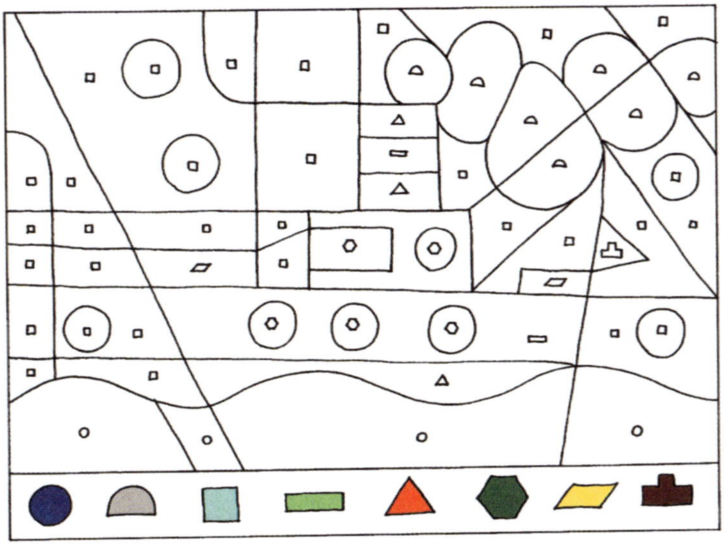

Übung 44: Finde im Bild die Formen, die rechts am Rand abgebildet sind.

Rechnen mit Längen

Wenn du etwas abmessen willst oder wenn sich deine Eltern zum Beispiel darüber unterhalten, wie weit es noch bis zur nächsten Raststätte auf der Autobahn ist, dann geht es immer um Längenangaben.
Eine Längenangabe sagt dir also immer, wie lang eine bestimmte Strecke ist.
Für ganz kurze Strecken benutzt man zum Beispiel die Längenangabe Millimeter. Ein Millimeter ist so kurz, dass man die Strecke fast gar nicht mit bloßem Auge erkennen kann.

Für etwas längere Strecken wie zum Beispiel die Länge und Breite deiner Schulhefte, die Länge deiner Haare oder die Strecke, die deine Lieblingsschnecke in der Stunde zurücklegt, benutzt man die Maßeinheit Zentimeter.

Für noch längere Strecken wie zum Beispiel die Entfernung von einem Tor zum anderen auf einem Sportplatz oder für das Messen der Größe von Menschen benutzt man die Längenangabe Meter.

Ganz große Entfernungen, etwa von einer Stadt zur anderen oder von zu Hause bis zum Urlaubsort, gibt man in Kilometern an. Kilo bedeutet tausend. Ein Kilometer sind also ... ganz genau: tausend Meter.

Umrechnungstabelle Millimeter
10 Millimeter = 1 Zentimeter
100 Millimeter = 10 Zentimeter
1000 Millimeter = 100 Zentimeter = 1 Meter

Umrechnungstabelle Zentimeter
10 Zentimeter = 1 Dezimeter
100 Zentimeter = 10 Dezimeter = 1 Meter
1000 Zentimeter = 10 Meter

Umrechnungstabelle Meter
1000 Meter = 1 Kilometer

Übung 45: In der Schule ist Sportfest. Rechne die Ergebnisse der einzelnen Wettbewerbe um:

	Weitsprung in cm	Weitsprung in mm
Tina	82	
Jan	92	
Philipp	99	
Alina	51	
Meike	65	
Johannes	85	

Bei Längenangaben in Metern werden Meter und Zentimeter durch ein Komma getrennt. 155 Zentimeter schreibt man in der Meterangabe 1,55 m (sprich: ein Meter fünfundfünfzig).

Für Experten:

Als Strecke wird eine gerade Linie bezeichnet, die einen Anfangspunkt A und einen Endpunkt B hat. Die Länge einer Strecke kann gemessen werden.

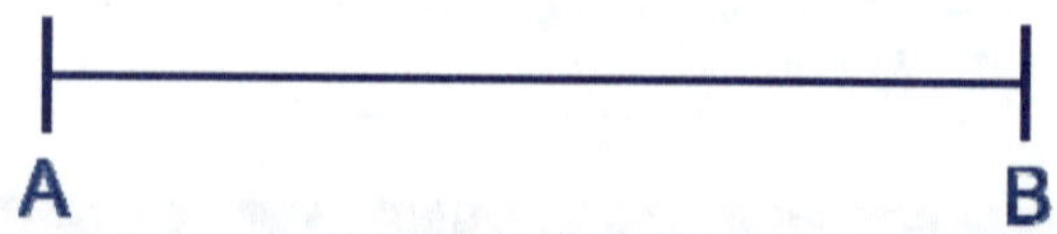

Ein Strahl ist eine gerade Linie, die nur einen Anfangspunkt A, aber keinen Endpunkt hat. Die Länge eines Strahls kann nicht gemessen werden.

Eine Gerade ist eine gerade Linie, die weder einen Anfangspunkt noch einen Endpunkt hat. Deshalb kann die Länge einer Geraden auch nicht gemessen werden.

Übung 46: Was ist gemeint?

- Gerade Linie, ein Anfangspunkt, kein Endpunkt:

- Gerade Linie, ein Anfangspunkt, ein Endpunkt:

- Gerade Linie, kein Anfangspunkt, kein Endpunkt:

Den Umfang von Formen berechnen

Oft musst du den Umfang von geometrischen Formen berechnen. Das geht vor allem bei rechteckigen Formen ziemlich einfach.

Der Umfang einer Fläche ist so groß wie die Summe aller Seitenlängen.

Die Summe ist das Ergebnis, das herauskommt, wenn du alle Seitenlängen einer Form addierst. Ich zeige dir gleich einmal einige Beispiele:

In unseren Beispielen verwenden wir quadratische Karos. Jedes Kästchen ist quadratisch und genau einen halben Zentimeter lang und einen halben Zentimeter hoch.

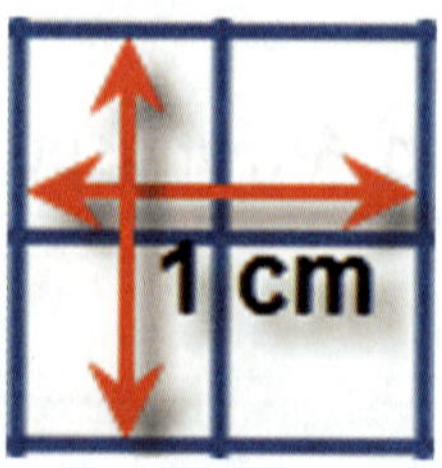

Jeweils zwei Kästchen entsprechen also genau einem Zentimeter.

Solche quadratischen Karos findest du auch in deinem Matheheft. Du kannst sie benutzen, um den Umfang oder den Flächeninhalt von Formen abzumessen oder zu zählen.

Die Größe der Kästchen benutzen wir nur zum Rechnen. Hier im Buch können die Kästchen auch mal größer oder kleiner als ein halber Zentimeter abgebildet sein. Für unsere Berechnungen nehmen wir aber an, dass sie genau einen halben Zentimeter hoch und einen halben Zentimeter breit sind. Okay?

Das heißt also, wir können an den Kästchen abzählen, wie breit und wie hoch eine Fläche ist.
In folgendem Beispiel verwenden wir ein Rechteck.

Hier siehst du das Rechteck. Anhand der Zentimeterkästchen können wir leicht abzählen, wie lang die Seiten des Rechtecks sind.

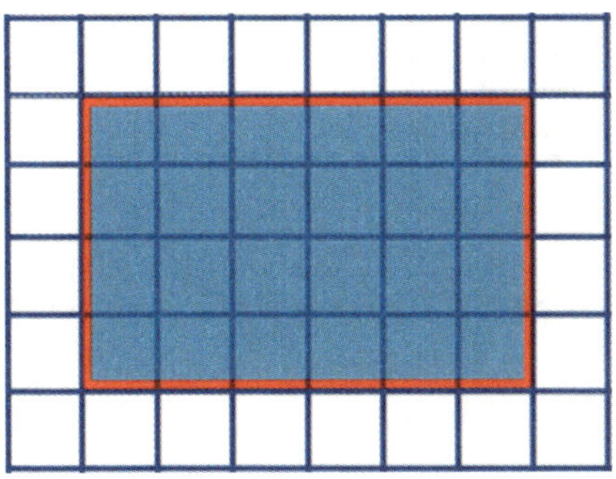

Die breite Seite des Rechtecks ist also genau 3 Zentimeter lang und das Rechteck ist genau 2 Zentimeter hoch.

Anstatt Zentimeter schreibt man meistens einfach cm, also 3 Zentimeter = 3 cm und 2 Zentimeter = 2 cm.

Um den Umfang des Rechtecks zu berechnen, müssen wir nun also die Länge aller Seiten addieren:

3 cm + 2 cm + 3 cm + 2 cm = 10 cm

Der Umfang des Rechtecks beträgt also 10 Zentimeter.

Natürlich geht das auch mit anderen Formen:

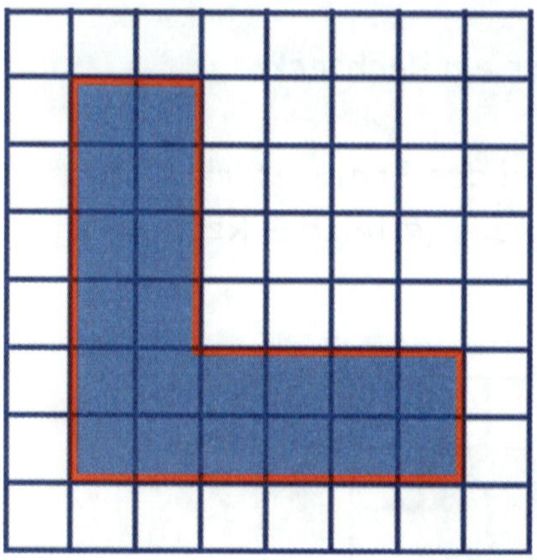

Bei dieser Form kannst du auch die Längen der Seiten addieren: einfach die Kästchen von allen Seiten abzählen. Auf diese Weise kannst du auch den Umfang von komplizierteren Formen berechnen:

3 cm + 1 cm + 2 cm + 2 cm + 1 cm + 3 cm = 12 cm

Übung 47: Berechne den Umfang dieser Formen.

Flächeninhalt berechnen

Du weißt ja jetzt schon, wie du den Umfang von Formen berechnen kannst. Jetzt werde ich dir zeigen, wie du den Flächeninhalt von Formen ausrechnest.

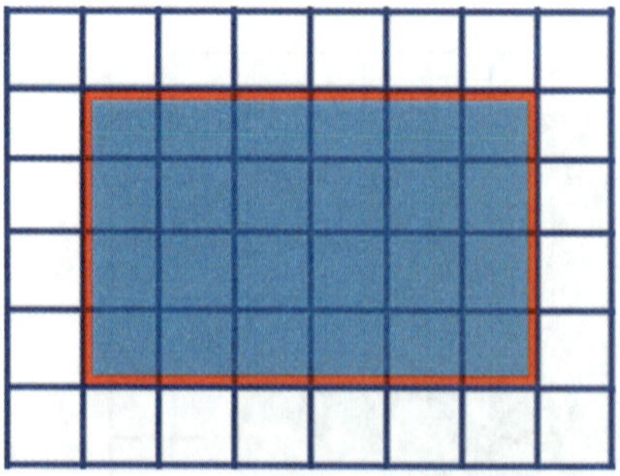

In unseren Beispielen siehst du mehrere Formen, anhand deren ich dir nun zeige, wie man den Flächeninhalt berechnet.

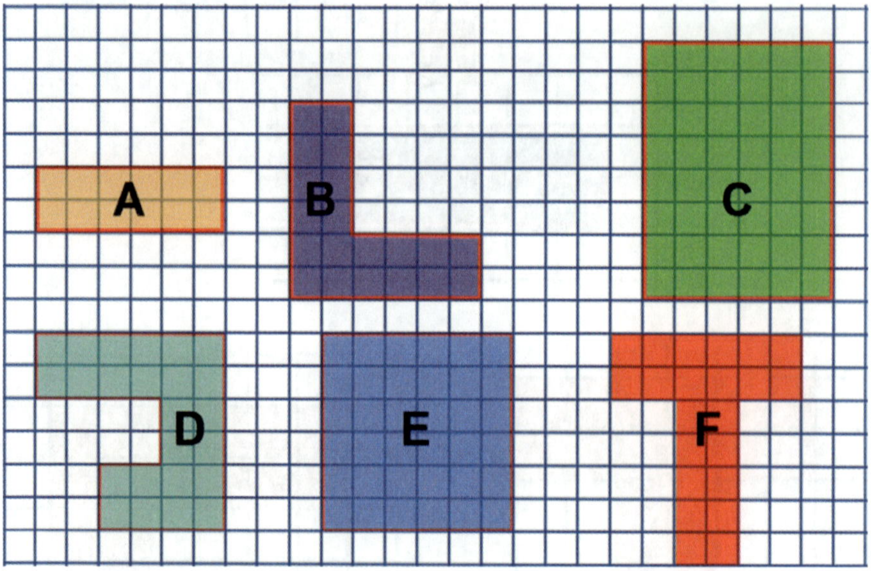

Übung 48:

Aus dieser Form kannst du zwei Rechtecke und ein Quadrat erzeugen. Wie viele Kästchen beinhalten Rechtecke und Quadrate? Zeichne die Linien ein und zähle:

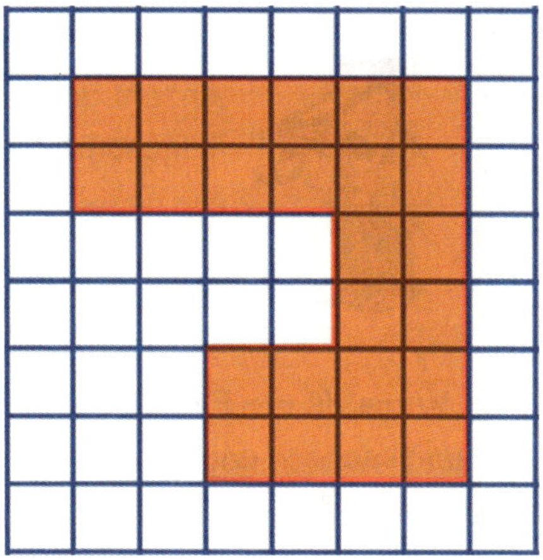

Aus dieser Form wird ein Rechteck und ein Quadrat. Zeichne die Linien ein und zähle:

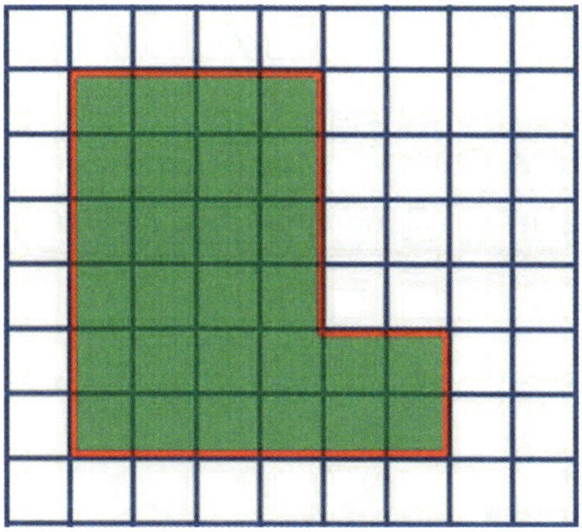

Die einfachste Methode, um den Flächeninhalt einer Form mit geraden Seiten zu bestimmen, ist das Abzählen der Rechenkaros.

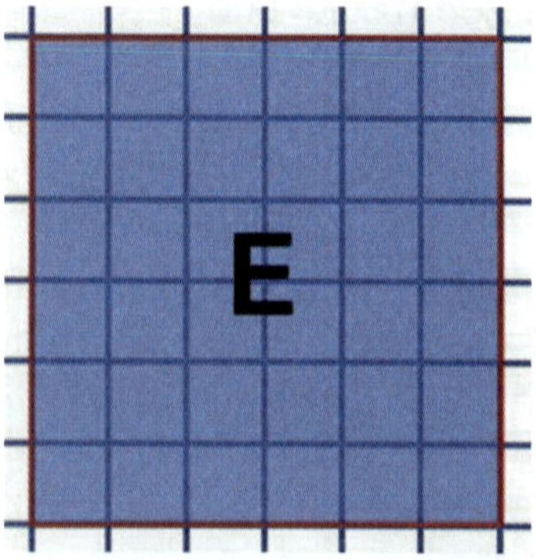

Breite: 6 Kästchen
Höhe: 6 Kästchen

Anzahl der Kästchen insgesamt = 36 Kästchen

Achtung: Wenn du die Fläche einer Form in Quadratzentimetern angeben sollst, musst du wissen, wie groß die Kästchen sind, die du zählst. Die Rechenkästchen in Schulheften sind meist einen halben Zentimeter hoch und breit.
Es gibt aber auch Zentimeterkästchen, die genau 1 Zentimeter hoch und breit sind.

Die Einheit, in der Flächeninhalte angegeben werden, ist **QUADRATZENTIMETER**. Ein Quadratzentimeter ist die Fläche eines Quadrats, dessen Seiten genau 1 Zentimeter lang sind. Die Schreibweise von Quadratzentimeter ist cm^2.

Übung 49: Ermittle die Anzahl der ausgefüllten Rechenkaros durch Zählen:

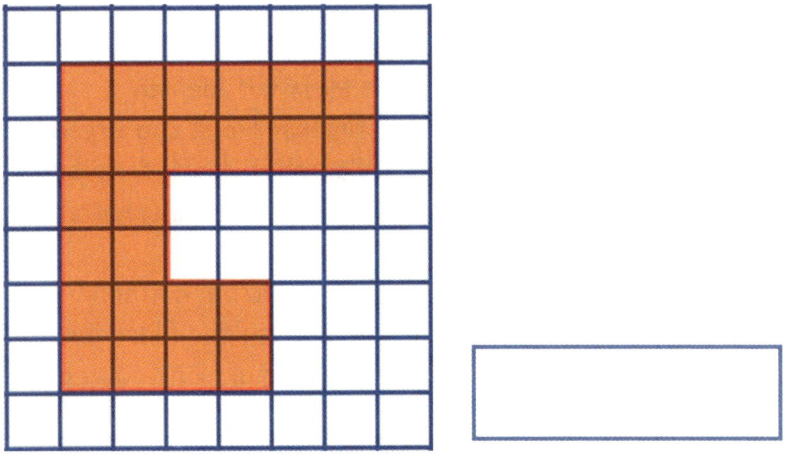

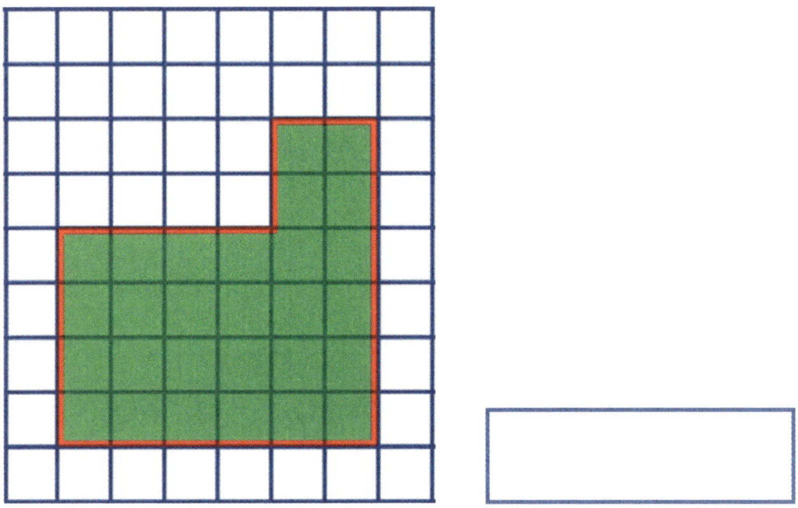

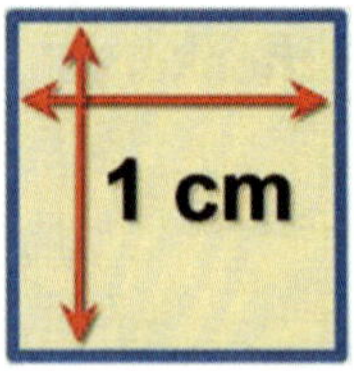

Das heißt also, dass du, wenn du ein Heft mit kleinen Rechenkaros von einem halben Zentimeter Höhe und Breite benutzt, die Anzahl der gezählten Kästchen durch 4 teilen musst, um ein Ergebnis in Quadratzentimetern zu erhalten.

Wenn du Breite und Höhe kennst, kannst du bei einfachen Formen wie dem Quadrat und dem Rechteck den Flächeninhalt leicht dadurch errechnen, dass du Breite mal Höhe ausrechnest.

> Merken:
> Der Flächeninhalt von rechteckigen oder quadratischen Formen wird mit der Formel Breite mal Höhe berechnet.

Beispiele:

Breite = 5 cm, Länge = 8 cm:
Flächeninhalt = 5 cm mal 8 cm = 40 cm^2

Breite = 11 cm, Länge = 15 cm:
Flächeninhalt = 11cm mal 15 cm = 165 cm^2

Übung 50: Rechne den Flächeninhalt für diese Rechtecke durch Multiplikation aus.

Breite cm	Höhe cm	Fläche cm^2
12	3	
13	2	
5	2	
15	5	
6	12	
8	3	
4	25	
10	10	
4	8	
5	5	
3	8	
8	9	
7	8	
1	3	
11	7	

Aber was machst du bei Formen, die nicht so einfach wie ein Rechteck oder ein Quadrat sind?

Auch dafür habe ich eine Lösung. Nehmen wir als Beispiel einmal die Form B.

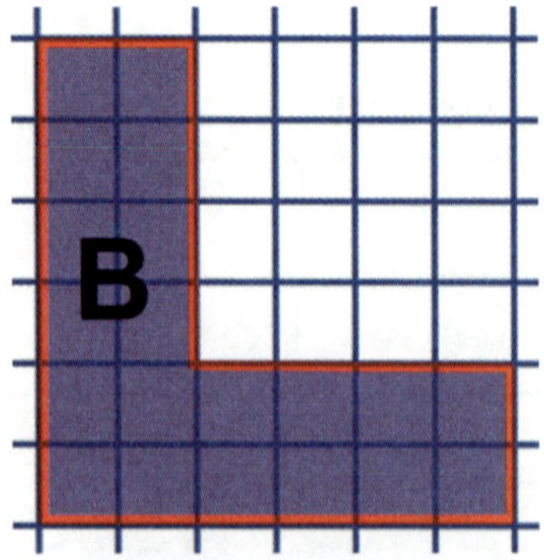

Hier kannst du den Flächeninhalt nicht so einfach ausrechnen. Damit das doch funktioniert, kannst du diese Form aber in zwei Formen aufteilen, deren Flächeninhalt du dann wieder leicht berechnen kannst. Zum Beispiel so:

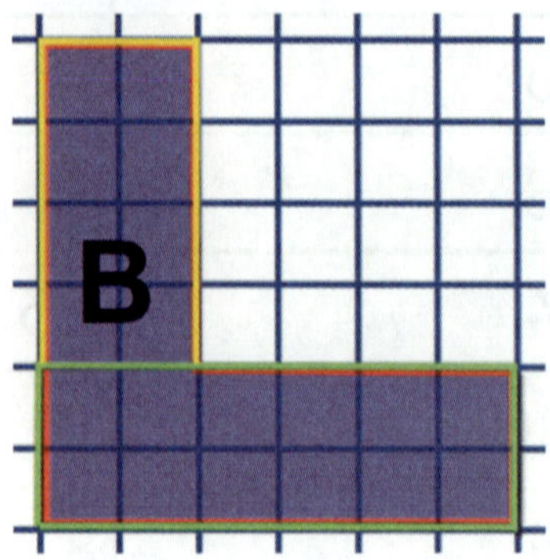

Durch das Zerlegen entstehen zwei einfache Rechtecke, deren Flächeninhalt du mit der Formel Breite x Höhe leicht errechnen kannst. Dann addierst du einfach die Flächeninhalte beider Rechtecke und hast als Ergebnis den Flächeninhalt der gesamten Form.

Übung 51: Ermittle den Flächeninhalt durch Zerlegung der Formen in Rechtecke.

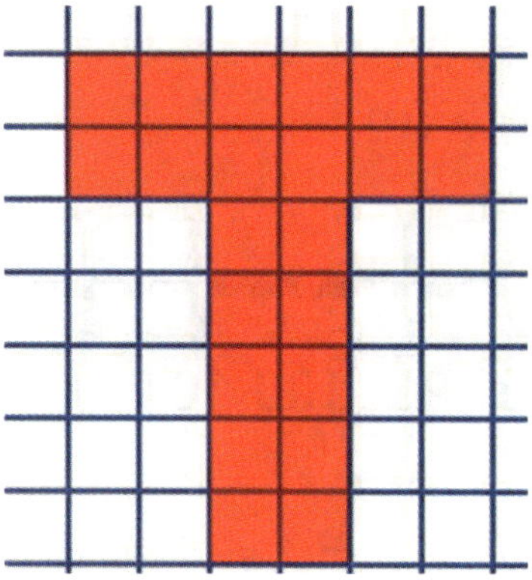

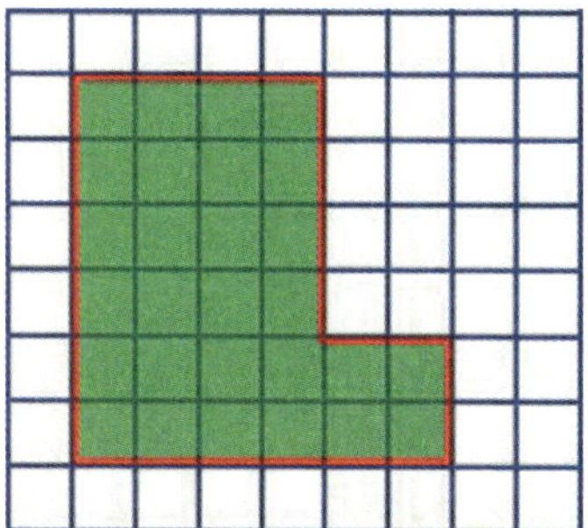

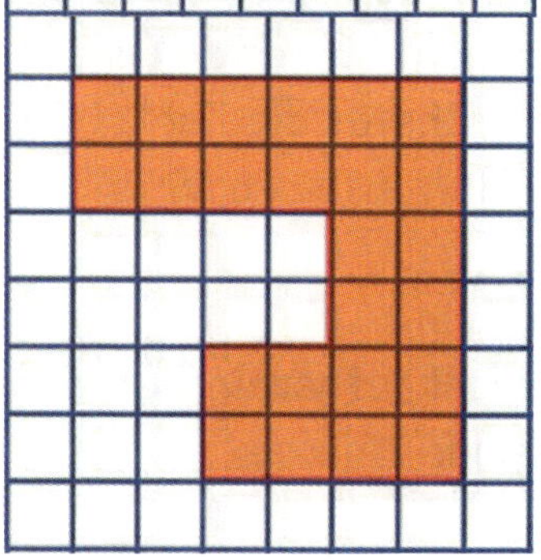

Die Zahlen bis 1000

Mit den Zahlen bis 100 kann man schon einige Dinge zählen und viele Aufgaben rechnen. Oft kommt es aber vor, dass wir es mit noch größeren Zahlen zu tun haben.

Für uns bedeutet dies, dass wir unseren Zahlenstrahl erweitern müssen, damit wir auch größere Zahlen problemlos darstellen können.

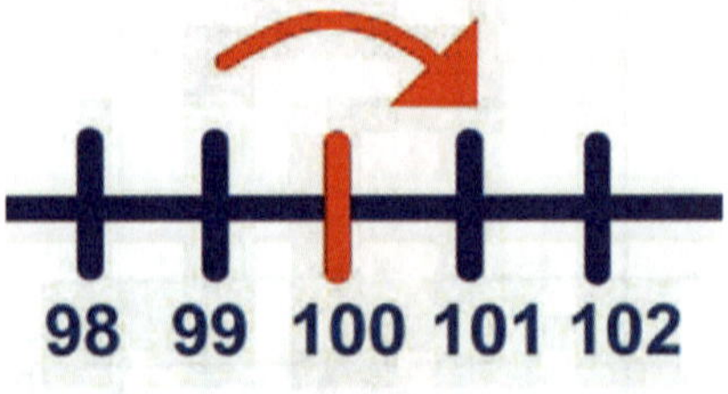

Wenn wir in dieser Reihe dann bei 199 angekommen sind, kommt der nächste Hundertersprung zur 200.

Von jedem Hunderter aus sind es genau 99 Schritte oder Zahlen bis zum nächsten Hunderter. Das Ganze geht so weiter bis zur Zahl 999. Nach der Zahl 999 folgt als Nächstes die Zahl 1000. Eine Eins mit drei Nullen. Diese Zahl heißt Tausend oder Eintausend.

Ich habe dir hier einmal einen Zahlenstrahl aufgezeichnet, auf dem alle Hunderter bis 1000 zu sehen sind.

Übung 52: Finde den Nachbarn der Zahl:

197	198	199
	102	
	226	
	299	
	300	
	799	
	162	
	480	
	110	
	999	
	888	
	166	
	600	
	168	
	269	
	399	
	125	
	777	
	499	
	620	
	385	

Die Stellenwerttafel

Ein sehr nützliches Werkzeug zum Rechnen ist die sogenannte **Stellenwerttafel**. In einer Stellenwerttafel werden mehrstellige Zahlen in Tausender, Hunderter, Zehner und Einer aufgeteilt. Es gibt noch größere Stellenwerttafeln, in denen auch sehr große Zahlen wie Millionen oder Milliarden eingetragen werden können. Für uns reicht hier aber auch eine kleinere Version. So sieht eine Stellenwerttafel aus:

Stellen-wert	1000	100	10	1
Ab-kürzung	T	H	Z	E
Zahl				
Zahlwort				

Die Abkürzungen stehen für folgende Wörter:

T = Tausender **H = Hunderter**
Z = Zehner **E = Einer**

In der Zeile Zahl kann unserer Stellenwerttafel nun jede Zahl zwischen 0 und 9999 (Neuntausendneunhundertneunundneunzig) hinzugefügt werden.

Übung 53: Rechne die folgenden Aufgaben.

795 + 6 =

899 + 7 =

203 - 5 =

709 - 10 =

384 + 20 =

99 + 11 =

980 + 20 =

102 - 4 =

499 + 1 =

Hier einige Beispiele:

Die Zahl 728:

Stellen-wert	1000	100	10	1
Ab-kürzung	T	H	Z	E
Zahl	0	7	2	8
Zahlwort	Siebenhundertachtundzwanzig			

Die Zahl 3439:

Stellen-wert	1000	100	10	1
Ab-kürzung	T	H	Z	E
Zahl	3	4	3	9
Zahlwort	Dreitausendvierhundertneununddreißig			

Die Zahl 77:

Stellen-wert	1000	100	10	1
Ab-kürzung	T	H	Z	E
Zahl	0	0	7	7
Zahlwort	Siebenundsiebzig			

Übung 54: Trage die Zahlen in die Stellenwerttafeln ein.

5249

T	H	Z	E

356

T	H	Z	E

1200

T	H	Z	E

777

T	H	Z	E

921

T	H	Z	E

Hunderterzahlen addieren

Natürlich können wir mit Hunderterzahlen auch rechnen.

Fangen wir zunächst einmal ganz einfach an.

100 + 100 = 200

Wie du siehst, funktioniert das ganz einfach. Du musst nur die erste Stelle addieren, also 1 + 1, und dann beim Ergebnis die beiden Nullen wieder anhängen.

Das funktioniert auch bei den folgenden Aufgaben.

250 + 250 = 500

Auch hier kannst du, um leichter rechnen zu können, einfach die 0 weglassen und 25 + 25 rechnen. An das Ergebnis, 50, hängst du die 0 dann einfach wieder dran, und das ergibt 500.

Übung 55: Trage die fehlenden Zahlen ein.

100 + 200 = ☐	200 + 200 = ☐
100 + ☐ = 400	☐ + 100 = 500
300 + ☐ = 600	☐ + 200 = 500
100 + ☐ = 400	☐ + 300 = 800
600 + ☐ = 900	☐ + 100 = 400
100 + ☐ = 900	☐ + 600 = 700
700 + ☐ = 1000	☐ + 900 = 7000

Genau so kannst du auch diese Aufgaben ausrechnen.

140 + 120 = 260	(14 + 12)
230 + 300 = 530	(23 + 30)
620 + 270 = 890	(62 + 27)

Hunderterzahlen subtrahieren

Beim Subtrahieren (Minusrechnen) mit Hunderterzahlen gehst du am besten so vor wie beim Addieren:

Lass beim Rechnen einfach die Nullen weg und hänge sie an das Ergebnis wieder an.

500 - 200 = 300	(5 - 2)
750 - 350 = 400	(75 - 35)
1000 - 250 = 750	(100 - 25)
890 - 270 = 620	(89 - 27)

Übung 56: Rechne aus.

$520 + 170 =$

$130 + 250 =$

$260 + 320 =$

$160 + 120 =$

$610 + 310 =$

$810 + 180 =$

$560 + 230 =$

$200 + 340 =$

$570 - 120 =$

$250 - 120 =$

$260 - 150 =$

$670 - 530 =$

$620 - 310 =$

$870 - 370 =$

$560 - 230 =$

$990 - 630 =$

Halbschriftliches Addieren

Beim Addieren ist es genau wie mit allen anderen Arbeiten auch. Wenn du versuchst, alles auf einmal zu machen, ist es sehr schwierig. Unterteilst du aber die Aufgabe in kleine Schritte, geht es fast wie von selbst.

Nehmen wir doch nur einmal folgende Aufgabe:

57 + 39

Zuerst addiere ich von der zweiten Zahl nur die Zehner, also:

57 + 30 = 87

Das Ergebnis schreibe ich auf und addiere dann die Einer der zweiten Zahl dazu.

87 + 9 = 96

Auf dem Papier sieht das dann so aus:

57 + 39 = ?

57 + 30 = 87
87 + 9 = 96

57 + 39 = 96

Übung 57: Löse diese Aufgaben mittels halbschriftlicher Addition.

a)		3	2	+	4	6		b)	3	5	6	+	5	2	1
c)	7	3	2	+	1	3	5	d)	4	4	2	+	2	4	7
e)	6	5	6	+	2	3	1	f)	5	3	7	+	3	4	2
g)	1	4	5	+	8	3	4	h)	7	5	3	+	2	3	4

Oder ein anderes Beispiel:

Du kannst die Aufgaben auch als Kettenaufgaben rechnen:

57 + 30 + 9 = 96

24 + 60 + 3 = 87

24	+ 63	=	?	
24	+ 60	=	84	
84	+ 3	=	87	
24	+ 63	=	87	

Natürlich funktioniert das auch mit größeren Zahlen, wie du an diesem Beispiel siehst:

Hier habe ich die zu addierende Zahl einfach in Hunderter, Zehner und Einer zerlegt und diese nacheinander addiert.

255	+ 338	=	?
255	+ 300	=	555
555	+ 30	=	585
585	+ 8	=	593
255	+ 338	=	593

Auch diese Aufgabe könnten wir wieder als Kettenaufgabe darstellen: 255 + 300 + 30 + 8 = 593

So, das war's schon. Auf diese Weise kannst du auch Additionsaufgaben mit großen Zahlen ganz einfach ausrechnen. Übrigens, wenn du ein gutes Gedächtnis hast, kannst du solche Aufgaben sogar im Kopf ausrechnen. Das ist sehr praktisch, zum Beispiel wenn du einmal nichts zum Schreiben findest.

Übung 58: Rechne im Kopf aus. Du kannst dir auch die Zwischenrechnungen auf einem Blatt Papier notieren.

46 + 53 =	67 + 31 =
21 + 68 =	38 + 30 =
73 + 16 =	17 + 12 =
88 + 11 =	69 + 10 =
15 + 34 =	42 + 17 =
58 + 21 =	20 + 79 =
55 + 34 =	19 + 40 =
60 + 23 =	90 + 9 =
80 + 20 =	78 + 11 =

Halbschriftliches Subtrahieren

Das halbschriftliche Subtrahieren funktioniert im Prinzip genau wie das halbschriftliche Addieren. Beim Subtrahieren wird natürlich minus anstatt plus gerechnet.

Genau wie beim Addieren zerlegen wir auch beim Subtrahieren die zu subtrahierende Zahl in Zehner und Einer und subtrahieren diese nacheinander, wobei wir das Zwischenergebnis jeweils aufschreiben.

$$
\begin{array}{l}
77 - 53 = \ ? \\
\hline
77 - 50 = 27 \\
27 - \ \ 3 = 24 \\
\hline
77 - 53 = 24
\end{array}
\qquad
\begin{array}{l}
89 - 47 = \ ? \\
\hline
89 - 40 = 49 \\
49 - \ \ 7 = 42 \\
\hline
89 - 47 = 42
\end{array}
$$

Und das funktioniert natürlich auch mit größeren Zahlen. Im folgenden Beispiel wird die zu subtrahierende Zahl dazu in Hunderter, Zehner und Einer zerlegt, die dann nacheinander subtrahiert werden:

$$
\begin{array}{l}
738 - 426 = \ \ ? \\
\hline
738 - 400 = 338 \\
338 - \ \ 20 = 318 \\
318 - \ \ \ \ 6 = 312 \\
\hline
738 - 426 = 312
\end{array}
$$

Übung 59: Löse diese Aufgaben mittels halbschriftlicher Subtraktion.

a) 764 - 146	b) 842 - 561
c) 762 - 255	d) 652 - 347
e) 926 - 634	f) 567 - 342
g) 243 - 137	h) 758 - 422

Geometrische Körper

Du hast ja schon geometrische Formen wie Rechteck, Quadrat, Dreieck und Kreis kennengelernt.

Jetzt wollen wir uns einmal geometrische Körper anschauen. Im Gegensatz zu den Formen sind die Körper nicht flach, sondern haben eine räumliche Ausdehnung. Eine Kugel zum Beispiel sieht nicht einfach aus wie ein Kreis, sondern wie ein Ball, das heißt, sie hat eine räumliche Tiefe.

Ich habe dir hier einmal die wichtigsten geometrischen Körper aufgezeichnet:

Quader

Würfel

Kugel

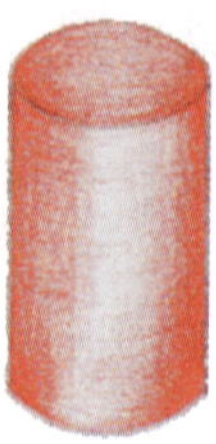

Zylinder

Pyramide

Kegel

Übung 60: Zeichne

einen **Quader**

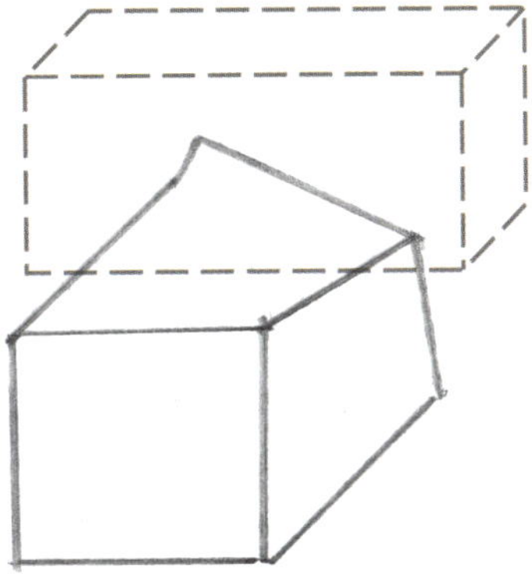

einen **Würfel**

eine **Kugel**

einen **Zylinder**

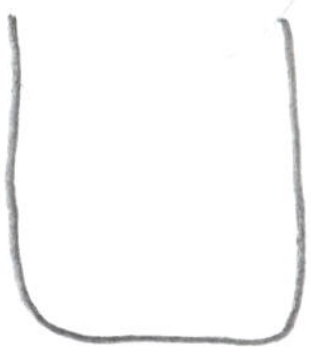

eine **Pyramide**

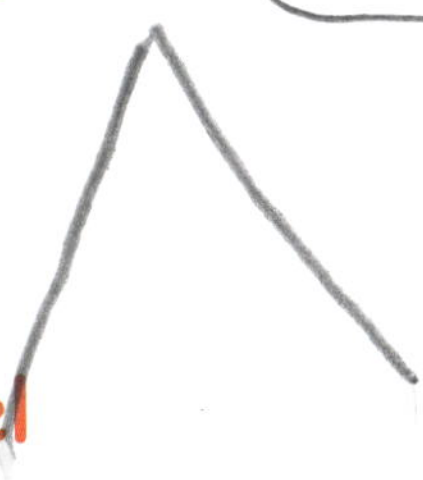

einen **Kegel**

Wenn du dich ein wenig mit Computerspielen auskennst, hast du sicher schon mal den Begriff 3-D-Grafik gehört. 3-D steht hier für dreidimensional, was so viel wie räumlich bedeutet.

Für Experten:
Formen, die ganz flach sind, bezeichnet man auch als 2-dimensional. Sie haben 2 Dimensionen, nämlich Höhe und Breite. Körper nennt man 3-dimensional. Sie haben 3 Dimensionen, nämlich Höhe, Breite und Tiefe.

Auch im Alltag findest du überall geometrische Körper. Schau dich einmal in deinem Zimmer um und schreibe auf, welche Körper du dort entdecken kannst.

Um runde Formen zu zeichnen, verwendest du am besten einen Zirkel. Bei einer Kugel ist es allerdings schwierig, sie so darzustellen, dass sie sich von einem einfachen Kreis unterscheidet.

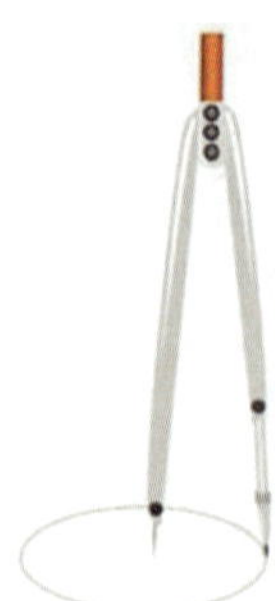

Übung 61: Trage die richtigen Namen ein.

Rechnen mit Geldbeträgen

Auch beim Einkaufen muss oft gerechnet werden. Statt um einfache Zahlen geht es hier aber um Geld und Geldbeträge. Deshalb wollen wir uns nun einmal die wichtigsten Regeln beim Rechnen mit Geld anschauen.

Wie du sicher schon weißt, haben die verschiedenen Münzen und Geldscheine jeweils unterschiedliche Werte. So ist zum Beispiel eine Euro-Münze genauso viel wert wie zwei 50-Cent-Münzen oder wie 100 1-Cent-Münzen.

Ich habe dir das mal aufgeschrieben:

	= 2 x		(50 Cent)
	= 10 x		(10 Cent)
	= 20 x		(5 Cent)
	= 50 x		(2 Cent)
	= 100 x		(1 Cent)
	= 2 x		(1 Euro)

Übung 62: Löse folgende Textaufgaben.

Sarah erhält jede Woche einen Euro Taschengeld, von dem sie fünfzig Cent spart. Für welchen Geldbetrag kann Sarah sich am Monatsende etwas kaufen?

Das Fahrrad, das sich Jan dringend wünscht, kostet 279 Euro. In seinem Sparschein hat Jan 186 Euro. Wie viel Geld fehlt Jan noch für das Fahrrad?

Alina geht einkaufen. Sie kauft sich zwei Tüten Bonbons, einen Lutscher und drei Brötchen für insgesamt 4 Euro. Sie bezahlt mit einem 10-Euro-Schein. Wie viel Wechselgeld bekommt Alina zurück?

Übrigens, das Kurzzeichen für Euro ist €. Wenn du dieses Zeichen auf der Computertastatur schreiben willst, musst du zuerst die Taste Alt Gr drücken, festhalten und dann die Taste E drücken. Die Abkürzung für Cent ist ct.

Die Cent-Beträge eines Geldbetrags werden mit einem Komma abgetrennt:

1,50 € (sprich: ein Euro fünfzig) = 1 € + 50 ct
3,75 € (sprich: drei Euro fünfundsiebzig) = 3 € + 75 ct
113,33 € (sprich: einhundertdreizehn Euro dreiunddreißig) = 113 € + 33 ct

Ein Geldbetrag kann aus unterschiedlichen Geldmünzen und/oder Geldscheinen zusammengesetzt werden:

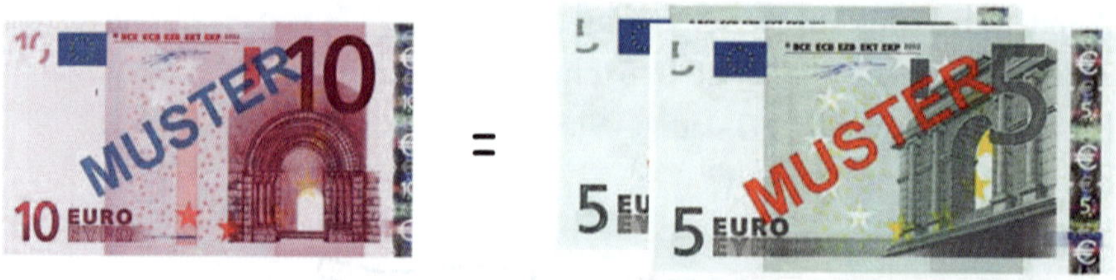

Du kannst zehn Euro zum Beispiel mit einem 10-Euro-Schein oder mit zwei 5-Euro-Scheinen oder mit zehn 1-Euro-Stücken bezahlen. Natürlich gibt es noch mehr Kombinationen. Überlege einmal, wie viele 2-Cent-Stücke du sammeln müsstest, um damit einen Betrag von 10 € zu bezahlen.

Übung 63: Schreibe den Betrag als Euro-Zahl mit Komma auf.

1

2

3

4

Schriftliche Addition ohne Zehnerüberschreitung

Du hast ja schon das halbschriftliche Addieren kennengelernt. Damit kannst du Aufgaben, die nicht zu umfangreich oder kompliziert sind, schon sehr gut ausrechnen. Oft kommen aber auch Aufgaben vor, bei denen es sinnvoller ist, schriftlich zu addieren. Ich zeige dir nun, wie das funktioniert.

Nehmen wir zum Beispiel die Aufgabe 532 + 256. Im ersten Schritt tragen wir die Zahlen so in eine Stellenwerttafel ein:

①

	H	Z	E
	5	3	2
+	2	5	6

Im nächsten Schritt addieren wir die Einer, die Zehner und die Hunderter, die in der Stellenwerttafel untereinanderstehen. Wir beginnen dabei immer mit der untersten Zahl. Wir rechnen also **6 + 2 = 8, 5 + 3 = 8 und 2 + 5 = 7**

Übung 64: Löse die Aufgaben schriftlich.

	H	Z	E
	1	5	5
+	7	2	3

	H	Z	E
	3	6	8
+	3	3	1

	H	Z	E
	6	1	1
+	3	6	8

	H	Z	E
	5	2	4
+	7	7	3

	H	Z	E
	2	5	7
+	1	3	2

	H	Z	E
	8	8	8
+	1	1	1

Das sieht dann so aus:

2

	H	Z	E
	5	3	2
+	2	5	6
	7	8	8

Und schon haben wir das Ergebnis, nämlich 788.

> Wichtig:
> Beim schriftlichen Addieren beginnen wir immer mit den Einern. Danach kommen die Zehner, dann die Hunderter und so weiter.

Tipp:

Natürlich musst du nicht für jede schriftliche Rechenaufgabe eine Stellenwerttafel verwenden. Du kannst die Aufgaben genauso gut in einem Heft mit Mathekaros ausrechnen. Wichtig ist dabei aber, dass die Hunderter, Zehner und Einer immer genau untereinanderstehen.

	2	4	5
+	6	5	1
	8	9	6

Übung 65: Berechne die folgenden Summen.

a)	7	3	2	b)	2	5	6
+	1	4	6	+	5	3	1
c)	6	4	4	d)	4	5	8
+	2	5	4	+	4	3	1
e)	3	7	8	f)	4	6	2
+	4	2	1	+	5	2	6
g)	8	3	5	h)	6	2	3
+	1	1	4	+	2	6	4
i)	5	8	2	j)	3	3	3
+	3	1	5	+	6	2	5

Schriftliche Addition mit Zehnerüberschreitung

Wenn du das schriftliche Addieren schon mit anderen Zahlen ausprobiert hast, wirst du vielleicht festgestellt haben, dass es Aufgaben gibt, bei denen es nicht ganz so einfach funktioniert wie bei denen, die wir uns gerade angeschaut haben.

Sehen wir uns einmal dieses Beispiel an:

①

	H	Z	E
	6	5	8
+	3	4	4

Wenn wir hier damit beginnen, die Einer zu addieren, stoßen wir auf ein Problem. 8 + 4 ergibt ja 12. In der Ergebniszeile dürfen wir aber bei den Einern (und auch bei den anderen Stellen) immer nur eine Zahl zwischen 0 und 9 eintragen.

Natürlich gibt es für dieses Problem eine Lösung. Die Zahl 12 besteht ja aus einem Zehner und zwei Einern. Also schreiben wir die Einer in das Einerstellenfeld und übertragen den Zehner in das Zehnerstellenfeld. Das machen wir, indem wir zu den Zehnern eine kleine 1 hinzuschreiben.
Das sieht dann so aus:

Übung 66: Rechne diese Aufgaben schriftlich.

a)	3	3	2					b)	4	8	6				
+	1	6	9					+	5	3	2				
c)	5	1	2					d)	5	8	8				
+	6	4	7					+	4	6	4				
e)	4	6	5					f)	6	3	7				
+	4	4	7					+	5	6	8				
g)	8	6	4					h)	4	7	2				
+		3	7					+	2	6	9				
i)		8	2					j)	5	6	7				
+	3	3	9					+	7	6	5				

②

	H	Z	E
	6	5	8
+	3	4_1	4
			2

Den Zehner, den wir zu der 4 im Zehnerfeld geschrieben haben, müssen wir natürlich im nächsten Schritt mit zu den Zehnern addieren, also: 4 + 5 = 9, 9 + 1 = 10.

Oh, da haben wir ja schon wieder ein Ergebnis, das wir so nicht in die Zehnerspalte schreiben können. Wir machen also das Gleiche noch einmal. Von der 10 schreiben wir die 0 in die Zehnerspalte, und die übrig gebliebene 1 schreiben wir in die Spalte links davon in die Hunderterspalte:

③

	H	Z	E
	6	5	8
+	3_1	4_1	4
		0	2

Zum Schluss zählen wir jetzt noch die Hunderter zusammen. Auch dabei wird natürlich die übertragene 1 hinzugezählt:

3 + 6 = 9, 9 + 1 = 10

Übung 67: Noch mehr Aufgaben. Viel Spaß beim Rechnen.

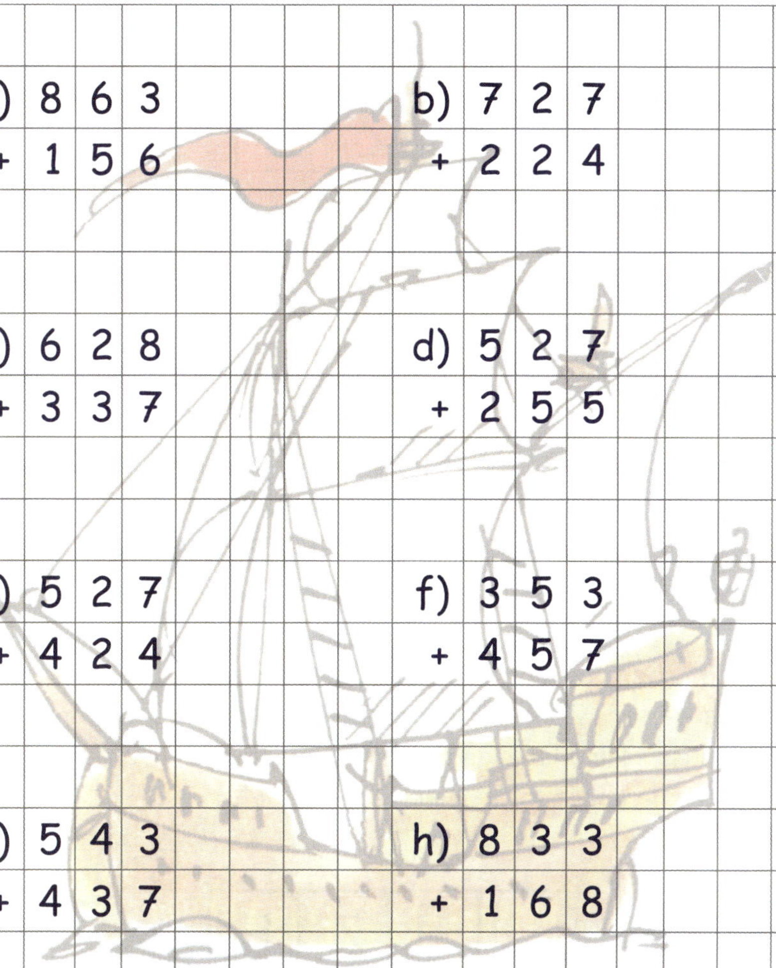

a)	8	6	3	b)	7	2	7
+	1	5	6	+	2	2	4
c)	6	2	8	d)	5	2	7
+	3	3	7	+	2	5	5
e)	5	2	7	f)	3	5	3
+	4	2	4	+	4	5	7
g)	5	4	3	h)	8	3	3
+	4	3	7	+	1	6	8
i)	5	2	8	j)	7	4	1
+	3	6	6	+	7	6	8

Wie es jetzt weitergeht, kannst du dir sicher schon denken. Genau, wir schreiben die 0 an die Hunderterstelle und übertragen die Eins.

(4)

	H	Z	E
	6	5	8
$+_1$	3_1	4_1	4
	0	0	2

Aber hoppla! Was machen wir denn jetzt? In unsere Stellenwerttafel mit Hundertern, Zehnern und Einern passt die nächste Stelle auf der linken Seite gar nicht rein.

Das macht aber gar nichts. In diesem Fall - wenn also ganz links noch eine weitere Zahl, wie in dieser Aufgabe die 1, übertragen werden muss - wird links an das Ergebnis einfach noch eine weitere Stelle angefügt, nämlich so:

(5)

T	H	Z	E
	6	5	8
$+_1$	3_1	4_1	4
1	0	0	2

Übung 68: Löse die Aufgaben schriftlich.

	H	Z	E
	7	2	8
+	1	7	5

	H	Z	E
	2	6	3
+	4	5	7

	H	Z	E
	3	5	5
+	2	2	6

	H	Z	E
	4	3	8
+	3	8	4

	H	Z	E
	6	2	3
+	2	7	8

	H	Z	E
	1	5	9
+	7	7	3

Schriftliches Subtrahieren ohne Übertrag

Das schriftliche Subtrahieren funktioniert ähnlich wie das schriftliche Addieren, nur dass hier natürlich subtrahiert werden muss. Ist doch klar!

Auch beim schriftlichen Subtrahieren schreiben wir die Zahlen, die abgezogen werden sollen, untereinander, beispielsweise die Aufgabe 756 - 323:

①

	H	Z	E
	7	5	6
-	3	2	3

Dann beginnen wir wieder bei den Einern. Von der Zahl, die an der Einerstelle ganz oben steht, ziehen wir die darunterstehende Zahl ab, also 6 - 3 = 3.

②

	H	Z	E
	7	5	6
-	3	2	3
			3

Übung 69: Rechne diese Aufgaben schriftlich.

a)	8	7	3	b)	9	3	3
-	2	4	1	-	5	2	1
	6	3	2				
c)	7	4	4	d)	4	5	2
-	3	2	3	-	3	4	1
e)	7	9	9	f)	6	6	3
-	6	8	8	-	1	4	1
g)	4	3	8	h)	6	9	4
-	2	2	7	-	5	8	2
i)	5	5	5	j)	7	8	9
-	4	4	4	-	6	7	8

So machen wir es auch mit den Zehnern und Hundertern, also 5 - 2 = 3 und 7 - 3 = 4:

(3)

	H	Z	E
	7	5	6
-	3	2	3
	4	3	3

Und schon ist die Subtraktionsaufgabe gelöst:

756 - 323 = 433

Beim schriftlichen Subtrahieren gibt es zwei verschiedene Vorgehensweisen, nämlich **abziehen** und **ergänzen**. Bei der Methode Abziehen wird die jeweils untere Zahl von der oberen abgezogen (subtrahiert). Bei der Methode Ergänzen wird die Differenz (der Unterschied) zwischen der unteren und der oberen Zahl in das Ergebnisfeld geschrieben. Die Abziehen-Methode wird auch Minus-Sprechweise genannt. Die Ergänzen-Methode wird auch als Plus-Sprechweise bezeichnet. Beide Methoden kommen natürlich zum selben Ergebnis.

Übung 70: Schätze das ungefähre Ergebnis.

846 - 133 ≈ ☐	467 - 311 ≈ ☐
522 - 353 ≈ ☐	723 - 520 ≈ ☐
960 - 150 ≈ ☐	668 - 467 ≈ ☐
420 - 215 ≈ ☐	780 - 611 ≈ ☐
525 - 120 ≈ ☐	290 - 101 ≈ ☐

Das Zeichen ≈ verwendet man, wenn man zeigen will, dass etwas **ungefähr** so groß ist.

Schriftliches Subtrahieren mit Übertrag

Auch beim schriftlichen Subtrahieren gibt es Aufgaben, bei denen es nicht ganz so einfach funktioniert wie bei den Aufgaben, die wir bisher gerechnet haben.

Oft kommt es nämlich vor, dass beim Abziehen der Zahlen voneinander die obere Zahl kleiner ist als die, die von ihr abgezogen werden muss - zum Beispiel bei dieser Aufgabe:

①

	H	Z	E
	8	2	5
-	2	1	8

Wie immer fangen wir mit den Einern an. Wir wenden in diesem Fall die Ergänzungsmethode (Plus-Sprechweise) an:

Da die 5 kleiner ist als die 8, können wir also nicht so einfach die Differenz von 8 bis 5 ausrechnen. Deshalb wenden wir hier einen Trick an. Anstatt von 8 bis 5 rechnen wir von 8 bis 15, was

Übung 71: Löse die Aufgaben schriftlich.

	H	Z	E
	8	4	2
-	4	5	9

	H	Z	E
	3	7	7
-	2	7	5

	H	Z	E
	9	2	5
-	6	7	9

	H	Z	E
	2	2	2
-	1	3	3

	H	Z	E
	5	7	5
-	1	3	6

	H	Z	E
	4	8	3
-	1	8	3

natürlich 7 ergibt. Die Zehn, die wir uns sozusagen „ausgeliehen" haben, müssen wir natürlich wieder zurückgeben. Das tun wir, indem wir eine kleine 1 in das Stellenwertfeld schreiben, das links von dem aktuellen Feld liegt.

(2)

	H	Z	E
	8	2	5
-	2	1₁	8
			7

Im nächsten Schritt rechnen wir diesmal bei der Zehnerstelle die Differenz zwischen der unteren und der oberen Zahl aus. Die kleine Eins müssen wir natürlich zu der unteren Zahl dazuzählen. Also haben wir hier die Differenz von 2 bis 2. Diese Differenz ist 0.

	H	Z	E
	8	2	5
-	2	1₁	8
		0	7

Übung 72: Rechne diese Aufgaben.

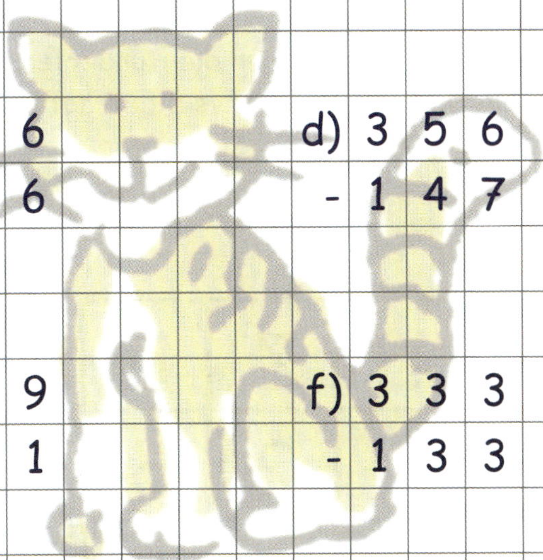

a)	4	3	6	b)	7	7	7
-	2	5	7	-	3	8	8
c)	7	5	6	d)	3	5	6
-	4	5	6	-	1	4	7
e)	4	6	9	f)	3	3	3
-	1	6	1	-	1	3	3
g)	8	2	2	h)	5	1	9
-	3	2	3	-	2	7	1
i)	4	9	9	j)	6	4	7
-	2	1	0	-	2	6	2

Merken:
Wenn die obere Zahl eine 0 ist und die untere Zahl größer als 0 ist, wird ebenfalls „geborgt" und in das Stellenwertfeld links davon eine kleine 1 eingetragen. Ist die obere Zahl eine 0 und die untere Zahl ebenfalls, wird in das Ergebnisfeld der aktuellen Stelle wieder eine 0 eingetragen.

Im nächsten Schritt rechnen wir nun die Hunderterstelle aus, nämlich 2 bis 8. Die Differenz von 2 bis 8 beträgt 6

③

	H	Z	E
	8	2	5
-	2	1 $_1$	8
	6	0	7

Übung 73: Rechne diese Aufgaben schriftlich.

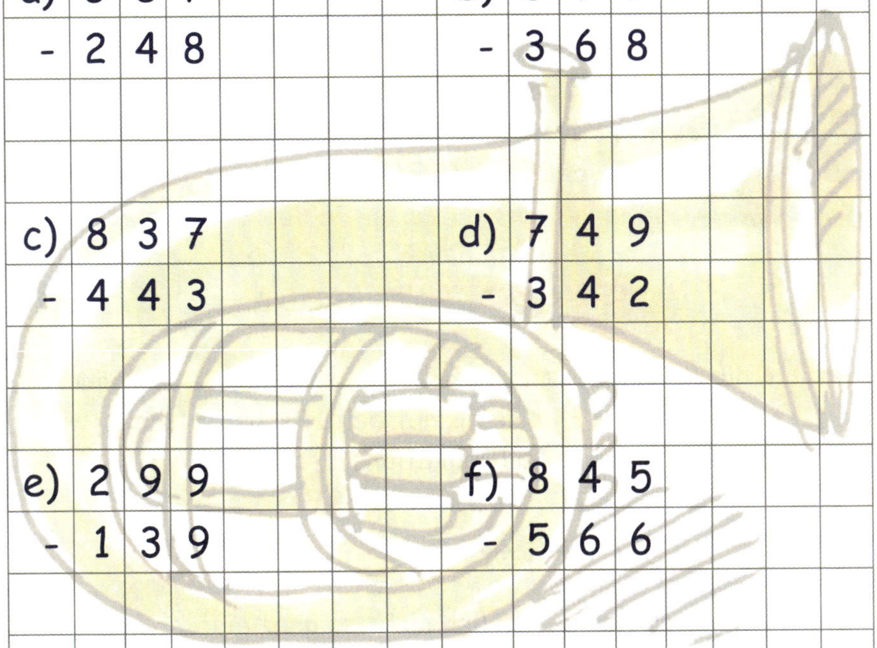

a)	5	8	7		b)	5	7	7
-	2	4	8		-	3	6	8
c)	8	3	7		d)	7	4	9
-	4	4	3		-	3	4	2
e)	2	9	9		f)	8	4	5
-	1	3	9		-	5	6	6
g)	7	4	5		h)	6	4	8
-	3	2	7		-	4	8	9
i)	9	7	3		j)	5	3	1
-	5	9	5		-	2	4	1

Halbschriftliches Multiplizieren

Natürlich kannst du einfache Multiplikationsaufgaben wie 3 · 6 oder 5 · 5 problemlos im Kopf ausrechnen, weil du das kleine Einmaleins auswendig gelernt hast.

Solltest du das kleine Einmaleins bisher noch nicht auswendig gelernt haben, dann wird es jetzt höchste Zeit! Nimm dir dafür Zeit und lerne es so lange, bis du es im Schlaf beherrschst. Du wirst sehen, dadurch fällt dir im Matheunterricht vieles leichter.

Auch um die folgenden Multiplikationsaufgaben lösen zu können, solltest du das kleine Einmaleins gut beherrschen. Nehmen wir als Beispiel einmal diese Multiplikationsaufgabe:

$$6 \cdot 14 = ?$$

Na, die kannst du wahrscheinlich nicht so ganz einfach im Kopf ausrechnen, oder? Macht aber nichts, es gibt zum Glück auch eine Methode, mit der es ganz einfach geht.

Der Trick besteht dabei darin, dass wir die Aufgabe einfach aufteilen. Zuerst rechnen wir die Zehner aus, nämlich 6 · 10, und danach die Einer. Klar: 6 · 4. Das sieht dann so aus:

$$\begin{array}{l} 6 \cdot 14 = ? \\ \hline 6 \cdot 10 = 60 \\ 6 \cdot 4 = 24 \\ \hline \end{array}$$

Übung 74: Rechne auf einem anderen Blatt und trage die Ergebnisse hier ein:

$6 \cdot 13 =$ ☐	$7 \cdot 12 =$ ☐
$1 \cdot 17 =$ ☐	$8 \cdot 18 =$ ☐
$13 \cdot 3 =$ ☐	$17 \cdot 4 =$ ☐
$8 \cdot 11 =$ ☐	$9 \cdot 10 =$ ☐
$15 \cdot 4 =$ ☐	$4 \cdot 17 =$ ☐
$18 \cdot 8 =$ ☐	$20 \cdot 9 =$ ☐
$5 \cdot 13 =$ ☐	$19 \cdot 4 =$ ☐
$6 \cdot 14 =$ ☐	$9 \cdot 19 =$ ☐
$8 \cdot 12 =$ ☐	$7 \cdot 12 =$ ☐

Im letzten Schritt addieren wir jetzt die beiden Ergebnisse und haben die Aufgabe damit gelöst. Das ging leichter, als du gedacht hast, oder?

$$6 \cdot 14 = ?$$

$$6 \cdot 10 = 60$$

$$6 \cdot 4 = 24$$

$$6 \cdot 14 = 84$$

Schriftliches Multiplizieren

Auch bei der schriftlichen Multiplikation wird die Aufgabe in mehrere Teilschritte aufgeteilt, die mithilfe des kleinen Einmaleins leicht ausgerechnet werden können.

Ein Beispiel:

$$236 \cdot 7 = ?$$

Bei einer Aufgabe, bei der mit einer einstelligen Zahl multipliziert wird, gehen wir so vor: Wir beginnen mit der Einerstelle des ersten Faktors und nehmen diese mit dem zweiten Faktor mal.

Übung 75: Rechne diese Aufgaben.

1	8	·	17	=		2	5	·	13	=
	7	·	11	=			15	·	5	=
	5	·	14	=			12	·	7	=
	11	·	4	=			8	·	13	=
3	7	·	8	=		4	13	·	3	=
	4	·	15	=			17	·	7	=
	3	·	16	=			12	·	3	=
	9	·	10	=			15	·	6	=
5	20	·	3	=		6	6	·	5	=
	11	·	7	=			3	·	18	=
	2	·	17	=			12	·	2	=
	1	·	19	=			19	·	6	=

$$236 \cdot 7 = ?$$

$$1652$$

$$236 \cdot 7 = 1652$$

Schritt 1: 7 · 6 = 42, schreibe 2, merke 4
Schritt 2: 7 · 3 = 21, 21 + 4 = 25, schreibe 5, merke 2
Schritt 3: 7 · 2 = 14, 14 + 2 = 16, schreibe 16

Wenn der zweite Faktor zwei- oder mehrstellig ist, werden die Ergebnisse der Berechnungen jedes einzelnen Faktors untereinandergeschrieben und dann addiert. Achte dabei ganz besonders darauf, dass sich die Einer-, Zehner-, Hunderter- und Tausenderstellen und so weiter bei jedem Ergebnis ganz genau untereinander befinden.

$$428 \cdot 36 = ?$$

$$\begin{array}{r} 1284 \\ 2568 \\ \hline 15408 \end{array}$$

Übung 76: Und noch ein paar Aufgaben zum Üben.

1	25	·	18	=		2	56	·	17	=	
	37	·	14	=			25	·	22	=	
	44	·	14	=			45	·	18	=	
	78	·	12	=			342	·	9	=	
3	137	·	22	=		4	432	·	8	=	
	358	·	13	=			645	·	19	=	
	835	·	7	=			277	·	153	=	
	573	·	4	=			555	·	55	=	
5	354	·	33	=		6	264	·	4	=	
	634	·	41	=			363	·	25	=	
	425	·	11	=			743	·	23	=	
	427	·	63	=			634	·	83	=	

Und so wird gerechnet:

Schritt 1: $3 \cdot 8 = 24$, schreibe 4, merke 2
Schritt 2: $3 \cdot 2 = 6$, $6 + 2 = 8$, schreibe 8
Schritt 3: $3 \cdot 4 = 12$, schreibe 12

Jetzt geht's mit den Einern weiter:

Schritt 4: $6 \cdot 8 = 48$, schreibe 8, merke 4
Schritt 5: $6 \cdot 2 = 12$, $12 + 4 = 16$, schreibe 6, merke 1
Schritt 6: $6 \cdot 4 = 24$, $24 + 1 = 25$, schreibe 25

Schritt 7: Addieren von beiden Zahlen

Halbschriftliches Dividieren

Auch für das Dividieren (Teilen) gibt es mehrere Möglichkeiten, Aufgaben halbschriftlich oder schriftlich zu lösen.

Beginnen wir mit einer recht einfachen Divisionsaufgabe, bei der beim Teilen kein Rest übrig bleibt:

$$\begin{array}{r}
435 : 5 = \ ? \\
\hline
400 : 5 = 80 \\
30 : 5 = 6 \\
5 : 5 = 1 \\
\hline
435 : 5 = 87
\end{array}$$

Übung 77: Und jetzt wird's richtig schwierig.

1	254	·	347	=		2	644	·	834	=	
	389	·	853	=			637	·	744	=	
	385	·	745	=			946	·	537	=	
	745	·	345	=			974	·	748	=	
3	533	·	666	=		4	743	·	921	=	
	634	·	453	=			745	·	650	=	
	853	·	453	=			553	·	301	=	
	111	·	555	=			773	·	477	=	
5	533	·	159	=		6	263	·	440	=	
	745	·	676	=			763	·	609	=	
	755	·	467	=			637	·	430	=	
	657	·	774	=			888	·	773	=	

Wie du siehst, wird die Zahl, die geteilt werden soll, zunächst in die einzelnen Stellenwerte, in unserem Beispiel also in Hunderter, Zehner und Einer, zerlegt. Ist eine Zahl größer und enthält Tausender, Zehntausender oder noch mehr Stellen, werden diese natürlich auch zerlegt. Wir beginnen dabei immer mit dem größten Stellenwert.

Für Experten:
Die Zahl, die geteilt wird, nennt man auch Dividend. Die Zahl, durch die geteilt wird, heißt Divisor.

Im nächsten Schritt werden dann die einzelnen Werte nacheinander durch den Teiler geteilt. Die Ergebnisse werden so untereinandergeschrieben, dass Einer, Zehner, Hunderter und so weiter jeweils genau untereinanderstehen. Dann werden die einzelnen Ergebnisse addiert. Das Ergebnis der Addition entspricht dem Ergebnis der Divisionsaufgabe.

Hier noch einmal die einzelnen Schritte im Überblick:

Schritt 1: Zerlegen der zu teilenden Zahl
Schritt 2: Teilen der einzelnen Bestandteile durch den Teiler
Schritt 3: Addieren der Einzelergebnisse

Tipp:
Wenn die letzte Zahl kleiner ist als der Divisor, also nicht durch diesen geteilt werden kann, bleibt ein Rest übrig. Der Rest wird hinter das Ergebnis geschrieben, zum Beispiel 57 Rest 3 oder 112 R 4.

Übung 78: Diese Aufgaben hat Sarah in der letzten Klassenarbeit falsch gerechnet. Hilf ihr bitte.

$999 \cdot 999 =$

$589 \cdot 720 =$

$933 \cdot 299 =$

$638 \cdot 904 =$

$479 \cdot 809 =$

$994 \cdot 555 =$

Schriftliches Dividieren

Tipp:
Um beim Rechnen nicht einmal versehentlich völlig danebenzuliegen und um unnötige Fehler zu vermeiden, ist es sinnvoll, bei allen Aufgaben zunächst eine sogenannte Überschlagsrechnung durchzuführen.
Bei einer Überschlagsrechnung wird nicht die ganze Aufgabe berechnet, sondern nur mit stark aufgerundeten oder abgerundeten Zahlen.

Statt 5345 : 5 rechnet man dann zum Beispiel 5000 : 5 = 1000. Damit hast du kein genaues Ergebnis, siehst aber schon, welches Ergebnis bei der ausführlichen Rechnung ungefähr herauskommen sollte. Vor allem kannst du so leicht Fehler vermeiden, die dadurch entstehen, dass versehentlich eine Stelle zu viel oder zu wenig im Ergebnis auftaucht. Dadurch kann das Ergebnis leicht um den Faktor 10 zu groß oder zu klein werden. Das kannst du mit einer Überschlagsrechnung vermeiden.

Doch jetzt geht es los mit dem schriftlichen Dividieren. Du wirst sehen, es ist einfacher, als du glaubst. Nehmen wir als Beispiel einmal diese Aufgabe:

$$9513 : 7 =$$

Schritt 1: Wir beginnen links, in unserem Fall mit den Tausendern:

Übung 79: Teile schriftlich. Berechne die Ergebnisse auf einem anderen Blatt Papier.

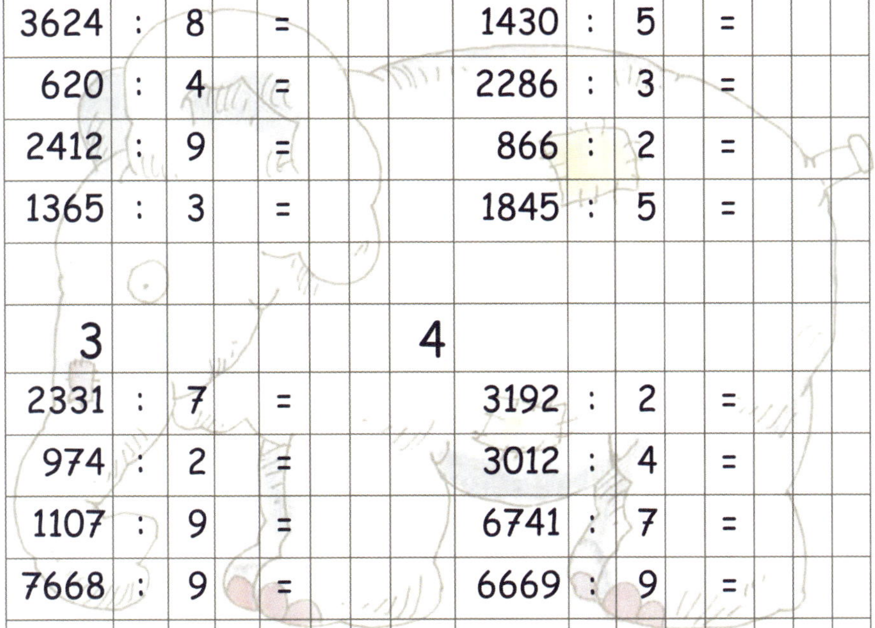

1					2				
3624	:	8	=			1430	:	5	=
620	:	4	=			2286	:	3	=
2412	:	9	=			866	:	2	=
1365	:	3	=			1845	:	5	=
3					4				
2331	:	7	=			3192	:	2	=
974	:	2	=			3012	:	4	=
1107	:	9	=			6741	:	7	=
7668	:	9	=			6669	:	9	=
5					6				
6024	:	8	=			5912	:	4	=
5892	:	4	=			6209	:	7	=
2367	:	3	=			5994	:	9	=
1125	:	5	=			2664	:	3	=

Hier rechnen wir: **9 geteilt durch 7 = 1 Rest 2**

Jetzt wird zurückgerechnet. Nämlich, 1 mal 7 gleich 7. Die 7 tragen wir direkt unterhalb der 9 ein, dann folgt eine kurze Trennlinie, und darunter tragen wir den Rest, nämlich 2, ein.

```
9513 : 7 = 1
7
--
25
```

Schritt 2: Im nächsten Schritt holen wir die nächste Ziffer rechts von der gerade berechneten herunter und schreiben sie neben den Rest der letzten Rechnung. Die Zahl, die nun unterhalb der Trennlinie steht, teilen wir wieder durch 7. Das Ergebnis ist 3 Rest 4 (3 · 7 = 21, 21 + 4 = 25).

```
9513 : 7 = 13
7
--
25
21
---
 41
```

Wir tragen nun die 21 unterhalb der 25 ein, ziehen wieder eine Linie und schreiben den Rest darunter. Dann holen wir die nächste Ziffer, nämlich die 1, nach unten.

Übung 80: Diese Aufgaben stammen aus Tims letzter Mathearbeit. Rechne sie für ihn aus. Alle Aufgaben können ohne Rest gelöst werden.

1935 : 5 =

1098 : 9 =

888 : 8 =

1251 : 3 =

6993 : 7 =

Schritt 3: Nun rechnen wir 41 geteilt durch 7, das 5 Rest 6 ergibt (5 · 7 = 35 + 6 = 41). Den Rest tragen wir genau wie vorher ein und holen die nächste Ziffer, die 3, nach unten.

9513 : 7 = 135
7
25
21
 41
 35
  63

Schritt 4: Jetzt muss nur noch 63 geteilt durch 7 ausgerechnet werden. Da das genau aufgeht und kein Rest übrig bleibt, ist die Aufgabe damit gelöst.

9513 : 7 = 1359
7
25
21
 41
 35
  63
  63
   0

Übung 81: Hier noch weitere Aufgaben aus Tims Klassenarbeit. Bei diesen Aufgaben kann es sein, dass ein Rest übrig bleibt.

7222 : 4 =

3737 : 2 =

1994 : 5 =

7777 : 8 =

8500 : 6 =

2424 : 4 =

Probe:

Um zu überprüfen, ob das errechnete Ergebnis auch korrekt ist, solltest du am Schluss immer eine Proberechnung durchführen. Das heißt, du nimmst das Ergebnis und multiplizierst es mit dem Teiler. Das Ergebnis muss dann wieder genau dem Dividenden entsprechen.

In unserem Beispiel sieht die Probe so aus:

$$1359 \cdot 7 = 9513$$

Super, stimmt genau! Wir haben also alles richtig gemacht.

Lösungen

<table>
<tr><th>Übung</th><th>Lösung</th></tr>
<tr><td>1</td><td>5, 2, 1, 3, 6, 9, 5, 8, 1, 9, 3, 4, 2</td></tr>
<tr><td>2</td><td>3, 4, 4, 5, 4</td></tr>
<tr><td>3</td><td>2 Hamburger, 1 Bär, 3 Bücher, 4 Orangen, 5 Luftballons, 5 Kirschen, 2 Blumen, 4 Bonbons, 3 Hasen, 1 Hahn</td></tr>
<tr><td>5</td><td>7 Bananen, 3 Zitronen, 4 Bonbons, 10 Eulen, 10 Blumen, 5 Tomaten</td></tr>
<tr><td>6</td><td>6 Indianer, 10 Fische, 10 Erdbeeren, 8 Clowns, 7 Würfel, 10 Palmen</td></tr>
<tr><td>7</td><td>Schimpanse ca. 70 kg, Ameise ca. 10 mg, Giraffe 900 kg, Pottwal 50 t</td></tr>
<tr><td>10</td><td>1 2 3
5 6 7
3 4 5
7 8 9
8 9 10
2 3 4
4 5 6
0 1 2</td></tr>
<tr><td>11</td><td>4 + 1, 3 + 2, 2 + 3, 1 + 4</td></tr>
<tr><td>12</td><td><table>
<tr><th colspan="2">3</th><th colspan="2">2</th><th colspan="2">5</th><th colspan="2">4</th><th colspan="2">6</th><th colspan="2">8</th></tr>
<tr><td>3</td><td>0</td><td>2</td><td>0</td><td>5</td><td>0</td><td>4</td><td>0</td><td>6</td><td>0</td><td>8</td><td>0</td></tr>
<tr><td>2</td><td>1</td><td>1</td><td>1</td><td>4</td><td>1</td><td>3</td><td>1</td><td>5</td><td>1</td><td>7</td><td>1</td></tr>
<tr><td>1</td><td>2</td><td>0</td><td>2</td><td>3</td><td>2</td><td>2</td><td>2</td><td>4</td><td>2</td><td>6</td><td>2</td></tr>
<tr><td>0</td><td>3</td><td></td><td></td><td>2</td><td>3</td><td>1</td><td>3</td><td>3</td><td>3</td><td>5</td><td>3</td></tr>
<tr><td></td><td></td><td></td><td></td><td>1</td><td>4</td><td>0</td><td>4</td><td>2</td><td>4</td><td>4</td><td>4</td></tr>
<tr><td></td><td></td><td></td><td></td><td>0</td><td>5</td><td></td><td></td><td>1</td><td>5</td><td>3</td><td>5</td></tr>
<tr><td></td><td></td><td></td><td></td><td></td><td></td><td></td><td></td><td>0</td><td>6</td><td>2</td><td>6</td></tr>
<tr><td></td><td></td><td></td><td></td><td></td><td></td><td></td><td></td><td></td><td></td><td>1</td><td>7</td></tr>
<tr><td></td><td></td><td></td><td></td><td></td><td></td><td></td><td></td><td></td><td></td><td>0</td><td>8</td></tr>
</table></td></tr>
<tr><td>13</td><td>4 Maulwürfe, 8 Pinguine, 5 Eulen, 2 Nashörner, 7 Mäuse</td></tr>
<tr><td>14</td><td>2+2 =4, 1+1=2, 4+1=5, 2+3=5, 1+3=4, 1+4=5, 1+2=3</td></tr>
<tr><td>15</td><td>2+2=4, 1+4=5, 2+3=5, 2+1=3, 1+4=5, 3+1=4, 3+2=5, 2+3=5</td></tr>
<tr><td>17</td><td>3+5=8, 6+2=8, 5+5=10, 3+3=6</td></tr>
<tr><td>18</td><td>1+3=4, 2+7=9, 3+5=8, 4+3=7, 2+6=8, 2+5=7, 8+2=10, 6+3=9, 7+1=8, 6+2=8, 9+1=10, 6+4=10</td></tr>
<tr><td>19</td><td>2-1=1, 3-2=1, 4-2=2, 5-3=2, 5-4=1, 4-3=1</td></tr>
<tr><td>20</td><td>10-3=7, 5-2=3, 8-4=4, 9-3=6, 6-5=1, 3-1=2, 7-3=4, 7-6=1, 4-2=2, 6-3=3, 9-2=7, 8-1=7</td></tr>
</table>

Übung	Lösung
21	1) 10 - 6 = 4. Es sind noch 4 Bonbons in der Tüte. 2) 5 - 2 - 1 - 1 = 0. Es ist kein Sitzplatz mehr übrig. 3) 2 + 3 = 5. Ihr habt nun insgesamt 5 Euro. 4) 7 - 5 = 2. Es fehlen noch 2 Spieler.
22	12>3, 7<9, 11>4, 1<2, 15<19, 14>4, 17>13, 3<6, 5>3, 11>8, 2<12, 10>9, 14>11, 13<14, 16>6, 2<3, 5>1, 9<19, 13<15, 2<3, 11<16, 7<13, 11<20, 19>14, 13<20, 20>18, 17>16, 16>2, 9<11, 1<20
23	8+5=13, 3+10=13, 7+7=14, 9+5=14, 11+1=12, 4+8=12, 12+7=19, 14+5=19, 6+9=15, 9+6=15, 7+9=16, 13+3=16
25	17-4=13, 12-3=9, 18-10=8, 20-5=15, 11-8=3, 9-8=1, 19-9=10, 20-8=12
26	3+7+9 =19, 13+2+4=19, 5+11+2=18, 14+2+2=18, 11+7+1=19, 9+5+4=18, 2+2+2=6, 12+4+4=20, 10+2+4=16, 7+3+8=18, 14+1+1=16, 3+12+2=17, 17+1+2=20, 16+2+2=20, 11+3+5=19, 5+5+5=15, 4+3+7=14, 2+11+7=20, 8+2+10 =20, 13+3+3=19, 6+6+6=18, 2+13+2=17, 1+17+2=20, 3+9+4=16, 7+7+5=19, 11+1+1=13
27	8-2+6=12, 11+1-6=6, 4+9-6=7, 14-1+5=18, 10+7-1=16, 3+8-3=8, 10-1+5=14, 13+1-6=8, 12-5+2=9, 6+4-7=3, 5+8-5=8, 4+11-3=12, 1+5-6=0, 7-3+9=13, 9+6-2=13, 6+6-6=6, 3+4-6=1, 8+11-1=18, 5-2+9=12, 13-2+5=16, 4+8-6=6, 2+14-2=14, 3+13-2=14, 3+10-1=12, 8-7+2=3, 10-2+6=14
28	8, 16, 6, 12, 10, 2, 18 2, 14, 10, 6, 16, 4, 12 18, 8, 14, 10, 6, 16, 4
30	3·4=12, 2·2=4, 4·1=4, 2·3=6, 2·4=8, 4·2=8, 5·3=15, 4·4=16, 6·3=18, 4·5=20, 3·6=18, 2·9=18, 7·2=14, 3·5=15, 2·6=12, 8·1=8, 8·2=16, 5·4=20 5·2=10, 4·3=12, 9·1=9, 6·2=12, 2·7=14, 1·1=1
31	10 18 5 5 9 9 1+4 2+3 2+7 5+4
33	5, 2, 4, 1, 3, 6, 7, 9, 10, 8
34	6=3+3, 4=2+2, 2=1+1, 10=5+5, 8=4+4, 12=6+6, 16=8+8, 18=9+9, 20=10+10
35	2+2=4, 4+4=8, 6+6=12, 7+7=14, 8+8=16, 9+9=18
37	2·10, 3·10, 4·5, 5·9, 2·2, 5·8, 3·3, 3·4, 4·6, 6·1, 5·7, 5·2
40	30:5=6, 14:7=2, 40:4=10, 28:7=4, 16:2=8, 30:3=10, 6:3=2, 100:10=10, 21:3=7, 70:7=10, 25:5=5, 20:4=5, 64:8=8, 18:6=3, 15:3=5, 12:4=3, 10:2=5, 20:2=10, 8:4=2, 56:8=7, 2:1=2, 40:5=8, 10:5=2, 21:7=3, 8:2=4, 48:6=8, 80:10=8, 36:6=6, 50:5=10, 49:7=7
42	gleichseitiges Dreieck, Quadrat, gleichschenkliges Dreieck, Kreis, Rechteck, rechtwinkliges Dreieck
45	820, 920, 990, 510, 650, 850

Übung	Lösung
46	Strahl, Strecke, Gerade
47	12, 14, 8, 13, 14
48	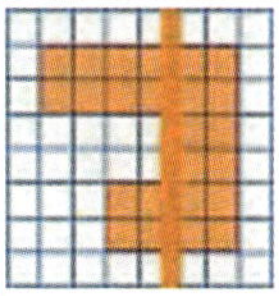 8, 12, 4 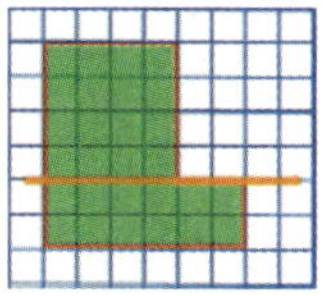 16, 12
49	24, 28
50	36, 26, 10, 75, 72, 24, 100, 100, 32, 25, 24, 72, 56, 3, 77
51	5,5; 7; 6
52	197 198 199 101 102 103 225 226 227 298 299 300 299 300 301 798 799 800 161 162 163 479 480 481 109 110 111 998 999 1000 887 888 889 165 166 167 268 269 270 398 399 400 124 125 126 776 777 778 498 499 500 619 620 621 384 385 386
53	801, 906, 198, 699, 404, 110, 1000, 98, 500

<table>
<tr><th>Übung</th><th>Lösung</th></tr>
<tr><td>54</td><td>
<table><tr><td>T</td><td>H</td><td>Z</td><td>E</td></tr><tr><td>5</td><td>2</td><td>4</td><td>9</td></tr></table>
<table><tr><td>T</td><td>H</td><td>Z</td><td>E</td></tr><tr><td></td><td>3</td><td>5</td><td>6</td></tr></table>
<table><tr><td>T</td><td>H</td><td>Z</td><td>E</td></tr><tr><td>1</td><td>2</td><td>0</td><td>0</td></tr></table>
<table><tr><td>T</td><td>H</td><td>Z</td><td>E</td></tr><tr><td></td><td>7</td><td>7</td><td>7</td></tr></table>
<table><tr><td>T</td><td>H</td><td>Z</td><td>E</td></tr><tr><td></td><td>9</td><td>2</td><td>1</td></tr></table>
</td></tr>
<tr><td>55</td><td>100+200=300, 200+200=400, 100+300=400, 400+100=500,
300+300=600, 300+200=500, 100+300=400,
500+300=800,600+300=900, 300+100=400, 100+800=900,
100+600=700, 700+300=1000, 6100+900=7000</td></tr>
<tr><td>56</td><td>520+170=690, 130+250=380, 260+320=580, 160+120=280,
610+310=920, 810+180=990, 560+230=790, 200+340=540
570-120=450, 250-120=130, 260-150=110, 670-530=140,
620-310=310, 870-370=500, 560-230=330, 990-630=360</td></tr>
<tr><td>57</td><td>a) 78, b) 877, c) 867, d) 689, e) 887, f) 879, g) 979 h) 987</td></tr>
</table>

Übung	Lösung
58	46+53=99, 67+31=98, 21+68=89, 38+30=68, 73+16=89, 17+12=29, 88+11=99, 69+10=79, 15+34=49, 42+17=59, 58+21=79, 20+79=99, 55+34=89, 19+40=59, 60+23=83, 90+9=99, 80+20=100, 78+11=89
59	a) 618, b) 281, c) 507, d) 305, e) 292, f) 225, g) 106, h) 336
61	Quader, Pyramide, Würfel, Kugel, Zylinder, Kegel
62	2 Euro, 93 Euro, 6 Euro
63	1,80 - 2,31 - 1,97 - 6,11
64	878, 699, 979, 1297, 389, 999
65	a) 878, b) 787, c) 898, d) 889, e) 799, f) 988, g) 949, h) 887, i) 897, j) 958
66	a) 501, b) 1018 c) 1159, d) 1052, e) 912, f) 1205 g) 901. h) 741, i) 421, j) 1332
67	a) 1019, b) 951, c) 965, d) 782 e) 951 f) 810 g) 980 h) 1001, i) 894, j) 1509
68	903, 720, 581, 822, 901, 932
69	a) 632 b) 412 c) 421, d) 111, e) 111, f) 522, g) 211, h) 112, i) 111, j) 111
70	700, 150, 170, 200, 800, 200, 200, 170, 400, 200
71	383, 102, 246, 89, 439, 300
72	a) 179, b) 389, c) 300, d) 209, e) 308, f) 200, g) 499, h) 248, i) 289, j) 385
73	a) 339, b) 209, c) 394, d) 407, e) 160, f) 279, g) 418, h) 159, i) 378, j) 290
74	78, 84, 17, 144, 39, 68, 88, 90, 60, 68, 144, 180, 65, 76, 84, 171, 96, 84
75	1) 136, 77, 70, 44, 2) 65, 75, 84, 104, 3) 56, 60, 48, 90, 4) 39, 119, 36, 90, 5) 60, 77, 34, 19, 6) 30, 54, 24, 114
76	1) 450, 518, 616, 936, 2) 952, 550, 810, 3078, 3) 3014, 4654, 5845, 2292, 4) 3456, 12255, 42381, 30525, 5) 11682, 25994, 4675, 26901, 6) 1056, 9075, 17089, 52622
77	1) 88138, 331817, 286825, 257025 2) 537096, 473928, 508002, 728552 3) 354978, 287202, 386409, 61605 4) 684303, 484250, 166453, 368721 5) 84747, 503620, 352585, 508518 6) 115720, 464667, 273910, 686424
78	998001, 424080, 278967, 576752, 387511, 551670
79	1) 453, 155 268 455 - 2) 286, 762, 433 369 - 3) 333, 487, 123, 852, 4) 1596, 753, 963, 741, - 5) 753, 1473, 789, 225, 6) 1478, 887, 666, 888
80	387, 122, 111, 417, 999
81	1805 Rest 2, 1868 Rest 1, 398 Rest 4, 972 Rest 1, 1416 Rest 4, 606

Frank E. Callies

Sachkunde

Frank E. Callies

Sachkunde

1. bis 4. Klasse

Hinweis
Alle Angaben in diesem Buch wurden vom Autor mit größter Sorgfalt erarbeitet bzw. zusammengestellt und unter Einschaltung wirksamer Kontrollmaßnahmen reproduziert. Trotzdem sind Fehler nicht ganz auszuschließen. Der Verlag und der Autor sehen sich deshalb gezwungen, darauf hinzuweisen, dass sie weder eine Garantie noch die juristische Verantwortung oder irgendeine Haftung für Folgen, die auf fehlerhafte Angaben zurückgehen, übernehmen können. Für die Mitteilung etwaiger Fehler sind Verlag und Autor jederzeit dankbar.
Internetadressen oder Versionsnummern stellen den bei Redaktionsschluss verfügbaren Informationsstand dar. Verlag und Autor übernehmen keinerlei Verantwortung oder Haftung für Veränderungen, die sich aus nicht von ihnen zu vertretenden Umständen ergeben. Evtl. beigefügte oder zum Download angebotene Dateien und Informationen dienen ausschließlich der nicht gewerblichen Nutzung. Eine gewerbliche Nutzung ist nur mit Zustimmung des Lizenzinhabers möglich.

Satz: DTP-Satz A. Kugge, München
art & design: www.ideehoch2.de
Druck: Neografia, a.s.
Printed in Slovakia

Inhaltsverzeichnis

Das Wetter

Wetter ist der Oberbegriff für alles, was sich in unserer Atmosphäre so ereignet. Die Atmosphäre ist die Lufthülle, die die ganze Erde umgibt. Sie enthält die Luft, die wir zum Atmen brauchen, und schützt uns außerdem vor schädlichen Einflüssen aus dem Weltraum.

Innerhalb der Erdatmosphäre passieren eine Menge Dinge. Es gibt Regen, Schnee, Wind, Stürme und vieles mehr. Die Luft in der Atmosphäre kann kalt sein oder warm, je nachdem, ob gerade Winter oder Sommer ist und wo man sich auf der Erde befindet.

Alle diese Ereignisse (man nennt sie auch **Wetterphänomene**) zusammengenommen bezeichnen wir als **Wetter**. Im Folgenden werde ich dir einmal die wichtigsten Wetterphänomene erklären.

Regen

Regen kann ganz schön ärgerlich sein, insbesondere wenn man schulfrei oder Ferien hat und den Tag viel lieber im Schwimmbad verbringen möchte.

Regen hat aber auch viele nützliche Eigenschaften. So bringt er zum Beispiel das Wasser, das Pflanzen und Tiere zum Leben und Wachsen benötigen.

Übung 1: Regen nennt man auch Niederschlag, aber Niederschlag muss kein Regen sein. Er kann auch andere Formen annehmen.

Welche anderen Formen von Niederschlag kennst du? Schreibe auf:

Übung 2: Schätzaufgabe

Was glaubst du? Welchen Durchmesser hat ein „normales" Hagelkorn?
Kreuze die richtige Lösung an:

ca. $\frac{1}{2}$ cm   ca. 1 cm   ca. 2 cm

Ich erkläre dir einmal, wie Regen entsteht:

In unserer Atmosphäre ist fast überall Feuchtigkeit enthalten. Diese Luftfeuchtigkeit können wir meist gar nicht sehen, da sie vollständig in der Luft aufgelöst ist.

Feuchtigkeit kann übrigens besonders gut in warmer Luft gespeichert werden. Da warme Luft immer nach oben steigt, kühlt sich die Luft ab, weil es weiter oben in der Atmosphäre viel kühler ist als am Boden.

Die Feuchtigkeit wird also in der kühleren Luft wieder abgegeben, und dadurch entstehen kleine Wassertröpfchen oder - wenn es sehr kalt ist - auch kleine Eiskristalle.

Von der Erde aus können wir das beobachten. Dabei entstehen nämlich die **Wolken**, die im Grunde nichts anderes sind als große Ansammlungen von Wassertröpfchen und/oder Eiskristallen.

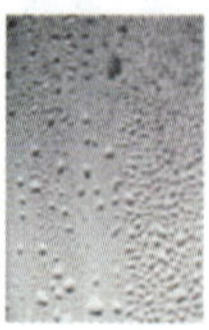

Den Vorgang, bei dem sich die Luftfeuchtigkeit in kleinen Tröpfchen sammelt, nennt man übrigens auch **Kondensation**.

Kondensation kannst du auch im Alltag beobachten - zum Beispiel dann, wenn sich Wassertröpfchen an einer kalten Scheibe etwa im Auto oder auch an einer Fensterscheibe sammeln.

Übung 3: Hast du es dir gemerkt?

1) In welche Richtung bewegt sich die warme Luft?

☐ a) nach oben

☐ b) nach unten

☐ c) sie bleibt, wo sie ist

2) Wolken bestehen aus:

☐ a) Wassertropfen

☐ b) Eiskristallen

☐ c) Wassertropfen oder Eiskristallen

3) Wenn es draußen kalt ist und drinnen warm, bilden sich kleine Wassertropfen an der Fensterscheibe. Das nennt man:

☐ a) Konzentration

☐ b) Kondensation

Übrigens: Wenn es in den oberen Luftschichten sehr kalt ist und die Feuchtigkeit zu Eiskristallen wird, fällt kein Regen, sondern **Schnee**. Das passiert natürlich nur im Winter, weil die kleinen Eiskristalle im Sommer auf dem Weg nach unten wieder auftauen und dann als Regen auf der Erde ankommen.

Wusstest du das schon, dass jeder dritte Mensch auf der Welt kein sauberes Trinkwasser zur Verfügung hat? Viele Menschen müssen deshalb jedes Jahr sterben. Trinkwasser ist also ein wertvolles Gut, das man nicht verschwenden darf.

Übung 4: Ein Experiment

Je kälter das Wasser ist, desto mehr Platz nimmt es ein – wusstest du schon?

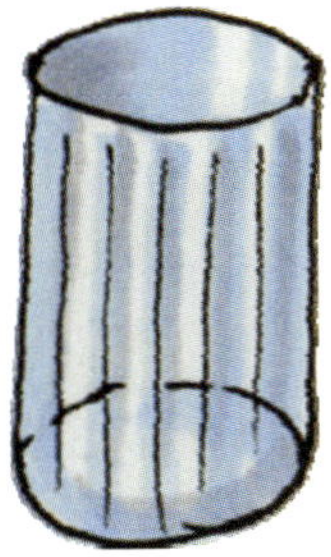

Das kannst du leicht überprüfen: Bitte deine Eltern um ein Glas und fülle es bis zum Rand mit Wasser.

Stell es dann in das Gefrierfach eures Kühlschranks.

Was ist am nächsten Tag passiert? Schreibe es hier auf:

Diese unterschiedlichen Niederschlagsformen kennen wir:

Regen: Regen ist ein sehr häufig vorkommender Niederschlag in Form von Wassertropfen, der bei Temperaturen über 2 Grad Celsius auftritt.	
Schnee: Schneeflocken sind kristallisierte Wassertropfen.	
Graupel: Das sind kleine Eiskörner, die oft im Frühjahr oder während eines Gewitters auftreten.	
Hagel: Größere Eiskörner, die häufig in Sommergewittern auftreten.	

Niederschlag ist übrigens nur ein anderes Wort für alles, was aus den Wolken nach unten fällt.

Übung 5: Ein Experiment

Eis- und Schneekristalle sehen wunderschön aus, wenn man sie unter der Lupe betrachtet.

Vielleicht findest du in eurem Gefrierfach etwas weißes Eis. Kratze mit einem Löffel ein wenig davon ab und lege es auf einen farbigen Untergrund. Betrachte es durch eine Lupe:

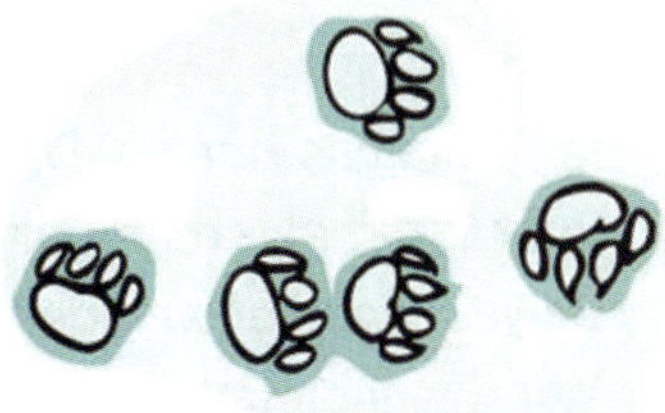

Zeichne hier die Kristallstruktur auf:

Wind

Sicher freust du dich, wenn es windig ist und du im Herbst deinen Drachen steigen lassen kannst.

Hast du dir vielleicht auch schon einmal Gedanken darüber gemacht, woher der Wind kommt oder wie er entsteht?

Wind ist eine **Bewegung der Luft** um uns herum. Diese Luft ist fast ständig in Bewegung, mal weniger und mal mehr. Dadurch empfinden wir den Wind manchmal als leichte **Brise**, die die Blätter an den Bäumen zum Rascheln bringt, aber auch als **Sturm**, der ganze Bäume oder gar Häuser umwerfen kann.

Wind entsteht dadurch, dass an verschiedenen Orten auf der Erde ein unterschiedlich hoher **Luftdruck** herrscht. Die Luft will dann aus den Gebieten mit einem hohen Luftdruck in Gebiete mit niedrigem Luftdruck ausweichen. Das ist vergleichbar mit der Luft in einem Luftballon. Im Ballon herrscht ein hoher Luftdruck. Wenn du den Luftballon nicht fest zuhältst oder zuknotest, entweicht die Luft aus dem Ballon nach draußen. Dabei kannst du den Wind, der dadurch entsteht, gut spüren.

Übung 6:

Kannst du diese Fragen beantworten? Schreibe die Lösung hier auf:

Was ist Wind?

Wie entsteht Wind?

Eine weitere Ursache für den Wind ist die Tatsache, dass warme Luft nach oben steigt und kalte Luft nach unten sinkt. Wie in einem Kreislauf gerät dadurch die Luft in Bewegung und es entsteht Wind.

Wind kann sehr **nützlich** sein:

- für Segelflugzeuge
- für Ballonfahrer
- für Segelschiffe
- zum Trocknen von Wäsche
- für die Stromerzeugung

Windräder zur Stromerzeugung

Eine Windmühle

In früheren Zeiten wurde zum Beispiel das Mehl zum Brotbacken mithilfe von **Windmühlen** gemahlen. Heute dienen Windräder der umweltfreundlichen Erzeugung von Strom.

Aber Wind kann auch sehr gefährlich werden, wenn er zu stark wird. Um die Stärke des Windes zu messen, hat **Admiral Sir Francis Beaufort** diese **Windmessskala** erfunden:

Übung 7: Experiment „Tiefdruckgebiet"

Du benötigst sechs Teelichter, die du kreisförmig auf eine feuerfeste Unterlage stellst und anzündest. Dieses Experiment darfst Du nur zusammen mit einem Erwachsenen durchführen!

Was passiert mit der Kerzenflamme? Schreibe es hier auf:

Was fällt dir noch ein?

Wind ist nützlich für:

Wind ist gefährlich:

Die Beaufort-Windskala:

Windstärke	Geschwindigkeit km/h	Bezeichnung	Wirkung
0	0 bis 1	Windstille	Rauch steigt senkrecht empor.
1	1 bis 5	leiser Zug	Rauch treibt leicht ab.
2	6 bis 11	leichte Brise	Blätter rascheln.
3	12 bis 19	schwache Brise	Blätter und dünne Zweige bewegen sich.
4	20 bis 28	mäßige Brise	Staub und Papier werden aufgewirbelt.
5	29 bis 38	frische Brise	Kleinere Bäume bewegen sich.
6	39 bis 49	starker Wind	Kräftige Äste bewegen sich.
7	50 bis 61	steifer Wind	Ganze Bäume schwanken.
8	62 bis 74	stürmischer Wind	Zweige brechen.
9	75 bis 88	Sturm	Dachziegel fallen herunter.
10	89 bis 102	schwerer Sturm	Bäume werden entwurzelt.
11	103 bis 117	orkanartiger Sturm	Sturmschäden, Gehen nicht mehr möglich.
12	118 bis 133	Orkan	Schwere Sturmschäden.

Übung 8: Ordne die richtigen Windstärken zu.

	Beschreibung	Windstärke
	Blätter rascheln.	
	Ganze Bäume schwanken.	
	Dachziegel fallen herunter.	
	Blätter und dünne Zweige bewegen sich.	
	Rauch steigt senkrecht empor.	

Wichtig:
Denke – wenn du deinen Drachen steigen lässt – immer daran, dass du das auf gar keinen Fall in der Nähe von Stromleitungen, Bahnlinien, Autobahnen oder Flughäfen tun darfst. Dort ist es viel zu gefährlich! Auch bei Gewitter ist das Steigenlassen von Drachen strengstens verboten!

Gewitter

Na, ist dir auch immer ein wenig mulmig, wenn es draußen blitzt und donnert? Früher dachten die Menschen, dass dann die Götter miteinander kämpften. So glaubten zum Beispiel die alten Germanen, dass der Gott Thor mit seinem Donnerhammer dafür verantwortlich sei.

Thor

Heute wissen wir natürlich, dass Blitz und Donner ganz natürliche Phänomene (Erscheinungen) sind, die durch elektrische Entladungen in den Wolken zustande kommen.
Diese entstehen oft dadurch, dass sich warme und kalte Luftmassen aneinander reiben. Aber auch wenn die feuchte Luft am Boden durch die Sonne erwärmt wird und dann nach oben steigt, können Gewitter entstehen. Man spricht in dem Fall von einem **Wärmegewitter**.

Übung 9: Verhalten bei Gewitter

Wie verhältst du dich bei Gewitter im Freien? Kreuze die richtigen Antworten an:

☐ a) Stell dich niemals unter Bäumen unter!

☐ b) Such eine Talsenke und duck dich!

☐ c) Mach dich ganz klein und stell die Füße eng nebeneinander!

☐ d) Halte dich von Metallzäunen und Bäumen mindestens drei Meter entfernt!

☐ e) Such Schutz in einem Gebäude!

☐ f) Am besten bist du bei Gewitter zu Hause aufgehoben!

☐ g) Bleib bei Gewitter niemals im Wasser!

Wie entsteht der Donner?

Blitze sind für den Donner verantwortlich

Der **Donner** klingt zwar bedrohlich, ist aber im Grunde völlig ungefährlich. Er entsteht, weil der **Blitz** die Luft um sich herum auf über 30.000 Grad erhitzt. Die Luft dehnt sich dabei so schnell aus, dass dabei ein Knall, nämlich der Donner, entsteht. Das Licht des Blitzes breitet sich dabei mit **Lichtgeschwindigkeit** aus. Das sind 300.000 Kilometer pro Sekunde. Der Donner ist dagegen viel langsamer, nämlich nur 300 Meter pro Sekunde.

So kannst du messen, wie weit ein Gewitter noch entfernt ist

Wenn du einen Blitz siehst und kurz danach den Donner hörst, kannst du selbst ausrechnen, wie weit das Gewitter noch von deinem Standpunkt entfernt ist. Das Ganze funktioniert, weil sich das Licht des Blitzes viel schneller bewegt als der Schall des Donners. Da wir wissen, dass sich der Schall mit einer Geschwindigkeit von etwa 300 Metern pro Sekunde bewegt, musst du nach dem Blitzen nur die Sekunden zählen, bis du den Donner hörst.

Übung 10: Weißt du es noch? Beantworte diese Fragen.

1) Wie heiß wird die Luft rund um einen Blitz?

☐ a) 300 Grad Celsius

☐ b) 3.000 Grad Celsius

☐ c) 30.000 Grad Celsius

2) Wie schnell ist die Lichtgeschwindigkeit?

☐ a) 3 Kilometer pro Sekunde

☐ b) 3.000 Kilometer pro Sekunde

☐ c) 300.000 Kilometer pro Sekunde

3) Wie schnell ist die Schallgeschwindigkeit?

☐ a) 300 Meter pro Sekunde

☐ b) 3 Kilometer pro Sekunde

☐ c) 300 Kilometer pro Sekunde

Die Anzahl der Sekunden multiplizierst du dann mit 300 und schon hast du die Entfernung zum Gewitter. Wenn es nach dem Blitzen also 3 Sekunden dauert, bis du den Donner hörst, ist das Gewitter ungefähr 900 Meter (= 3 x 300) entfernt.

Ein Blitz kann über 30.000 Grad heiß werden

Merken:
Warme Luft steigt nach oben, kalte Luft sinkt nach unten. Dieses physikalische Gesetz ist für viele Wetterphänomene verantwortlich, zum Beispiel für den Wind und oft auch für Gewitter.

Übung 11:

Rechne die Entfernung des Gewitters aus:

Zwischen Blitz und Donner zählt Tim 13 Sekunden.

Wie weit ist das Gewitter entfernt?

________________ • 300 =________________ m

Und wie viele Kilometer sind das?

= ________________________ km

Übrigens:
Um Sekunden zu zählen, brauchst du nicht unbedingt eine Uhr. Du kannst auch langsam eins und zwei und drei und vier usw. zählen.

Wie entsteht ein Regenbogen?

An seltenen Tagen kann man, während es regnet, am Himmel eine interessante Erscheinung beobachten.

Ein Regenbogen

Plötzlich zeigt sich der Himmel in den schönsten bunten Farben, meist in Form eines riesengroßen Bogens.

In manchen Ländern erzählt man sich, dass am Ende eines solchen **Regenbogens** ein Schatz verborgen liegt. Aber das gehört wohl eher ins Reich der Märchen. Du solltest also nicht loslaufen, um das Ende eines Regenbogens zu finden.

Aber wie entsteht so ein Regenbogen überhaupt?

Zunächst mal ist klar, dass es etwas mit dem Regen zu tun haben muss, denn ohne Regen gibt es keinen Regenbogen. Außerdem sagt das der Name Regenbogen ja auch schon.

Bei einem Regenbogen passiert etwas ganz Besonderes. Das Licht, das von der Sonne ausgestrahlt wird, ist nämlich nicht etwa weiß oder gar unsichtbar.

Übung 12: Ein Experiment

Einen Regenbogen kannst du auch selbst erzeugen. Nimm eine Sprühflasche oder einen Gartenschlauch und stell dich so hin, dass die Sonne hinter dir ist und du deinen Schatten vor dir siehst.

Wenn du dann mit dem Wasser spritzt und auf den Sprühregen siehst, kannst du einen Regenbogen erkennen.

Probiere das doch einmal aus.

Male das Bild mit den richtigen Regenbogenfarben aus:

Vielmehr setzt sich das sichtbare Licht aus vielen unterschiedlichen Farben zusammen. Wenn das Licht nun durch eine spezielle Linse geleitet wird, wird es dabei in seine einzelnen Grundfarben zerlegt.

Eine **Linse**, die das Licht in die sogenannten Spektralfarben zerlegen kann, nennt man auch **Prisma**.

Ein Prisma

Bei einem Prisma fällt auf der einen Seite ein weißer Lichtstrahl herein und auf der anderen Seite kommt das Licht nach Farben getrennt wieder heraus.

Das Gleiche passiert manchmal auch, wenn Licht auf Regentropfen trifft. Dann funktionieren Regentropfen genau wie ein Prisma. Es entsteht ein **Regenbogen**.

In der Mongolei fand man die Erfindung des Prismas übrigens so wichtig, dass es sogar auf einer Briefmarke abgebildet wurde.

Übung 13: Welche sind die sieben Farben des Regenbogens?

Benenne sie:

Bringe die Farben des Regenbogens in die richtige Reihenfolge, indem du die entsprechende Nummer in das farbige Kästchen schreibst. Beginne mit Rot:

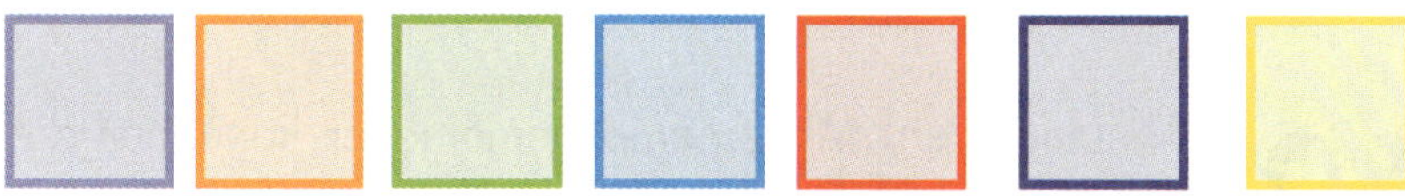

Kann man das Wetter messen?

Ja, für Wettererscheinungen wie Wind, Regen, Temperatur und Luftfeuchtigkeit gibt es verschiedene Messgeräte. Hier sind die wichtigsten:

Thermometer: Mit einem Thermometer wird die **Temperatur** (also die Wärme) von Luft oder Wasser gemessen.

Hygrometer: Mit einem Hygrometer misst man die **Luftfeuchtigkeit**. Manche Hygrometer arbeiten mit einem Haar, das sich bei hoher Luftfeuchtigkeit ausdehnt und bei geringer Luftfeuchtigkeit zusammenzieht.

Hygrometer

Anemometer: Mit einem Anemometer kann man die **Windgeschwindigkeit** messen. Die **Windrichtung** kann man auch ganz einfach mit einem **Windrichtungsgeber** messen, den du auf vielen Hausdächern in Form eines **Wetterhahns** findest.

Barometer: Ein Barometer misst den **Luftdruck**. Ist der Luftdruck niedrig, befindet man sich in einem Tiefdruckgebiet. Steigt das Barometer, ist das fast immer ein Zeichen dafür, dass das Wetter gut wird. Viele Barometer haben deshalb auch eine Skala, auf der man ablesen kann, wie das Wetter wird.

Übung 14: Achtung, jetzt wird es kompliziert. Kannst du diese Fragen beantworten?

1) Mit welchem Gerät misst man die Luftfeuchtigkeit?

- ☐ a) Thermometer
- ☐ b) Hygrometer
- ☐ c) Anemometer
- ☐ d) Barometer

2) Mit welchem Gerät misst man den Luftdruck?

- ☐ a) Thermometer
- ☐ b) Hygrometer
- ☐ c) Anemometer
- ☐ d) Barometer

3) Mit welchem Gerät misst man die Temperatur?

- ☐ a) Thermometer
- ☐ b) Hygrometer
- ☐ c) Anemometer
- ☐ d) Barometer

Das Jahr

Die Jahreszeiten

Das Wetter und die Natur um uns herum verändern sich ständig. Wenn das Jahr am 1. Januar beginnt, herrscht hier bei uns noch **Winter**. Wenn du morgens aufstehen musst, ist es meist noch dunkel, es ist kalt, vielleicht liegt sogar Schnee. Und auch am Nachmittag wird es sehr früh wieder dunkel und du kannst oft nicht so lange draußen spielen, wie du möchtest. Andererseits ist der Winter ideal zum Skilaufen oder um Schneeballschlachten zu machen.

Etwas später im Jahr, so um **Ostern** herum, sieht es schon wieder anders aus. Es wird morgens früher hell und auch am Nachmittag kannst du schon wieder länger draußen spielen. Außerdem passieren noch eine Menge anderer interessanter Dinge. Die Bäume und Sträucher, die im Winter keine Blätter hatten, werden langsam wieder grün und in vielen Gärten wachsen schon die ersten Blumen. Diese Jahreszeit nennt man **Frühling**.

Übung 15:

1) Ein ganz besonders tolles Fest feiert man zu Beginn des Winters, der am 21. Dezember beginnt. Weißt du, welches Fest gemeint ist und wie das genaue Datum lautet?

2) Es gibt noch ein weiteres Fest, das gegen Ende des Winters, meistens im Februar, liegt. Menschen verkleiden sich und feiern auf der Straße. Was ist gemeint?

3) Und dann ist da noch der Tag im Frühling, an dem die Ostereier gesucht werden. Was ist das für ein Tag?

Danach folgt der **Sommer** mit den langen Schulferien. Sommer ist eine tolle Jahreszeit. Draußen ist es **warm**, es regnet nicht so oft, und die Tage erscheinen einem viel länger, weil es morgens früh hell und abends erst spät dunkel wird. In der Natur ist jetzt alles **grün**. Statt in der Wohnung zu sitzen, verbringen wir unsere Freizeit lieber beim Picknick, im Schwimmbad oder in der Eisdiele.

Nach dem Sommer kommt der **Herbst**. Das merkst du daran, dass die **Tage** scheinbar wieder **kürzer** werden. Abends wird es früher dunkel. Die **Blätter** an den Bäumen werden langsam **gelb**, **braun** oder **rot** und fallen schließlich herunter, sodass die Bäume ganz kahl aussehen. Der Herbst hat aber auch seine guten Seiten. So weht im Herbst oft ein stärkerer **Wind**, in dem du prima deinen Drachen steigen lassen kannst. Auch die Kastanien fallen im Herbst von den Bäumen. Mit Kastanien kannst du viele schöne Dinge basteln.

Übung 16: Einen Drachen basteln

Ihr braucht: eine Mülltüte, Drachenschnur, zwei Trinkhalme, Klebestreifen und eine Schere ...

... und so geht's:

Schneidet die Mülltüte wie hier abgebildet zurecht. Zur Verstärkung klebt ihr auf die schwarzen Striche Trinkhalme, um den Drachen zu stabilisieren. Die beiden Punkte verstärkt ihr mit Klebestreifen und knotet je ein Stückchen Schnur daran. Die beiden Stücke sollen gleich lang sein und am Ende wieder zusammengeknotet werden, denn daran wird die eigentliche Drachenschnur befestigt. Viel Spaß beim Steigenlassen eures Drachens!

Die letzte Jahreszeit im Jahr ist wieder der Winter. Am Jahresende kommt dann noch das Weihnachtsfest und natürlich Silvester. Danach geht es dann im Januar wieder von vorne los.

Die Jahreszeiten Frühling, Sommer, Herbst und Winter wiederholen sich jedes Jahr. Es gibt sogar für jede Jahreszeit ein genaues Datum, an dem sie ganz offiziell beginnt:

Frühlingsanfang: 21. März	Tag und Nacht sind an diesem Tag genau gleich lang, nämlich jeweils 12 Stunden.
Sommeranfang: 21. Juni	Der längste Tag des Jahres und natürlich die kürzeste Nacht.
Herbstanfang: 23. September	Auch an diesem Tag sind Tag und Nacht wieder genau gleich lang.
Winteranfang: 21. Dezember	Der kürzeste Tag des Jahres. Es wird spät hell und schon früh wieder dunkel.

Weihnachten: Das schönste Fest im Winter

Übung 17: Bring die Jahreszeiten in die richtige Reihenfolge, indem du sie nummerierst.

a) 

b) 

c) 

d) 

Warum gibt es Jahreszeiten?

Die Beantwortung dieser Frage ist schon etwas für die Experten und Expertinnen unter euch. Wie du vielleicht schon weißt, kreist die Erde im Weltall um die Sonne. Für eine Umkreisung braucht sie genau ein Jahr. Da die Erdkugel etwas geneigt zur Sonne steht, werden Nordhalbkugel und Südhalbkugel nicht gleichmäßig mit Sonnenstrahlen beschienen.

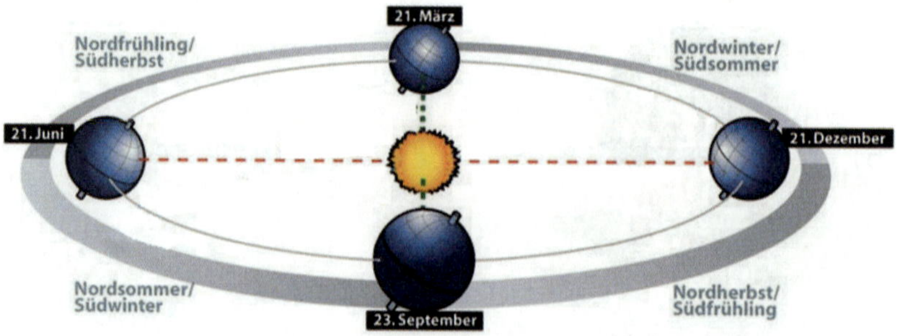

Im Verlauf eines Jahres bekommt einmal die Nordhalbkugel mehr Sonnenstrahlen ab und einmal die Südhalbkugel. Wir leben auf der Nordhalbkugel und nennen die Zeit, in der auf diesen Teil der Erde mehr Sonnenstrahlen treffen, **Sommer**. Im Verlauf des Jahres steht die Erde aber irgendwann auch so, dass wir im Norden nur sehr wenige Sonnenstrahlen abbekommen. Die Tage werden dann kürzer und es wird kälter. Kurz gesagt, dann ist bei uns **Winter**.

Damit ist auch klar, dass die Jahreszeiten nicht überall auf der Erde gleich sind. Wenn bei uns auf der nördlichen Erdhalbkugel Sommer ist, dann ist im Süden zum Beispiel Winter.

Übung 18:

1) Denksportaufgabe:

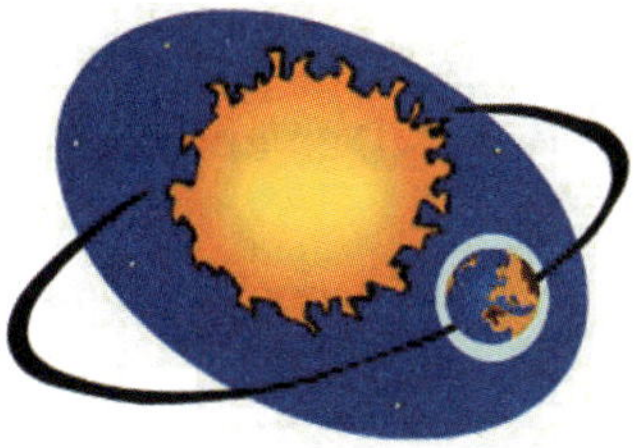

Australien liegt genau am anderen Ende der Welt – gegenüber von Europa. Wenn in Europa Frühling ist, welche Jahreszeit ist dann in Australien?

____

2) Quizfrage: Wo geht die Sonne am Morgen auf?

a) Norden ☐
b) Süden ☐
c) Westen ☐
d) Osten ☐

3) Quizfrage: Was ist richtig?

a) Die Sonne dreht sich um die Erde. ☐

b) Die Erde dreht sich um die Sonne. ☐

Die Monate

Das Jahr wird in **zwölf Monate** eingeteilt. Es beginnt am Neujahrstag mit dem Monat Januar. Der erste Tag des Jahres ist also der 1. Januar.

Und das sind die weiteren Monate im Jahr:

Name	Woher kommt der Name?
Januar	benannt nach dem römischen Gott Janus
Februar	aus dem Lateinischen: februare = reinigen
März	benannt nach dem römischen Kriegsgott Mars
April	aus dem Lateinischen: aperire = öffnen
Mai	benannt nach Maja, einer römischen Göttin
Juni	benannt nach Juno, einer römischen Göttin
Juli	benannt nach Julius Cäsar; der Juli ist sein Geburtsmonat
August	benannt nach dem römischen Kaiser Augustus
September	aus dem Lateinischen: septem = sieben
Oktober	aus dem Lateinischen: octo = acht
November	aus dem Lateinischen: novem = neun
Dezember	aus dem Lateinischen: decem = zehn

Vielleicht wunderst du dich darüber, dass zum Beispiel der 9. Monat im Jahr nach der lateinischen 7 benannt ist. Und auch die Namen der folgenden Monate stimmen nicht mit unserer Zählung überein.

Julius Cäsar

Übung 19: Bring die Monate in die richtige Reihenfolge, indem du sie mit den Ziffern 1 bis 12 beschriftest. Die 1 steht für Januar:

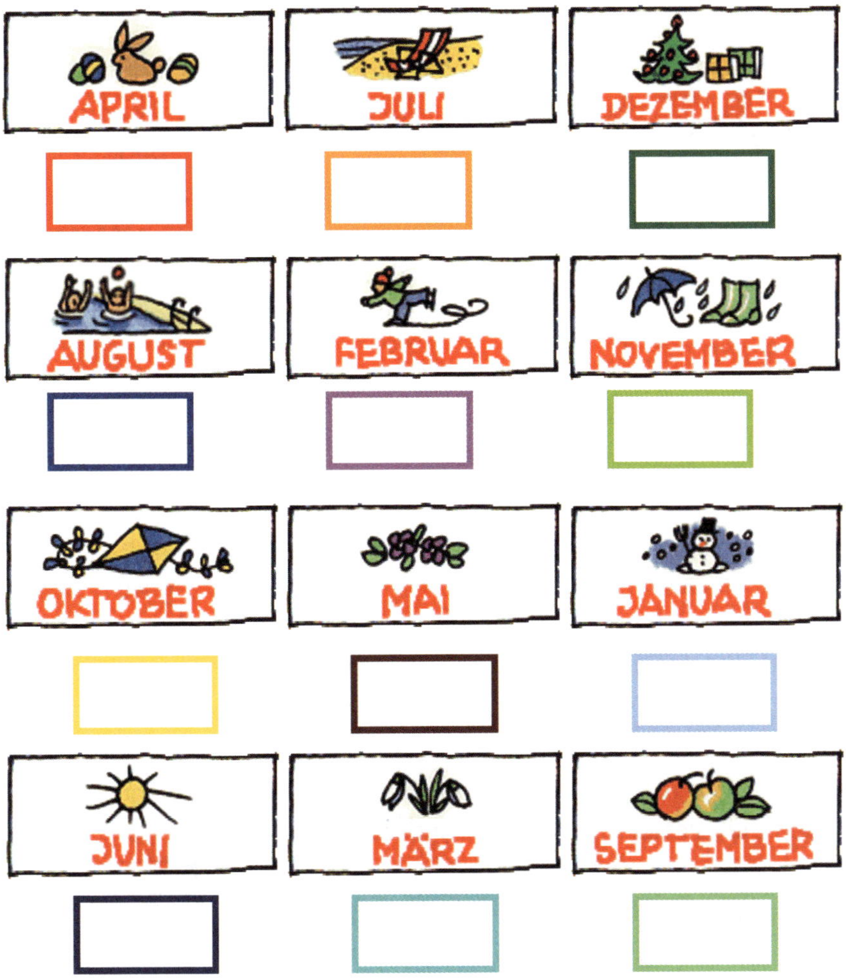

Der Grund dafür besteht darin, dass das Jahr im altrömischen Kalender nicht wie bei uns im Januar, sondern im März begann. Beginnt man mit dem März als erstem Monat im Jahr, dann stimmen auch die Monatsnamen wieder ganz genau.

Das Wort Monat selbst stammt übrigens von dem Wort **Mond** ab. Ein Monat ist entweder 30 oder 31 Tage lang. Nur der Februar bildet eine Ausnahme. Er ist 28 Tage lang. Weil mit dieser Aufteilung alle Tage zusammen nicht ganz genau 365 Tage, also 1 Jahr ergeben, gibt es alle 4 Jahre ein sogenanntes **Schaltjahr**. In einem solchen Jahr hat der Februar dann 29 statt 28 Tage.

Was ist ein Kalender?

Schon sehr früh bemerkten die Menschen, dass sich der Jahreskreislauf immer wiederholt. Da es sehr wichtig war, zum Beispiel zum richtigen Zeitpunkt zu säen und zu ernten oder das Vieh auf die Weide zu treiben, beobachteten die Menschen genau, wie die Zeit verging und sich dabei das **Wetter** und die **Sonnenscheindauer** änderten. Damit man immer wusste, wann es Zeit wurde, zum Beispiel die Saat auf die Felder zu bringen, wurden die ersten Kalender erfunden.

Ein Kalender ist also eine Aufzeichnung des Zeitverlaufs innerhalb des Jahres. Heutige Kalender haben entweder für jeden Tag ein Blatt, so wie dieser hier:

Übung 20: Schreibe auf, wie viele Tage diese Monate haben. Der Februar soll NICHT in einem Schaltjahr liegen.

Monat	Tage	Monat	Tage
JANUAR		JULI	
FEBRUAR		AUGUST	
MÄRZ		SEPTEMBER	
APRIL		OKTOBER	
MAI		NOVEMBER	
JUNI		DEZEMBER	

Oder es sind alle Tage eines Monats auf einer Seite aufgeführt, so wie bei diesem Kalender.

Einen Kalender kennst du bestimmt ganz genau und du wartest sicher schon darauf, dass du das erste Türchen aufmachen darfst. Genau, der Adventskalender!

Seit man Kalender benutzt, hat jeder Tag im Jahr ein sogenanntes Datum. So hat zum Beispiel der 10. Tag im September das Datum 10. September oder 10.09. (weil der September der 9. Monat im Jahr ist).

Manchmal schreibt man zum Datum auch noch das Jahr hinzu. Dann hätte zum Beispiel der 15. Tag im Mai das Datum 15.05.2008.
Du siehst, mit einem solchen Datum kann man genau beschreiben, welcher Tag in welchem Jahr gemeint ist. Das ist sehr nützlich, zum Beispiel um Verabredungen zu treffen. Eine Verabredung an einem bestimmten Datum um eine bestimmte Uhrzeit nennen die Erwachsenen übrigens auch Termin. Es gibt angenehme Termine, wie zum Beispiel den Beginn der Schulferien, und unangenehme Termine, wie den gefürchteten Zahnarzttermin.

Übung 21: Bring diese Kalenderdaten in das Datumsformat.

Tag	Monat	Jahr	Datumsformat
3	*März*	*2008*	03.03.08
15	Februar	2010	
24	Dezember	2009	
16	Dezember	1998	
30	Mai	2008	
14	September	2009	
19	Januar	2009	
14	Juni	1969	
29	November	2011	
21	Juli	2000	
3	Oktober	1989	
31	August	2020	

Warum ist es nachts dunkel?

Du weißt ja jetzt schon, dass sich die Erde im Weltall um die Sonne dreht. Für eine Umdrehung um die Sonne benötigt sie genau ein Jahr.

Die Erde aus Weltraumsicht; eine Seite liegt im Schatten

Aber die Erde dreht sich nicht nur um die Sonne, sie dreht sich auch um sich selbst. Und so kommt es, dass jeweils eine Seite der Erde der Sonne zugewandt ist, während die andere Seite im Schatten liegt. Auf der Seite der Erde, die auf der Sonnenseite liegt, ist es dann Tag und auf der Schattenseite Nacht. Dadurch dass sich die Erde jeden Tag genau einmal um sich selbst dreht, entsteht der Wechsel von Tag und Nacht.

Wusstest du schon ...
... dass es Orte auf der Erde gibt, an denen an bestimmten Tagen im Jahr die Sonne gar nicht untergeht? Am Polarkreis, also in der Nähe des Nordpols oder des Südpols, gibt es das Phänomen der Mitternachtssonne. Dann ist es 24 Stunden lang hell, und die Menschen, die dort leben, müssen Vorhänge vor die Fenster ziehen, damit sie überhaupt schlafen können.

Übung 22: Kannst du diese Fragen beantworten?

1) Wie lange benötigt die Erde, um sich einmal um die Sonne zu drehen?

a) einen Tag

b) ein Monat

c) ein Jahr

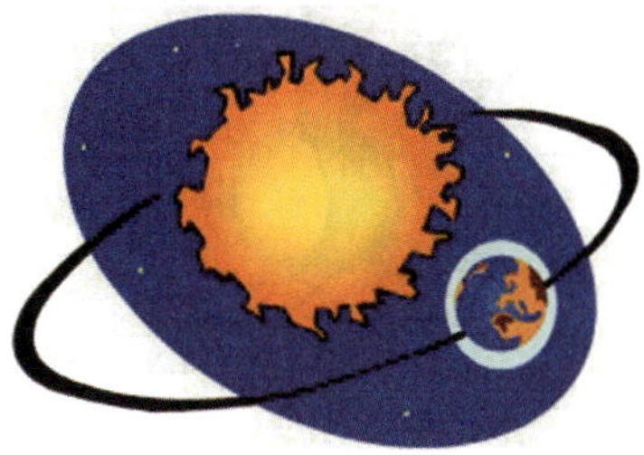

2) Wenn die Erde sich einmal um sich selbst gedreht hat, wie viel Zeit ist dann vergangen?

a) ein Tag

b) ein Monat

c) ein Jahr

3) Wenn unsere Hälfte der Erdhalbkugel im Schatten liegt, ist bei uns was?

a) Tag

b) Nacht

Die Zeit

Bei den Themen Jahr, Monat und Tag haben wir ja schon über die Zeit gesprochen. Auch wie man die Zeit misst, haben wir schon gesehen. Ein Jahr dauert zum Beispiel so lange, bis die Erde sich einmal komplett um die Sonne gedreht hat. Ein Tag dauert so lange, wie die Erde braucht, um sich einmal um sich selbst zu drehen.

Oft gibt es aber auch Situationen, in denen es um viel kleinere Zeitabstände geht. Stell dir mal vor, du willst wissen, wie lange es noch bis zur Pause dauert, und bekommst als Antwort „ungefähr einen Tag". Oder beim 100-Meter-Lauf wäre die gemessene Zeit „weniger als 1 Monat".
Das wäre natürlich viel zu ungenau. Das heißt, wir brauchen eine Zeiteinteilung, mit der man auch Zeitabstände messen kann, die viel kürzer als ein ganzer Tag sind.

Deshalb hat man den Tag in Stunden, Minuten und Sekunden eingeteilt. Jeder Tag hat 24 Stunden. Jede Stunde dauert 60 Minuten und jede Minute dauert 60 Sekunden.

Es gibt sogar noch kürzere Zeiteinheiten, aber die braucht man nur in ganz seltenen Fällen, zum Beispiel bei großen Sportwettkämpfen, bei denen es manchmal um den hundertsten Teil einer Sekunde geht. Für uns reichen die Stunden, Minuten und Sekunden völlig aus.

Übung 23: Kannst du diese Fragen beantworten?

1) Ein Tag dauert:

- ☐ a) 12 Stunden
- ☐ b) 24 Stunden
- ☐ c) 36 Stunden

2) Eine Stunde hat:

- ☐ a) 50 Minuten
- ☐ b) 60 Minuten
- ☐ c) 100 Minuten

3) Eine Minute hat:

- ☐ a) 50 Sekunden
- ☐ b) 60 Sekunden
- ☐ c) 100 Sekunden

Welche Zeiteinheiten gibt es?

Eine Sekunde ist zum Beispiel ein sehr kurzer Zeitraum. Wenn du laut die Zahl 21 aussprichst, benötigst du dafür ungefähr eine Sekunde Zeit.

Tipp:
Durch das Zählen 21, 22, 23 und so weiter kann man ungefähr in Sekunden messen, wie lange etwas gedauert hat. Wenn du zum Beispiel von 21 bis 27 zählst, sind etwa 7 Sekunden vergangen. Das ist eine ganz praktische Methode, wenn man keine Uhr für die Zeitmessung zur Hand hat.

Eine Minute dauert genau 60 Sekunden. Um ein Gefühl dafür zu bekommen, wie lang eine Minute dauert, bitte doch einmal deine Mutter oder deinen Vater, genau eine Minute abzumessen, während du verschiedene Dinge tust. Folgendes kannst du zum Beispiel machen:

- die Luft anhalten (mal sehen, ob du das eine Minute lang schaffst)
- auf einem Bein stehen
- einen Elefanten malen
- eine Sendung im Fernsehen anschauen

Übung 24:

1) Rechne Sekunden in Minuten um:

a) 120 Sekunden sind: ☐ Minuten

b) 360 Sekunden sind: ☐ Minuten

c) 60 Sekunden sind: ☐ Minuten

2) Rechne Minuten in Stunden um:

a) 60 Minuten sind: ☐ Stunden

b) 120 Minuten sind: ☐ Stunden

c) 240 Minuten sind: ☐ Stunden

3) Rechne Sekunden in Stunden um:

a) 3600 Sekunden sind: ☐ Stunden

b) 7200 Sekunden sind: ☐ Stunden

Wahrscheinlich fällt dir dabei auf, dass einem eine Minute manchmal länger und manchmal kürzer erscheint. Das ist eine weitere interessante Eigenschaft der Zeit. Die gleiche Zeitspanne kann einem manchmal länger und manchmal kürzer vorkommen.

Lange und kurze Stunden:
Wenn man etwas tut, das einem Spaß macht, vergeht die Zeit wie im Flug. Wenn du abends eine Stunde fernsehen darfst, ist die Zeit in null Komma nichts herum.
Wenn du aber eine Stunde lang Hausaufgaben machen musst, scheint die Stunde viel länger zu dauern, als sie tatsächlich ist. Denn eine Stunde ist natürlich tatsächlich immer genau gleich lang.

Eine Stunde dauert genauso lange wie 60 Minuten. Das ist schon ganz schön viel. Versuche einmal, eine Stunde lang nur auf einem Stuhl zu sitzen und gar nichts zu tun – also auch nicht Musik hören oder den Fernseher einschalten. Du wirst merken, dass das ziemlich schwierig ist.

Übrigens:
Die Kuckucksuhr wird im Schwarzwald hergestellt und ist in Deutschland und der Welt sehr beliebt. Zu jeder vollen Stunde kommt ein Kuckuck aus dem Häuschen und „ruft“ so oft „Kuckuck“, wie die volle Stunde heißt, z. B. drei Mal, wenn es drei Uhr ist.

Übung 25:

Wie lange brauchst du, um ein Ei zu kochen?

Wie lange sollst du Zähne putzen?

Wie lange brauchst du für den Weg zu deinem Freund oder deiner Freundin?

Wie lange darfst du draußen spielen?

Wie spät gibt es bei euch Abendbrot?

Um wie viel Uhr gehst du abends ins Bett?

Wie kann man die Zeit messen?

Schon vor sehr langer Zeit wollten die Menschen die Zeit anzeigen lassen und messen. Dazu verwendeten sie erste, einfache Uhren, zum Beispiel Sonnenuhren oder Sanduhren.

Eine Sanduhr baute man zum Beispiel so, dass der Sand immer die gleiche Zeit benötigte, um von dem oberen Glas in das untere zu strömen. Ist die Uhr abgelaufen, dreht man sie einfach um. Du kennst bestimmt die Zahnputzsanduhren, die dir anzeigen, ob du schon fertig bist mit Zähneputzen.

Sonnenuhren funktionieren leider nur bei gutem Wetter

Eine Sonnenuhr. Der Schatten zeigt je nach Sonnenstand die Zeit an. Leider funktioniert diese Uhr nicht bei Regenwetter. Deshalb hat sie sich wohl auch nicht durchgesetzt.

Heute funktionieren Uhren entweder mechanisch oder sogar elektronisch, von kleinen Computern gesteuert. Sie gehen natürlich auch viel genauer als die ganz frühen Uhren. Es gibt eine Menge unterschiedlicher Uhren:

Übung 26: Kannst du diese Uhren benennen? Wie heißen sie?

Es gibt Uhren mit Zeigern und solche ohne Zeiger. Die Uhren ohne Zeiger zeigen die Zeit meistens in Form von digitalen Ziffern an, man nennt sie deshalb auch oft Digitaluhren.

Bei einer Uhr mit Zeigern zeigt der kurze Zeiger die Stunden und der lange die Minuten an.

Bei diesem Wecker steht der kleine Zeiger auf der 12 und der große auf der 3. Das heißt, es ist eine Viertelstunde nach 12 Uhr, kurz: Viertel nach zwölf.

Einige Uhren haben noch einen weiteren langen und meist dünnen Zeiger, der sich sehr schnell bewegt. Dieser Zeiger ist der Sekundenzeiger. Er läuft in jeder Minute einmal ganz herum.

Eine der bekanntesten Uhren der Welt steht übrigens in London, das ist die Hauptstadt von Großbritannien. Die Uhr wird **Big Ben** genannt. Eigentlich heißt so die Glocke im Glockenturm der Uhr, aber die Uhr wird der Einfachheit halber auch so genannt.

Eines der Wahrzeichen Londons: Big Ben

Übung 27: Lies die Uhrzeiten ab und schreibe sie auf.

a) Aufstehen

b) Frühstücken

c) Schulbeginn

d) Schulende

e) Abendbrot

f) Schlafenszeit

Straßenverkehr

Die richtige Kleidung

Damit du auch im Dunkeln und bei trübem Wetter von den Autofahrern gut gesehen werden kannst, solltest du draußen immer **helle** oder **bunte**, gut sichtbare Kleidung tragen. Ein schwarzer Parka sieht vielleicht cool aus, die Autofahrer können dich aber damit nur sehr schlecht sehen. Und was nützt dir das gute Aussehen, wenn du wegen eines Unfalls vielleicht wochenlang im Krankenhaus liegen musst?

So sieht euch ein Autofahrer, wenn ihr dunkle Kleidung tragt.

Bei Dunkelheit ist es ganz wichtig, dass du Kleidung trägst, die das Scheinwerferlicht der Autos reflektiert. Nur so können die Autofahrer dich rechtzeitig erkennen. In vielen Kleidungsstücken sind schon reflektierende Streifen oder andere Muster eingenäht. Eine andere Möglichkeit besteht darin, solche Streifen selbst aufzukleben oder aufzunähen.

Übung 28: Male die Kleidung der Kinder so aus, dass sie auch bei Regenwetter gut zu sehen sind.

Es gibt auch reflektierende Anhänger, die du an deiner Kleidung, an der Schultasche oder am Rucksack befestigen kannst.

Und so sieht er euch, wenn ihr bunte Kleidung tragt.

So überquert man eine Straße

Grundsätzlich solltest du dir folgende **Regeln** merken:

1. Wenn es einen Überweg mit einer **Ampel** gibt, solltest du immer diesen Überweg benutzen. Zeigt die Ampel **grün**, noch einmal gucken und dann losgehen.

2. Wenn es keine Ampel, aber einen **Zebrastreifen** gibt, solltest du immer diesen Überweg benutzen.
   Bevor du losgehst, musst du deinen Arm ausstrecken, um den Autofahrern zu zeigen, dass du den Zebrastreifen überqueren willst. Erst wenn dich die Autofahrer gesehen und angehalten haben, darfst du hinübergehen.

Übung 29: Oje, hier ist aber einiges falsch! Finde die Fehler und schreibe sie auf.

Tipp:
Auch wenn es etwas weiter entfernt einen Zebrastreifen oder eine Ampel gibt, solltest du den kleinen Umweg dorthin unbedingt machen. Ampeln und Zebrastreifen sind viel sicherer, als die Straße einfach so zu überqueren.

Wenn es wirklich weit und breit weder eine Ampel noch einen Zebrastreifen gibt, solltest du dir eine Stelle suchen, von der aus du eine gute Sicht auf beide Seiten der Straße hast. Ganz schlecht ist es zum Beispiel, zwischen parkenden Autos hindurch auf die Straße zu treten. Dann können dich die Autofahrer nur sehr schlecht und erst sehr spät sehen.

Nie zwischen parkenden Autos die Straße überqueren, das ist viel zu gefährlich

Fußgängerüberwege in Form von Zebrastreifen gibt es überall auf der Welt. Hier siehst du einen besonders breiten in der Stadt Peking in China. In manchen Ländern sind die Streifen auch gelb statt weiß.

Übung 30: Tim muss zu Fuß zur Schule gehen. Zeichne den sichersten Weg ein.

Und warum ist der von dir gewählte Weg der sicherste?

Bevor du auf die Straße trittst, musst du unbedingt aufmerksam nach links, nach rechts und noch einmal nach links schauen. Erst wenn die Straße wirklich frei ist, darfst du losgehen.

Auch während du die Straße überquerst, solltest du immer noch einmal nach beiden Seiten schauen. Manche Autos fahren sehr schnell und tauchen so plötzlich auf, dass du sie vorher gar nicht bemerken konntest.

Warum können Autos nicht sofort anhalten?

Sicher kennst du das auch. Du bist mit deinem Fahrrad unterwegs und plötzlich passiert etwas Unvorhergesehenes. Ein anderes Fahrrad kreuzt plötzlich deinen Weg, ein Fußgänger tritt auf den Fahrradweg oder ein Hund läuft einfach vor dein Rad.
Zuerst wirst du dich wahrscheinlich erschrecken und dann so schnell wie möglich bremsen. Zwischen dem Ereignis, also zum Beispiel dem Fußgänger, der dir in den Weg läuft, und dem Bremsen vergeht natürlich ein wenig Zeit. Manchmal sogar so viel, dass es trotz deines schnellen Bremsens zum Zusammenstoß kommt.

Die Zeit, die man benötigt, um die Situation zu erkennen und dann zu bremsen, nennt man auch Reaktionszeit.

Übung 31: Oje! Was ist denn hier im Auto los? Welche Fehler fallen dir auf? Vergleiche mit dem unteren Bild.

Beim Auto kommen noch einige weitere Dinge hinzu:

1. Das Gewicht:
   Ein Auto ist sehr schwer, und selbst wenn der Fahrer bremst, braucht es einige Meter, um stehen zu bleiben. Je schneller das Auto fährt, umso länger ist dieser Bremsweg.

2. Die Straße:
   Wenn die Straße nass ist oder im Winter sogar voller Schnee oder Eis, können Autos noch viel schlechter bremsen. Das Auto rutscht dann über die Straße und der Bremsweg wird noch viel länger.

3. Die Reifen:
   Sicher hast du schon einmal gesehen, dass Autoreifen nicht ganz glatt sind, sondern viele Rillen und Kerben haben. Diese Einkerbungen nennt man das Profil des Reifens. Je mehr Kilometer mit so einem Reifen gefahren werden, desto mehr reibt sich das Profil ab. Leider ersetzen nicht alle Autofahrer die Reifen rechtzeitig, sodass ihre Autos durch die Reifen mit dem abgefahrenen Profil einen noch längeren Bremsweg haben.

Du siehst also, dass es ganz schön lange dauern kann, bis so ein Auto endgültig zum Stehen kommt.

Übung 32: Auf der Straße ist ganz schön viel Verkehr, aber die Kinder möchten zum Spielplatz. Was müssen die Kinder tun, um zum Spielplatz zu gelangen?

1. ____

2. ____

3. ____

4. ____

Übung 33: Male die Ampel in den richtigen Farben aus.

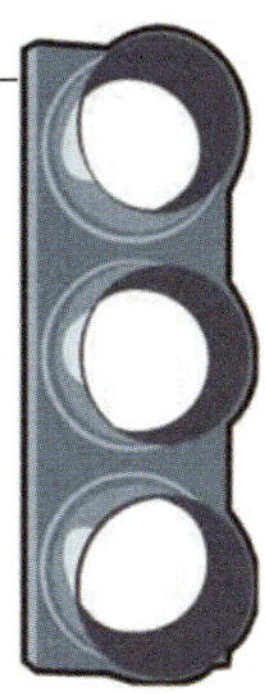

Der Bremsweg eines Autos setzt sich zusammen aus:

Reaktionszeit + Bremsweg + Zustand der Straße + Zustand der Reifen

Denke unbedingt daran, wenn du selbst die Straße überquerst. Wenn möglich, solltest du die Straße natürlich immer an einer Ampel oder an einem Zebrastreifen überqueren. Wenn keine Ampel vorhanden ist, lass lieber einige Autos vorbeifahren, bis die Straße wirklich frei ist.

Diese Verkehrsschilder solltest du kennen

Verkehrsschilder dienen dazu, Fußgängern, Radfahrern und Autofahrern anzuzeigen, wie sie sich im Straßenverkehr richtig verhalten sollen.

Es gibt eine große Zahl von Verkehrsschildern. Ich habe einmal die Schilder herausgesucht, die für dich als Fußgänger oder als Radfahrer besonders wichtig sind.

Spielstraße: Hier müssen Autofahrer besonders vorsichtig fahren. Auf Straßen mit diesem Zeichen darfst du mit deinen Freunden spielen. Auf allen anderen Straßen, auf denen Autos fahren, ist das verboten!

Fahrradweg: Dieses Zeichen sagt dir, dass du auf diesem Weg mit dem Fahrrad fahren musst. Radwege ohne dieses Zeichen kannst du benutzen, musst es aber nicht.

Übung 34: Bitte beantworte diese Fragen.

1) Der Bremsweg eines Autos oder eines Fahrrads wird auch durch diese äußeren Umstände beeinflusst:

☐ a) Durch den Zustand der Reifen.

☐ b) Durch den Zustand der Straße.

☐ c) Durch den Zustand der Bremsen.

☐ d) Durch die gefahrene Geschwindigkeit.

☐ e) Durch die Reaktionszeit.

2) Auf einem durch das Schild „**Radweg**" gekennzeichneten Weg darfst du ...

☐ a) ... mit deinem Fahrrad fahren, wenn du zehn Jahre und älter bist.

☐ b) ...mit deinen Inlineskatern fahren.

☐ c) ... spazieren gehen.

3) Auf einem durch das Schild „**Fußgängerweg**" gekennzeichneten Weg darfst du ...

☐ a) ... nur dann mit dem Fahrrad fahren, wenn du jünger als zehn Jahre bist.

☐ b) ... spazieren gehen.

☐ c) ... mit dem Fahrrad fahren, wenn du älter als zehn Jahre bist.

Vorfahrt gewähren: Hier musst du erst die anderen Verkehrsteilnehmer durchlassen. Du darfst erst dann fahren, wenn die Straße ganz frei ist!

Stoppschild: Vor diesem Schild musst du immer anhalten und zuerst schauen, ob du gefahrlos weiterfahren kannst oder nicht.

Durchfahrt verboten: Auf einer Straße, die mit so einem Schild gekennzeichnet ist, darfst du auf keinen Fall weiterfahren. Selbst wenn es manche Radfahrer trotzdem tun. Es ist verboten und gefährlich.

Sicherheit beim Fahrradfahren

Beim Radfahren musst du im Straßenverkehr mindestens genauso gut aufpassen wie als Fußgänger.

Vor allem musst du dabei sämtliche **Verkehrszeichen** beachten und immer dafür sorgen, dass alles an deinem Fahrrad richtig funktioniert. Das gilt insbesondere für die **Bremsen** und für die **Beleuchtung**.

Ein **Fahrradhelm** ist natürlich Pflicht. Auch kurze Strecken solltest du niemals ohne Helm fahren.

Übung 35: Hier siehst du noch einige weitere Verkehrszeichen und Schilder. Kannst du herausfinden, was sie bedeuten? Vielleicht hilft dir jemand dabei. Viel Glück!

 a		 b	
 c		 d	
 e		 f	
 g		 h	

Tipp:
Rechne immer damit, dass Autofahrer dich übersehen oder keine Rücksicht auf dich nehmen. Ganz besonders musst du aufpassen, wenn Autos und besonders Lastwagen und Busse nach rechts abbiegen, während du rechts neben ihnen fährst. Die Fahrer können dich dann oft schlecht oder gar nicht sehen.

Ganz wichtig ist, dass du im Straßenverkehr gut gesehen wirst. Auch beim Fahrradfahren solltest du deshalb helle, gut sichtbare **Kleidung** tragen.

Sobald du im Dunkeln oder in einem Tunnel fährst, solltest du das **Licht** an deinem Fahrrad einschalten. Überprüfe vor der Abfahrt, ob Vorderlicht und Rücklicht funktionieren.

Es gibt sehr gute Fahrradleuchten, die auch dann leuchten, wenn du, zum Beispiel vor einer Ampel, stehst. Sollte dein Fahrrad solche Leuchten noch nicht haben, frage deine Eltern danach.

Ganz wichtig ist, dass die Autofahrer erkennen können, wohin du fahren willst. Wenn du also abbiegen oder die Fahrspur wechseln willst, zeige dies deutlich mit deinem Arm an.

Übung 36: Bitte beantworte diese Fragen.

1) Wann musst du das Licht an deinem Fahrrad einschalten?

☐ a) bei Dunkelheit

☐ b) beim Fahren im Tunnel

2) Wo transportierst du Schultaschen oder Gepäck auf deinem Fahrrad?

☐ a) auf dem Gepäckträger

☐ b) am Lenker hängend

3) Darfst du eine zweite Person auf dem Fahrrad transportieren?

☐ a) ja, aber nur auf der Stange eines Herrenrads

☐ b) nein, grundsätzlich nicht

4) Was glaubst du: Warum ist es sinnvoll, eine Kinderfahrradfahne am Fahrrad zu befestigen?

☐ a) weil dann das Rad auch hinter oder zwischen Autos gesehen wird

☐ b) die Fahne dient nur der Dekoration

Wenn möglich, solltest du auf dafür vorgesehenen Radwegen fahren. Aber auch hier musst du gut aufpassen. Viele Radwege sind in einem schlechten Zustand und oft parken gedankenlose Erwachsene ihre Autos auf diesen Wegen.

Ach ja, zum Thema Auto fällt mir noch ein: Fahre nie zu eng an einem Auto vorbei. Es kann passieren, dass der Fahrer die Tür öffnet, ohne auf dich zu achten. Dadurch sind schon schlimme Unfälle passiert.

Achtung Unfall:
Sollte wirklich einmal ein Unfall passieren, bitte Erwachsene in der Nähe um Hilfe. Merke dir die Notrufnummern von Polizei und Krankenhaus für den Fall, dass jemand verletzt wurde. In den meisten Städten ist die Notrufnummer 112. Diese Nummer solltest du immer auswendig kennen.

Mitfahrer: Du solltest auf deinem Fahrrad immer nur allein fahren. Mitfahrer auf dem Fahrrad gefährden deine Sicherheit.

Schultasche oder Einkaufstüte gehören nicht an den Fahrradlenker. Das Fahrrad wird dadurch instabil und du kannst nicht mehr richtig lenken. Solche Sachen gehören auf den Gepäckträger.

Übung 37: Und noch ein paar Fragen.

1) Bei welcher Ampelfarbe darfst du fahren?

- ☐ grün
- ☐ gelb
- ☐ rot

2) Welche Ampelfarbe ist die oberste Farbe?

- ☐ grün
- ☐ gelb
- ☐ rot

3) Welche Ampelfarbe bedeutet „Kreuzung freimachen"?

- ☐ grün
- ☐ gelb
- ☐ rot

4) Bei welcher Ampelfarbe musst du warten?

- ☐ grün
- ☐ gelb
- ☐ rot

5) Wie viele Ecken hat ein Stoppschild?

- ☐ 4
- ☐ 6
- ☐ 8

Kleiner Fahrrad-Check

Damit du dich mit deinem Fahrrad sicher im Straßenverkehr bewegen kannst, muss es natürlich technisch in Ordnung sein. Hier sind die wichtigsten Dinge, auf die du achten musst:

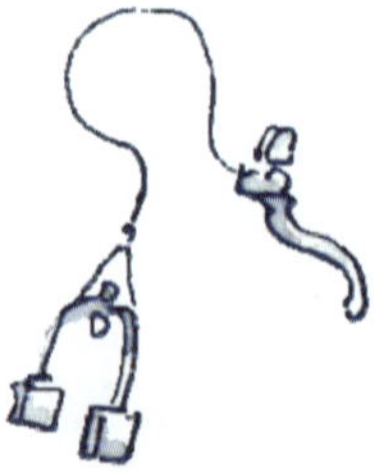

Bremsen: Überprüfe vor jeder Fahrt, ob die Bremsen an deinem Fahrrad richtig gut funktionieren. Dein Fahrrad muss eine Vorderrad- und eine Hinterradbremse haben. Funktioniert nur eine von beiden, darfst du nicht losfahren, bevor du oder deine Eltern die Bremsen nicht repariert haben.

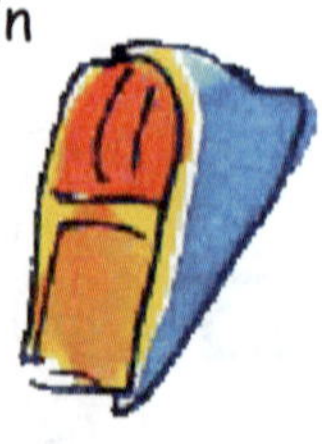

Beleuchtung: Dein Fahrrad muss ein weißes Vorderlicht und ein rotes Rücklicht besitzen. Beide müssen fest montiert sein und über einen Dynamo angetrieben werden. Außerdem muss vorne ein weißer und hinten ein roter Reflektor montiert sein. Lampen, die an der Lenkstange oder hinten am Fahrrad aufgesteckt werden, sind nur für bestimmte Rennräder erlaubt. Außerdem musst du diese immer dabeihaben, auch am Tag!

Übung 38:

1) Auf welcher Straßenseite fährst du mit deinem Fahrrad, wenn kein Radweg und kein Gehweg vorhanden ist?

a) auf der linken Straßenseite
b) auf der rechten Straßenseite

2) Du stellst fest, dass deine Fahrradlampe defekt ist. Darfst du trotzdem mit dem Fahrrad fahren?

a) nein
b) ja, aber nur tagsüber, wenn es hell ist

3) Muss dein Fahrrad Schutzbleche vorne und hinten haben?

a) ja
b) nein

4) Musst du auch für kurze Strecken deinen Fahrradhelm aufsetzen?

a) ja
b) nein

Radreflektoren: Am Vorderrad sowie am Hinterrad müssen mindestens je zwei gelbe Reflektoren an den Speichen angebracht sein. In einigen Bundesländern sind auch spezielle Reifen mit reflektierenden Streifen erlaubt.

Pedalreflektoren: Auch an den Pedalen muss nach vorn und nach hinten je ein gelber Reflektor angebracht sein.

Klingel: Dein Fahrrad muss eine gut hörbare Klingel haben. Verboten sind dagegen sogenannte Laufradklingeln, die ein lautes Klingelgeräusch erzeugen, solange sie gedrückt werden.

Reifen: Überprüfe, ob noch genug Luft in den Reifen ist. Wenn nicht: aufpumpen! Auf Reifen, die zu wenig Luft haben, fährst du sehr unsicher. Achte außerdem darauf, dass die Reifen noch genügend Profil haben. Wenn sie schon ganz glatt und abgefahren sind, musst du die Reifen wechseln.

Tipp für Eltern:
Ihre Kinder verhalten sich so, wie Sie es Ihnen vormachen! Verhalten Sie sich im Straßenverkehr also immer so vorbildlich, wie Sie es sich von Ihren Kindern wünschen. Auch und gerade dann, wenn es mal hektisch wird.

Übung 39: Welches dieser Bauteile muss unbedingt an deinem Fahrrad vorhanden sein? Beschrifte und markiere:

Ernährung

Vier Jahre seines Lebens verbringt ein Mensch durchschnittlich mit Essen. Das haben Wissenschaftler herausgefunden. Das ist ganz schön viel Zeit, oder?

Überlege mal, wie viel Zeit du mit Essen verbringst. Im Normalfall beginnt der Tag mit dem Frühstück. Das ist wichtig, und man sollte es auch nicht ausfallen lassen, weil man es morgens sehr eilig hat. Dann lieber etwas früher aufstehen.

Mittags folgt das Mittagessen. Viele Menschen essen mittags nicht zu Hause, sondern in einer sogenannten Kantine. So nennt man große Küchen und Esssäle in Firmen, in denen viele Menschen gemeinsam essen. In der Schule und in Universitäten heißen diese Räume übrigens nicht Kantine, sondern Mensa. Vielleicht gibt es in deiner Schule ja auch eine?

Für die meisten Menschen ist die nächste Mahlzeit dann das Abendessen, das in der Regel wieder zu Hause stattfindet.

Du siehst also, dass wir schon eine Menge Zeit am Tag mit Essen verbringen.

Übung 40: Was isst und trinkst du zu diesen Mahlzeiten am liebsten? Schreibe auf:

zum Frühstück

___

___

___

___

zum Mittagessen

___

___

___

___

zum Abendessen

___

___

___

___

Wozu müssen wir essen?

Wenn das Essen so viel Zeit kostet, fragst du dich vielleicht, warum wir denn überhaupt ständig essen müssen. Eine ganz einfache Antwort wäre: weil man Hunger hat. Das stimmt natürlich. Doch woher kommt der Hunger? Und welchen Sinn hat er?

Vielleicht weißt du schon, dass Maschinen und auch Autos oder Flugzeuge Energie benötigen, damit sie funktionieren können. So ähnlich ist es beim menschlichen Körper auch. Doch statt Strom oder Benzin benötigt der Mensch Nahrung, um die Energie zu bekommen, die er benötigt. Alles, was du den ganzen Tag lang tust, verbraucht Energie. Manche Tätigkeiten verbrauchen mehr Energie und manche weniger.

Sehr viel Energie verbrauchst du zum Beispiel, wenn du Sport machst oder einfach schnell läufst. Wenn du hingegen einfach nur dasitzt und gar nichts tust, verbrauchst du nur wenig Energie. Am wenigsten Energie verbrauchst du übrigens nachts, wenn du schläfst.

Damit haben wir schon eine wichtige Sache herausgefunden. Der Körper verbraucht Energie, die wir ihm durch Nahrung zuführen. Wenn wir viel Energie verbrauchen, benötigen wir also auch viel Nahrung.

Übung 41: Kannst du diese Fragen beantworten?

1) Wann verbrauchst du am meisten Energie?

☐ a) beim Schlafen

☐ b) beim Sitzen

☐ c) beim Fußballspielen

2) Wodurch führst du deinem Körper Energie zu?

☐ a) durch Nahrung

☐ b) durch Schlaf

3) Wie nennt man den gemeinsamen Raum zum Essen in der Schule oder in einer Universität?

☐ a) Kantine

☐ b) Mensa

Warum werden manche Menschen vom Essen dick?

Du weißt ja jetzt schon, warum der Körper Energie in Form von Nahrung benötigt. Im Gegensatz zu einem Auto, bei dem der Tank irgendwann überläuft, wenn zu viel Energie in Form von Benzin zugeführt wird, reagiert der menschliche Körper hier anders.

Wird nämlich mehr Energie zugeführt, als verbraucht wird, legt der Körper Reserven in Form von Fettzellen an. In diesen Fettzellen wird die überschüssige Energie gespeichert. Obwohl das früher einmal sinnvoll war, zum Beispiel in Zeiten schlechter Ernten oder bei Hungersnöten, führt es heute nur dazu, dass der entsprechende Mensch immer dicker wird.

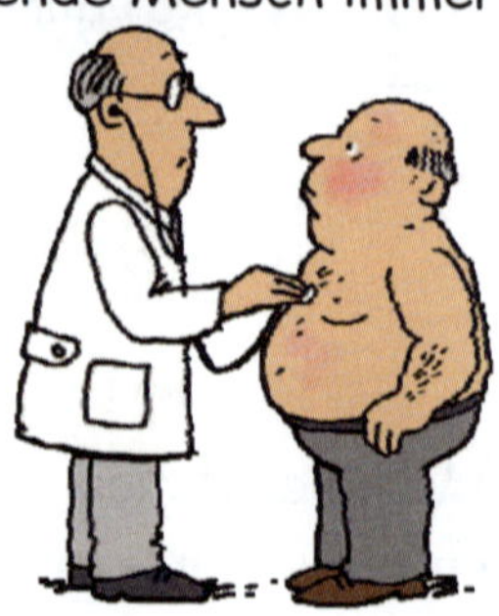

Leider führen die überschüssigen Fettzellen oft dazu, dass sehr dicke Menschen krank werden. Es ist daher unbedingt notwendig, ein Gleichgewicht zwischen Energiezufuhr, also Nahrung, und Energieverbrauch, zum Beispiel durch Bewegung, herzustellen.

Wer also ständig viel Nahrung zu sich nimmt und gleichzeitig viel Zeit mit Herumsitzen vor dem Fernseher oder dem Computer verbringt, wird mit allergrößter Wahrscheinlichkeit im Laufe der Zeit immer dicker.

Übung 42: Ergänze den Lückentext.

Wenn sich ein Mensch mehr Energie zuführt, als er verbraucht, legt der Körper

_______________ an.

Diese Reserven nennt man

__________________.

In den ____________________ wird überschüssige Energie gespeichert.

Je mehr überschüssige Energie gespeichert wird, desto

_______________ wird der Mensch.

Energie verbrauchen Menschen in erster Linie durch

________________.

Was sind Kalorien?

Ständig hört oder liest man etwas über die sogenannten Kalorien. Ja sogar „Kalorienbomben" soll es angeblich geben. Aber was ist das eigentlich?

Wie du weißt, ist Nahrung Energie. Um genau zu messen, wie viel Energie in welchen Lebensmitteln steckt, benutzt man die

Maßeinheit Kalorien. Meist misst man, wie viele Kalorien ein bestimmtes Nahrungsmittel pro 100 Gramm hat. Dadurch kannst du herausfinden, welche Lebensmittel viele und welche weniger Kalorien haben. Gerade für Menschen, die zu dick sind, sind solche Angaben auf den Lebensmitteln wichtig.

Leider sind es oft gerade die Lebensmittel, die man besonders gerne mag, die sehr viele Kalorien beinhalten. Ganz schlimm sind hier zum Beispiel Schokolade und andere Süßigkeiten. Deshalb sollte man davon immer nur sehr wenig essen.

Aber auch andere Lebensmittel enthalten viele Kalorien. So sind zum Beispiel Burger, Pommes oder Pizza sehr kalorienreich, daher solltest du sie nicht zu oft essen.

Ach ja, Lebensmittel, die sehr viele Kalorien haben, nennt man manchmal auch Kalorienbombe.

Übung 43: Was glaubst du: Welche dieser Nahrungsmittel sind Kalorienbomben und welche nicht? Kreuze die kalorienreichen Lebensmittel an:

Seit einigen Jahren ist die Maßeinheit **Kalorie** durch die Einheit **Joule** (sprich Tschul) ersetzt worden. Trotzdem benutzen die meisten Menschen immer noch die Einheit Kalorie. Eine Kalorie entspricht übrigens 4,2 Joule.

Die Ernährungspyramide

Doch woher weiß man nun eigentlich, welche Lebensmittel für den Körper gut geeignet sind und welche nicht?

Wissenschaftler haben herausgefunden, dass der menschliche Körper außer Energie auch noch einige andere Dinge benötigt, um richtig zu funktionieren. Sie haben dann mit viel Mühe erforscht, welche Lebensmittel die benötigten Stoffe beinhalten und wie viel man davon essen sollte.

Eine Ernährungspyramide

Herausgekommen ist die sogenannte Ernährungspyramide, bei der ganz unten alle Lebensmittel stehen, von denen man viel essen und trinken sollte, und ganz oben die Dinge, die man nur sehr sparsam und selten zu sich nehmen sollte.
Ganz unten stehen Getränke wie Wasser, verdünnter Fruchtsaft oder Früchtetee, in der Mitte Obst und Gemüse. Weiter oben befinden sich Milch und Fleisch und ganz oben Leckereien wie Bonbons, Schokolade und Cola, von denen man am Tag höchstens eine Portion essen oder trinken sollte.

Übung 44: Stell dir einen Essensplan zusammen, der der Ernährungspyramide entspricht. Also: viel trinken, viel Obst und Gemüse, wenig Fleisch und nur eine Portion Süßes.

zum Frühstück

z. B. ein Müsli (Getreide) mit Obst (Obstbaustein) und Milch (Milchproduktebaustein), dazu eine Tasse Früchtetee (Getränkebaustein)

als Zwischenmahlzeit

zum Mittagessen

als Nachmittagsimbiss

zum Abendbrot

Wie du siehst, befinden sich ganz oben die eher ungesunden Lebensmittel, die aber leider auch sehr lecker sind.

Diese Lebensmittel enthalten vor allem viel Zucker und Fett. Von beidem solltest du nicht zu viel essen, weil es dich sonst krank macht und der Zucker auch deine Zähne angreift.

Unten siehst die gesunden Lebensmittel wie Obst, Gemüse und Salat. Diese solltest du regelmäßig, am besten täglich, essen.

Was sind eigentlich Vitamine?

Vitamine sind gesund ... sagen alle. Doch warum ist das so? Und was sind Vitamine überhaupt?

Vitamine sind lebenswichtige Inhaltsstoffe verschiedener Nahrungsmittel. Insbesondere in Obst und Gemüse sind alle Vitamine enthalten, die der Körper benötigt, um gesund zu bleiben. Deshalb ist es auch wichtig, dass du diese Lebensmittel täglich isst.

Ungesunde Nahrungsmittel wie Schokolade, Bonbons oder Cola-Getränke enthalten nur wenige oder gar keine Vitamine; deshalb sind sie für die Ernährung auch nicht wichtig.

Übung 45: Welche dieser Lebensmittel sind Grundbausteine der Ernährung und welche solltest du nur sehr sparsam essen? Kennzeichne die Grundbausteine mit einem G und die sparsam zu essenden Lebensmittel mit einem S:

Herausgefunden, dass Vitamine lebenswichtig sind, hat man erst, als Fälle erforscht wurden, in denen Menschen, die zu wenige Vitamine gegessen haben, krank wurden.

So passierte es zum Beispiel in früheren Zeiten, dass Seeleute, die lange ohne frisches Obst und Gemüse auf dem Meer unterwegs waren, krank wurden. Ihnen fielen zum Beispiel die Zähne aus. Andere Menschen wurden einfach sehr schwach, nachdem sie längere Zeit auf bestimmte Vitamine verzichten mussten.

Krankheiten, die durch Vitaminmangel entstehen können:

Skorbut (Vitamin C-Mangel)

Beriberi (Vitamin B1-Mangel)

Nachtblindheit (Vitamin A-Mangel)

Achtung:
Vitamintabletten oder Brausetabletten sind kein Ersatz für echte Vitamine. In echtem Obst und Gemüse sind nämlich viel mehr verschiedene Vitamine und Inhaltsstoffe enthalten als in den künstlich hergestellten Tabletten.

Übung 46: Kannst du diese Lückentexte ausfüllen?

Um gesund zu bleiben, benötigt der Körper unter anderem ________________

Vitamine sollen aus natürlichen Nahrungsmitteln dem Körper zugeführt werden. Wichtig ist hierbei viel frisches

___________ und _______________.

Erhält der Körper zu wenige Vitamine, droht eine Krankheit wie die Krankheit

a) __________________

b) ________________ oder

c) _________________________.

Wie funktioniert die Verdauung?

Die Nahrung, die wir beim Essen zu uns nehmen, kann der Körper in ihrer ursprünglichen Form nicht verarbeiten. Das heißt, er kann nicht so ohne Weiteres die Nährstoffe und Energie aus der Nahrung entnehmen. Deshalb wird die Nahrung im Körper erst einmal in solche Bestandteile zerlegt, die ohne Probleme verarbeitet werden können. Diesen Vorgang, der mit dem Kauen der Nahrung beginnt und mit der Ausscheidung endet, nennt man Verdauung.

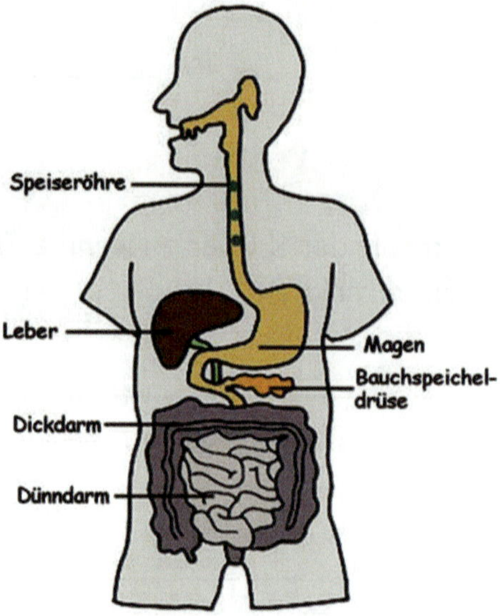

Die Verdauung beginnt bereits im Mund. Mit den Zähnen wird die Nahrung zerkleinert und zerrieben. Der Speichel im Mund löst schon die ersten Nährstoffe aus der Nahrung und bereitet sie für die nächste Station, den Magen, vor.

Aus dem Mund gelangt die Speise dann durch die sogenannte Speiseröhre in den Magen.

Im Magen wird die Nahrung dann mithilfe der Magensäure weiter zerlegt. Gleichzeitig tötet die Magensäure Bakterien (das sind kleine Krankheitserreger) ab, die mit der Nahrung aufgenommen wurden.

Übung 47: Kannst du diese Fragen beantworten? Kreuze die richtige Antwort oder die richtigen Antworten an:

1) Womit beginnt bereits der Verdauungsprozess?

- ☐ a) Mit dem Kauen der Nahrung.
- ☐ b) Erst im Magen.
- ☐ c) Erst im Darm.

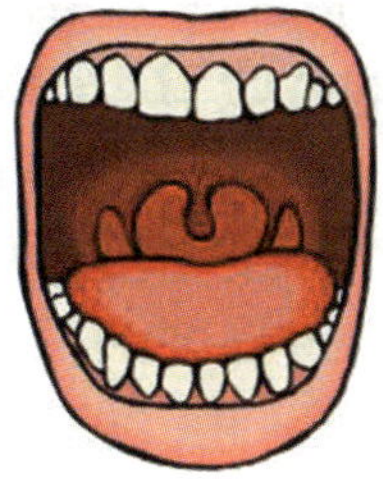

2) Der Speichel ...

- ☐ a) ... löst die ersten Nährstoffe im Mund.
- ☐ b) ... dient der Verflüssigung des Nahrungsbreis.
- ☐ c) ... bereitet den Nahrungsbrei für die nächste Station, den Magen, vor.

3) Im Magen ...

- ☐ a) ... werden durch die Magensäure Bakterien abgetötet.
- ☐ b) ... wird der Nahrungsbrei weiter zerlegt und für die nächste Station vorbereitet.

Vom Magen aus gelangt die Nahrung dann in den Darm. Den kannst du dir wie einen langen dicken Schlauch vorstellen, der sich in deinem Bauch befindet. Der Darm besteht aus mehreren Teilen, zum Beispiel dem Dünndarm und dem Dickdarm. Auch hier wird die Nahrung noch weiter aufgelöst und vom Körper aufgenommen. Die Flüssigkeiten werden hier ebenfalls vom Körper aufgenommen.
Wenn der Körper so alle wichtigen Bestandteile aus der Nahrung aufgenommen hat, wird alles, was dann noch übrig ist, wieder ausgeschieden. Das ist auch der Grund dafür, dass du regelmäßig zur Toilette gehen musst. Dort werden Flüssigkeiten in Form von Urin ausgeschieden. Die ausgeschiedenen Feststoffe werden übrigens als Kot oder als Stuhl bezeichnet. Wörter, die überhaupt nicht peinlich, sondern ganz normal sind.

Woher kommt unser Essen?

Klar, in den meisten Fällen kommt das Essen zunächst mal aus dem Supermarkt. Aber wie kommt es dort hin? Und wer produziert die riesigen Mengen an Nahrungsmitteln, damit alle Menschen genug zu essen bekommen?

> Wie du gleich noch lesen wirst, ist es durchaus nicht selbstverständlich, dass alle Menschen genug zu essen haben. Das trifft nur auf die sogenannten Industrieländer zu, zum Beispiel hier bei uns in Europa und in Amerika. In vielen anderen Ländern gibt es nicht genug Lebensmittel und viele Menschen, auch Kinder, müssen hungern.

Übung 48: Beschrifte die gekennzeichneten Organe des menschlichen Körpers.

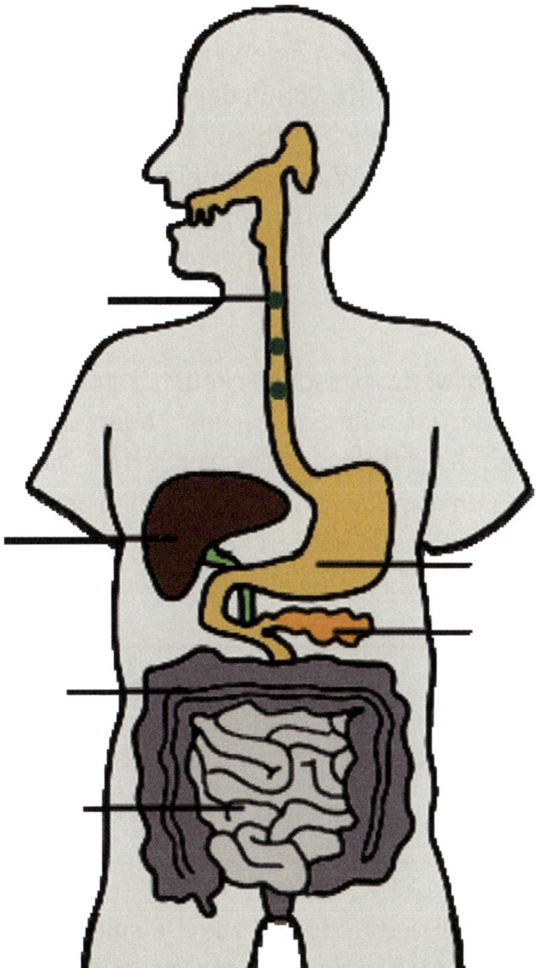

Gemüse, wie zum Beispiel Kartoffeln, Kohl oder Möhren, wird auf Feldern angebaut. Während früher die meisten Menschen ihr eigenes Gemüse in einem kleinen Garten oder auf kleinen Feldern angebaut haben, wird das Gemüse heute von Bauern auf riesigen Feldern und manchmal auch in Treibhäusern angebaut.

Auf diese Weise kann ein einziger landwirtschaftlicher Betrieb eine ganze Stadt oder noch mehr Menschen mit Gemüse versorgen.

Das Gemüse wird entweder frisch verkauft, zum Beispiel auf Wochenmärkten oder auch im Supermarkt, oder es wird direkt zu bestimmten Lebensmitteln weiterverarbeitet. Diese werden dann verpackt und an die Supermärkte ausgeliefert, in denen wir sie dann im Regal finden und kaufen können.
Auch Obst wird auf Feldern oder Plantagen angebaut.

Viele Lebensmittel, die bei uns nicht wachsen, werden, oft über weite Wege, mit dem Schiff, der Bahn oder mit dem Flugzeug zu uns gebracht. Leider wird dabei sehr viel Energie, zum Beispiel in Form von Benzin und Öl, verbraucht, was für die Umwelt schädlich ist.

Auch **Getreide** wie zum Beispiel Weizen wird auf großen Feldern angebaut. Allerdings wird Getreide nur selten frisch verkauft, sondern meist direkt zu verschiedenen Lebensmitteln weiterverarbeitet. Aus Weizen können zum Beispiel unter anderem unterschiedliche Brotsorten, Nudeln, Gries und sogar Bier hergestellt werden.

Übung 49: Zu welcher Gruppe gehören die abgebildeten Nahrungsmittel? Obst, Getreide oder Gemüse? Beschrifte ...

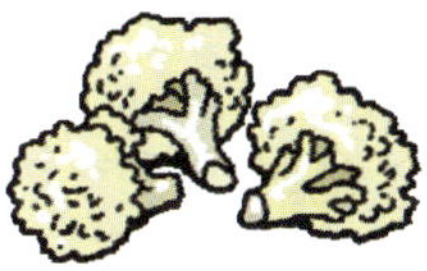

Fleisch und Fleischprodukte kommen ebenfalls von großen Bauernhöfen, die sich aber auf die Haltung von Vieh, beispielsweise Kühe, Schweine, Hühner oder Schafe, spezialisiert haben. Diese Tiere werden dort gefüttert, damit sie möglichst schnell wachsen.

Wenn sie ausgewachsen sind, werden sie in einen Schlachthof transportiert, wo sie getötet und zerlegt werden. Das Fleisch wird dann entweder frisch verkauft, zum Beispiel in Metzgereien oder Supermärkten, oder es wird zu fertigen Fleischprodukten weiterverarbeitet.

Große Mengen an Fleisch werden auch direkt an Restaurants, Imbissbuden und Burger-Restaurants geliefert, wo sie dann als Schnitzel, Bratwurst oder Burger angeboten werden.

Fische werden aus dem Meer oder aus Flüssen gefangen und dann über Händler verkauft. Man unterscheidet Salz- und Süßwasserfische.

Eier werden von Hühnern gelegt. Damit immer genügend Eier für alle angeboten werden können, werden die Hühner dazu oft in sehr engen Käfigen gehalten, aus denen sie auch niemals herauskommen. Weil viele Leute meinen, dass das Tierquälerei sei, kann man auch Eier kaufen, die von Hühnern gelegt wurden, die ein besseres Leben haben. Frage doch einmal deine Eltern danach, wenn ihr das nächste Mal einkauft.

Übung 50: Du siehst hier zwei Gerichte. Finde heraus, aus welchen Grundbausteinen diese Gerichte vorwiegend hergestellt wurden, und kreuze pro Gericht die richtigen Bausteine an:

Nudeln mit Tomatensoße:

Getreide	Gemüse	Obst
☐	☐	☐
Milch	Fleisch	Wasser
☐	☐	☐
Fett	Zucker	
☐	☐	

Vollkornbrot mit Käse

Getreide	Gemüse	Obst
☐	☐	☐
Milch	Fleisch	Wasser
☐	☐	☐
Fett	Zucker	
☐	☐	

Milch und Milchprodukte wie Käse, Joghurt oder Quark kommen von großen Bauernhöfen, auf denen eine große Zahl an Kühen gehalten wird. Die Kühe stehen entweder in großen Ställen oder sind tagsüber auf der Weide. Morgens und abends werden die Kühe gemolken. Die Milch wird dann von großen Milchtankwagen eingesammelt und zu Fabriken gefahren, in denen die Milch verpackt und zu verschiedenen Milchprodukten weiterverarbeitet wird.

Die Endprodukte finden wir dann auch wieder im Supermarkt im Kühlregal.

Ach ja, das Kühlregal. Die meisten Lebensmittel wären ohne besondere Behandlung nicht lange haltbar. Das heißt, sie werden von Bakterien zersetzt und verfaulen, sodass man sie nicht mehr essen kann.

Um das zu vermeiden, werden viele Lebensmittel auf unterschiedliche Art haltbar gemacht, das nennt man auch konservieren.
Manche Lebensmittel werden abgekocht und dann luftdicht in Dosen verpackt oder in Kunststoffbehälter eingeschweißt.
Andere Lebensmittel bleiben am besten frisch, wenn sie eingefroren werden.
Schau dir bei deinem nächsten Besuch im Supermarkt einmal die vielen Lebensmittel an, die in den großen Kühltruhen oder Kühlschränken zum Verkauf angeboten werden.

Übung 51: Welches dieser Produkte ist KEIN Milchprodukt? Kreuze an.

Überfluss und Hunger in der Welt

Leider geht es nicht allen Menschen auf der Erde so gut wie uns. Viele haben nicht genug zu essen und auch kein sauberes Trinkwasser.
Die Gründe dafür sind Armut, Überbevölkerung, oft aber auch Kriege oder Naturkatastrophen.

Unter dem Hunger leiden besonders Kinder, aber auch schwangere Frauen und alte Menschen.

Während also hier bei uns Nahrung im Überfluss vorhanden ist, müssen woanders Menschen hungern, und viele sterben sogar, weil sie nicht genügend zu essen bekommen.

Aus diesem Grund versuchen viele reiche Länder, den Armen zu helfen, indem sie Projekte unterstützen, die den Menschen dort dabei helfen sollen, ihre Situation zu verbessern. Einige Länder schicken auch direkt Lebensmittel wie zum Beispiel Getreide oder Mais in die besonders armen Länder.

Leider ist das alles noch nicht ausreichend und es gibt auch keine wirklich einfache Lösung für dieses Problem. Vielleicht kannst du jetzt aber besser verstehen, wie wertvoll Lebensmittel sind und dass man sie nicht verschwenden sollte. Du kannst auch einmal mit deinen Eltern darüber sprechen, ob ihr vielleicht ein Kind aus einem dieser armen Länder unterstützen könnt.

Übung 52:

1) Was schätzt du: Wie viel Prozent der deutschen Kinder haben Übergewicht?

☐ a) 10 Prozent

☐ b) 20 Prozent

☐ c) 50 Prozent

2) Warum trägt unser hoher Fleischverbrauch zum Hunger in der Welt bei?

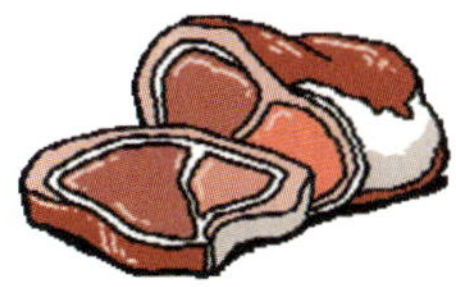

☐ a) Weil gerade in den armen Ländern Anbauflächen für Nahrungsmittel für die Viehzucht verwendet werden.

☐ b) Weil wir das ganze Fleisch allein aufessen.

☐ c) Weil es nicht genug Fleisch für alle gibt.

3) Warum sollte man möglichst Obst und Gemüse essen, die zur aktuellen Jahreszeit im eigenen Land angebaut werden?

☐ a) Um Transportwege und Energie zu sparen und damit die Umwelt zu schonen.

☐ b) Weil hiesiges Obst und einheimische Gemüse weniger Kalorien haben.

Europa

Sicher hast du schon oft gehört, dass wir in Europa leben. Aber was bedeutet das? Leben wir nicht eigentlich in Deutschland, in Österreich, in der Schweiz oder in einem anderen Land? Was ist eigentlich dieses Europa?

Zuerst mal ist Europa ein sogenannter Kontinent. Ein Kontinent ist eine große zusammenhängende Landfläche. Anstatt Kontinent sagt man oft auch Erdteil. Man unterscheidet gewöhnlich folgende Kontinente:

Afrika, Antarktika, Asien, Australien, Europa, Nordamerika und Südamerika

Es gibt also insgesamt sieben Kontinente.

Der Kontinent, auf dem wir leben, heißt Europa.

Welche Länder gehören zu Europa?

In Europa leben fast 700 Millionen Menschen in über 40 verschiedenen Ländern, in denen eine große Zahl unterschiedlicher Sprachen gesprochen werden.

Übung 53: Beantworte die Fragen. Benutze dazu ein Lexikon, frage Freunde und Eltern oder suche die Antworten im Internet.

Frage	Antwort
In welchem Land tragen auch Männer manchmal Röcke?	
Aus welchem Land kommen Asterix und Obelix?	
In welcher Stadt gibt es Kanäle statt Straßen?	
In welchem Land gibt es Handy-Weitwurf-Wettbewerbe?	
In welchem Land steht der schiefe Turm von Pisa?	
Können die Niederländer zu Hause in der Natur Abfahrts-Ski fahren?	
In welchem Land gibt es Stierkämpfe?	
Wie heißen die Wasserstraßen in Amsterdam?	
Was ist das Besondere am Straßenverkehr in Großbritannien?	

Darum ist es oft auch für Europäer (so nennt man die Menschen, die in Europa leben) sehr schwierig, sich untereinander zu verständigen. Häufig wird dann Englisch als Hilfssprache benutzt, weil diese Sprache von sehr vielen Europäern verstanden wird.
Wenn man gern verreist oder sich mit Menschen aus verschiedenen Ländern unterhalten möchte, ist es deshalb sehr praktisch, wenn man gut Englisch spricht.

Ich habe dir hier einmal eine Liste der Länder aufgeschrieben, die alle zu Europa gehören.

Außerdem gehören noch einige weitere Gebiete und Inseln zu Europa. So gehört zum Beispiel die Halbinsel Gibraltar mit ihren berühmten Affen zum Vereinigten Königreich. Gibraltar liegt direkt vor Tarifa, dem südlichsten Punkt des europäischen Festlands.

Dieser südlichste Punkt liegt nur 14 Kilometer von Marokko, dem nördlichsten Land des afrikanischen Kontinents, entfernt. An dieser Stelle sind Europa und Afrika lediglich durch eine sehr schmale Meerenge getrennt. Das Meer wird hier auch als Straße von Gibraltar bezeichnet.

Name	Hauptstadt	Name	Hauptstadt
Albanien	Tirana	Andorra	Andorra la Vella
Belgien	Brüssel	Bosnien-Herzegowina	Sarajevo
Bulgarien	Sofia	Dänemark	Kopenhagen
Deutschland	Berlin	Estland	Tallinn
Finnland	Helsinki	Frankreich	Paris
Griechenland	Athen	Irland	Dublin
Island	Reykjavik	Italien	Rom
Zypern	Nikosia	Kroatien	Zagreb
Lettland	Riga	Liechtenstein	Vaduz
Litauen	Vilnius	Luxemburg	Luxemburg
Malta	Valletta	Mazedonien	Skopje
Moldawien	Chisinau	Monaco	Monaco
Montenegro	Podgorica	Niederlande	Amsterdam
Norwegen	Oslo	Österreich	Wien
Polen	Warschau	Portugal	Lissabon
Rumänien	Bukarest	Russland	Moskau
San Marino	San Marino	Schweden	Stockholm
Schweiz	Bern	Serbien	Belgrad
Slowakei	Bratislava	Slowenien	Ljubljana
Spanien	Madrid	Tschechien	Prag
Türkei	Ankara	Ukraine	Kiew
Ungarn	Budapest	Vatikanstadt	-
Vereinigtes Königreich	London	Weißrussland	Minsk

Rekordzahlen in Europa

Das kleinste Land in Europa (und übrigens auch das kleinste Land der Welt) ist der Vatikan. Der Vatikan ist ein winzig kleines Land, das mitten in der Stadt Rom, der Hauptstadt Italiens, liegt.

Im Vatikan wohnt der Papst, der das Oberhaupt der katholischen Kirche ist.

Das größte Land in Europa ist Russland, das übrigens nur zum Teil zu Europa gehört. Der restliche Teil Russlands gehört zu einem anderen Kontinent, nämlich zu Asien.

Die größte Stadt Europas ist Moskau, die Hauptstadt von Russland. Moskau hat über 10 Millionen Einwohner.

Der höchste Berg in Europa ist der Mont Blanc in Frankreich. Er ist 4807 Meter hoch.

In Europa gibt es auch noch aktive Vulkane. Der höchste von ihnen ist der Ätna in Italien mit 3350 Metern.

Über 3500 Kilometer lang ist übrigens die Wolga und damit der längste Fluss Europas. Der größte See ist der Ladogasee in Russland.

Übung 54: Zu welchem europäischen Land gehören die Flaggen?

Flagge	Land?

Was ist die Europäische Union?

Die Europäische Union oder kurz EU ist ein Zusammenschluss von 27 europäischen Ländern. Diese Länder haben durch einen Vertrag beschlossen, friedlich zusammenzuleben und sich gegenseitig zu unterstützen.

Dazu gehört zum Beispiel, dass Bürger der EU-Länder in anderen EU-Ländern arbeiten, zur Schule gehen oder studieren dürfen.

Die Mitgliedsländer haben auch beschlossen, gemeinsam gegen Gesetzesverstöße und Verbrechen vorzugehen, und dafür sogar ein eigenes Gericht geschaffen, den Europäischen Gerichtshof.

Ein weiteres Ziel ist es, solche Regionen in Europa zu unterstützen, in denen es den Menschen nicht sehr gut geht. Auch in der wissenschaftlichen Forschung arbeiten die Länder der EU eng zusammen.

Seit dem 1. Januar 2002 gibt es in vielen Ländern der EU auch eine gemeinsame Währung, nämlich den **Euro**. Seitdem kann man in diesen Ländern überall in Euro bezahlen. Das ist sehr praktisch, weil man so kein Geld mehr umtauschen muss.

Übung 55: Welche Antwort ist richtig?

1) In welcher europäischen Stadt steht der Eiffelturm?

London
Paris
Berlin

2) Welches Land Europas ist für leckeren Käse, für Windmühlen, Tulpen und Holzschuhe bekannt?

Belgien
Österreich
Niederlande

3) Durch welche europäische Stadt fließt die Themse?

London
Kopenhagen
Madrid

4) Aus welchem Land kommt die Pizza?

Frankreich
Dänemark
Italien

Als **Währung** bezeichnet man das Geld, mit dem in einem Land bezahlt und gehandelt wird. Vor dem Jahr 2002 hatte jedes Land in der EU eine eigene Währung, und man musste an der Grenze Geld in die entsprechende Landeswährung umtauschen, damit man dort etwas kaufen und bezahlen konnte.

Es gibt übrigens sogar ein europäisches Jugendparlament. Ein Parlament ist eine Versammlung, in der über Ziele, Pläne und auch über Probleme gesprochen wird. Im europäischen Jugendparlament können Schülerinnen und Schüler aus allen EU-Ländern mitmachen. Vielleicht wäre das ja auch etwas für dich?

Übung 56: Trage die Ländernamen ein. Als Hilfe dient dir die Karte auf der linken Seite.

Pflanzen

Pflanzen wachsen fast überall. Außerhalb der Städte findest du Pflanzen auf Wiesen, in Wäldern, am Wegesrand, und sogar im oder unter Wasser wachsen Pflanzen. Natürlich wachsen auch auf den Feldern der Bauern Pflanzen, zum Beispiel Getreide, Gemüse oder Obst.
Aber auch in den Städten gibt es viele Orte, an denen Pflanzen wachsen: in Parks, aber auch in Gärten, auf den Balkons und sogar in den Wohnungen der Menschen. Dort findet man die Pflanzen meist in Blumentöpfen.

Es gibt eine riesige Zahl unterschiedlicher Pflanzen - angefangen bei Moosen und Pilzen über Blumen und Gräser bis hin zu großen Bäumen.

Der größte Baum der Welt steht übrigens in Kalifornien in den USA. Es ist ein Küstenmammutbaum und er ist über 110 Meter hoch.

Einige Bäume sind so breit, dass man einen Tunnel durch ihren Stamm gebohrt hat, durch den sogar Autos fahren können!

Mammutbaum

Achtung: Manche Pflanzen sehen zwar schön aus, sind aber giftig. Deshalb solltest du nie Früchte oder Pflanzen essen, die du nicht kennst.

Übung 57: Worum handelt es sich bei den abgebildeten Pflanzen (Blume, Gras, Baum, Pilz oder Moos)?

Warum sind Blumen bunt und duften?

Blumen sind für viele Menschen die beliebtesten Pflanzen. Das liegt daran, dass sie meist sehr schöne, bunte Farben haben und außerdem oft sehr gut duften. Aber warum ist das eigentlich so?

Der wichtigste Grund für Farben und Duft bei den Blumen ist, dass sie auf diese Weise Insekten wie zum Beispiel Bienen anlocken können.

Insekten sind für die Fortpflanzung von Blumen ganz besonders wichtig. Pflanzen vermehren sich nämlich nicht wie Menschen oder Tiere. Bei den meisten Blumen zum Beispiel müssen Pollen

von einer Pflanze zur anderen gelangen, damit daraus ein Samen entstehen kann, aus dem wieder eine neue Pflanze wachsen kann. Da sich die Blumen nicht selbst bewegen können, helfen die Insekten und manchmal auch andere Tiere dabei, die Pollen zu anderen Pflanzen zu tragen.

Übung 58:

1) Ergänze den Text:

Blumen sind oft schön ____ und ______ gut.

Blumen locken mit ihrem ____ _________ an.

Viele Blumen brauchen die Insekten zur ____________.

Insekten tragen die __________ von einer Pflanze zur anderen.

Auch andere ________ verbreiten die Pollen.

2) Richtig oder falsch?

a) Blumen sind bunt, damit wir Menschen uns daran erfreuen können.

b) Blumen brauchen Insekten, um sich zu vermehren.

c) Alle Blumen haben einen angenehmen Duft.

d) Nur Bienen sind für die Blumen nützlich.

e) Es gibt auch Blumen, die sich ohne Insekten fortpflanzen können.

Dazu locken die Blumen die Insekten durch ihren Duft und ihre Farben an. Die Insekten sind immer auf der Suche nach passenden Blumen, weil sie deren Nektar gern fressen und ihren Nachwuchs damit füttern. Setzt sich ein Insekt in eine Blüte und versucht, an den Nektar zu gelangen, bleiben die Pollen an seinem Körper kleben. Wenn das Insekt dann zu einer anderen Blume fliegt, verliert es dort wieder einige der Pollen und ein neuer Samen kann entstehen.

Übrigens mögen nicht alle Insekten die gleichen Blüten, deshalb duften auch alle Blumen unterschiedlich und sehen anders aus. Es gibt sogar Blumen, die für uns Menschen gar nicht gut riechen, sondern sogar eher stinken. Bestimmte Insekten finden den Duft aber ganz toll. Interessant, oder?

Für die Verbreitung der Samen hat jede Pflanze ein eigenes System. Beim Löwenzahn fliegen die Samen durch den Wind in alle Richtungen. Er heißt deshalb nicht umsonst „Pusteblume".

Übung 59:

Welche Blume ist das Gänseblümchen?

a 

b 

c 

Welche Blume ist das Stiefmütterchen?

e 

f 

g 

Wo ist die Rose?

h 

i 

j 

Auch für den Menschen ist es sehr nützlich, dass die Bienen den Nektar der Blumen sammeln. Aus dem gesammelten Nektar können wir nämlich leckeren Honig gewinnen.

Wovon ernähren sich Pflanzen?

Im Gegensatz zu uns Menschen und zu Tieren haben Pflanzen keinen Mund und auch keinen Magen, um Nahrung aufzunehmen und zu verdauen. Tatsächlich bekommen sie alles, was sie als Nahrung brauchen, aus dem Sonnenlicht, dem Regenwasser und aus dem Boden. Insbesondere Licht und Wasser sind für Pflanzen sehr wichtig. Bekommt eine Pflanze kein Licht oder kein Wasser, stirbt sie schon nach kurzer Zeit.

Mithilfe von Licht und Wasser können Pflanzen viele wichtige Stoffe produzieren, unter anderem auch Zucker. Das ist auch der Grund dafür, dass die Früchte vieler Pflanzen so süß schmecken.

Die Nährstoffe aus dem Boden beziehen die Pflanzen durch ihre Wurzeln, das sind die Teile der Pflanzen, die in die Erde hineinwachsen. Bäume haben riesige Wurzeln, die du oft auch sehen kannst, wenn du durch einen Wald gehst. Kleinere Pflanzen haben natürlich auch viel kleinere Wurzeln. Manche sind so dünn, dass sie aussehen wie Haare.

Übung 60: Zu welchen Bäumen gehören diese Blätter?

a

b

c

d

Was sind fleischfressende Pflanzen?

Es gibt nur ganz wenige Pflanzen, die tatsächlich Fliegen oder andere Insekten für ihre Ernährung fangen und dann verdauen. Dazu gehören zum Beispiel die Venusfliegenfalle und der Sonnentau. In Wirklichkeit fressen diese Pflanzen die Insekten auch gar nicht, weil sie weder einen Mund noch Zähne haben. Die Insekten werden von diesen Pflanzen angelockt und bleiben dann entweder an ihnen kleben, oder die Pflanzenblätter schließen sich um das Insekt, sodass es nicht entkommen kann.

In der Pflanze wird das Insekt dann durch einen Verdauungssaft getötet und langsam so zersetzt, dass die Pflanze es als Nahrung verwerten kann.

Für uns Menschen und auch für Tiere, die größer sind als Insekten, sind fleischfressende Pflanzen übrigens völlig ungefährlich. Alle anderen Darstellungen in Filmen oder Büchern sind reine Fantasie oder einfach Spaß. Genau wie unsere Zeichnung einer „gefährlichen" Pflanze, die du hier siehst. ☺

Und so sieht eine fleischfressende Pflanze wirklich aus.

Übung 61:

1) Welche Bäume wachsen ursprünglich in Deutschland?

- ☐ Buche
- ☐ Palme
- ☐ Birke

2) Welche dieser Pflanzen hat Dornen?

- ☐ Gänseblümchen
- ☐ Löwenzahn
- ☐ Rose

3) Welche Beeren wachsen nicht im Wald?

- ☐ Waldbeeren
- ☐ Stachelbeeren
- ☐ Johannisbeeren

4) Wie alt können Mammutbäume werden?

- ☐ mehrere Jahre alt
- ☐ mehrere hundert Jahre alt
- ☐ mehrere tausend Jahre alt

5) Wie groß können Sonnenblumen werden?

- ☐ bis zu 1 Meter
- ☐ bis zu 4 Meter
- ☐ bis zu 20 Meter

Warum sind Pflanzen für uns Menschen so wichtig?

Natürlich nutzen wir Menschen viele Teile der Pflanzen, wie zum Beispiel ihre Früchte, von denen wir viele essen können. So wird unser Brot aus Getreide hergestellt, genauso Nudeln und viele andere Lebensmittel. Auch Reis, Mais sowie viele Gemüse- und Obstarten sind für die Versorgung der Menschen mit Lebensmitteln äußerst wichtig. Aber auch andere Teile von Pflanzen werden benutzt, um daraus Dinge herzustellen, die wir Menschen benötigen.
Aus dem Holz der Bäume werden zum Beispiel Möbel und andere Dinge hergestellt. Aber auch Kleidung, Gebrauchsgegenstände und sogar Arzneimittel werden aus Pflanzen und ihren Bestandteilen hergestellt.

Wirf mal einen Blick in deinen Kleiderschrank. Du wirst dort viele Kleidungsstücke finden, die aus Baumwolle hergestellt wurden, zum Beispiel deine Jeans. Auch Bettwäsche, Verbandsmaterial und viele andere Dinge, die wir täglich benutzen, werden aus Pflanzen hergestellt, neben Baumwolle auch aus Flachs oder aus Hanf.

Baumwollpflanzen

Übung 62:

1) Was kann alles aus Pflanzen hergestellt werden?

a) Hosen
b) Tische
c) Autos
d) Medikamente
e) Nahrungsmittel
f) Häuser
g) Jacken
h) T-Shirts

2) Ergänze diesen Text:

Aus dem _ _ _ _ der Bäume werden _ _ _ _ _ hergestellt.

Pflanzen bieten für Menschen und Tiere

____________________. Ohne Pflanzen könnten Menschen und

Tiere nicht ____________________.

Mindestens genauso wichtig wie das, was wir von den Pflanzen ernten oder aus ihnen herstellen, ist aber die Tatsache, dass Pflanzen auch Sauerstoff produzieren können.

Sauerstoff ist ein unsichtbares Gas, das überall in der Luft vorhanden ist. Für Menschen, Tiere und Pflanzen ist es äußerst wichtig, da wir ohne Sauerstoff nicht leben können.

Pflanzen haben die besondere Fähigkeit, mehr Sauerstoff zu produzieren (herzustellen), als sie verbrauchen. Deshalb sind sie für das Leben auf der Erde unbedingt notwendig.

Ohne Pflanzen gäbe es kein Leben auf der Erde!

Deshalb ist es besonders wichtig, Pflanzen zu schützen. Aus diesem Grund müssen auch Wälder, wenn die Bäume wegen ihres Holzes gefällt wurden, sofort wieder neu angepflanzt werden. Man nennt das Aufforstung.

Leider gibt es immer wieder Menschen und Firmen, denen es wichtiger ist, durch das Abholzen von ganzen Wäldern Geld zu verdienen oder Platz für Häuser zu schaffen. So werden zum Beispiel jedes Jahr im tropischen Regenwald Millionen von Bäumen gefällt, die nicht wieder neu angepflanzt werden. Umweltschutzorganisationen versuchen das zu verhindern und damit die Wälder und auch den Lebensraum der darin lebenden Tiere zu erhalten.

Übung 63: Achtung, jetzt kommt eine kniffelige Expertenfrage, bei der du vielleicht auch die Hilfe Erwachsener brauchst. Das Wort, das dabei herauskommt, siehst du durcheinandergewürfelt unten:

Der Vorgang, in dem Pflanzen in einem komplizierten Prozess unter anderem Sauerstoff erzeugen, heißt:

N H T E O S Y S T O F E

____

Was machen die Pflanzen im Winter?

Im Herbst und im Winter werden die Tage immer kürzer und es wird immer kälter. Die Pflanzen bekommen so nicht mehr genug Licht und nehmen auch nicht mehr viel Wasser auf, weil es ihnen nicht gut bekommen würde, wenn das Wasser in ihnen gefriert. Aus diesem Grund sterben viele Pflanzen im Winter einfach ab.

Laubbäume im Herbst

Zuvor haben sie aber schon ihre Samen verbreitet, sodass ihre Nachkommen im nächsten Frühjahr wieder wachsen können.

Andere Pflanzen machen eine Art Winterschlaf, zum Beispiel die Bäume. Die meisten Laubbäume werfen im Herbst ihre Blätter ab und verringern ihre Lebensfunktionen auf ein Minimum. So können sie den Winter und die Kälte überleben. Tatsächlich haben sie im Herbst aber schon die kleinen Knospen, das sind kleine Verdickungen an den Ästen, aus denen im nächsten Frühling die neuen Blätter wachsen.

Knospe

Übung 64:

1) Welche dieser Bäume werfen im Winter das Laub nicht ab?

☐ a) Kastanien
☐ b) Ulmen
☐ c) Fichten
☐ d) Eichen
☐ e) Buchen
☐ f) Tannen
☐ g) Birken
☐ h) Lärchen

2) Nicht nur Pflanzen, sondern auch eine Menge Tiere machen einen Winterschlaf. Fallen dir welche ein?

____

____

____

____

____

____

____

Laub ist eine andere Bezeichnung für Blätter. Es gibt Laubbäume und sogenannte Nadelbäume. Während die Ersteren flächige Blätter haben, wie zum Beispiel der Ahornbaum, haben Nadelbäume wie die Fichte oder die Tanne viele sehr kleine Blätter, die aussehen wie Nadeln. Ein richtiger Biologe sagt daher auch nicht Nadel, sondern Nadelblatt.

Bäume im Winter

Im Vordergrund siehst du einen Nadelbaum, der seine Nadelblätter im Winter nicht verliert, im Hintergrund kahle Laubbäume.

Aber nicht alle Pflanzen mit Blättern verlieren im Herbst ihr Laub.
Es gibt auch solche, die das ganze Jahr über grün bleiben und ihre Blätter behalten. Man nennt sie deshalb auch immergrüne Pflanzen.

Eine solche Pflanze ist zum Beispiel die Lorbeerpflanze. Das ist einer der Gründe dafür, dass aus ihr früher gern Sieger- und Ehrenkränze angefertigt wurden.

Übung 65:

Welche dieser Bäume sind Laubbäume und welche sind

Nadelbäume?

	Laubbaum	Nadelbaum
Ahorn	☐	☐
Buche	☐	☐
Birke	☐	☐
Eiche	☐	☐
Fichte	☐	☐
Kastanie	☐	☐
Kiefer	☐	☐
Lärche	☐	☐
Linde	☐	☐
Pappel	☐	☐
Platane	☐	☐
Ulme	☐	☐
Tanne	☐	☐

Computer und Internet

Sicher habt ihr bei euch zu Hause und auch in der Schule einen Computer. Im Folgenden erkläre ich dir einmal, wie so ein Computer überhaupt funktioniert.

Wie funktioniert ein Computer?

Ein Computer ist im Grunde nichts anderes als eine sehr schnelle Rechenmaschine. Alles, was in den Computer eingegeben wird und was der Computer verarbeitet, wird in Zahlen umgewandelt – und damit wird gerechnet.

Der Computer arbeitet allerdings nicht im gleichen Zahlensystem wie wir. Stattdessen verwendet er ein System, das nur aus Nullen und Einsen besteht. Man nennt dieses Zahlensystem auch Dualsystem.

Ein Computer kennt nur Zahlen

Zum Glück brauchen wir uns bei der Arbeit mit Computern darum überhaupt nicht zu kümmern. Es hilft aber dabei, besser zu verstehen, warum sich der Computer manchmal so dumm anstellt. Ein Computer versteht nämlich nicht wirklich, was er tut. Für ihn macht es keinen Unterschied, ob auf einem Foto von der Digitalkamera Onkel Erich oder ein Kamel im Zoo zu sehen ist. Für ihn besteht die Welt eben nur aus Zahlen.

Übung 66: Beschrifte die Teile des Computers mit ihren Namen.

Ein Computer funktioniert immer nach dem sogenannten **EVA-Prinzip**. Das hat nichts mit Adam und Eva aus dem Paradies zu tun. EVA steht einfach als Abkürzung für Eingabe – Verarbeitung – Ausgabe.

Das heißt, zuerst wird etwas in den Computer eingegeben. Das kann mit der Tastatur geschehen oder mit der Maus oder über ein Mikrofon oder eine Webcam oder mit einer digitalen Fotokamera. Dem Computer ist das egal.

Im zweiten Schritt verarbeitet der Computer das Eingegebene. Das heißt, er wandelt alles so in Zahlen um, dass er damit etwas Sinnvolles tun kann.

Im dritten Schritt erfolgt die Ausgabe. Die findet meistens über den Computermonitor statt. Aber auch über Lautsprecher oder über einen angeschlossenen Drucker kann etwas ausgegeben werden.

Das war's schon, so arbeitet jeder Computer der Welt.

Übung 67: Welche von diesen Geräten sind Eingabegeräte? Kreuze an:

Was sind Computerprogramme?

Computerprogramme sind Anweisungen, die deinem Computer sagen, was er tun soll. So ein Computerprogramm kannst du dir vorstellen wie ein Kochrezept.

In so einem Computerprogramm steht drin, in welcher Reihenfolge der Computer bestimmte Arbeiten erledigen soll und was er tun soll, wenn etwas Bestimmtes passiert, zum Beispiel wenn der Benutzer eine Taste drückt oder etwas anklickt.

So kannst du selbst Computerprogramme schreiben

Es ist toll, wenn du versuchen willst, ein eigenes Computerprogramm zu schreiben. Vorweg möchte ich dir aber dazu einen wichtigen Tipp geben. Programmieren, so nennt man das Schreiben von Computerprogrammen, ist nicht ganz einfach. Du solltest dir also die ersten Schritte unbedingt von deinen Eltern oder von einem älteren Freund, der schon programmieren kann, zeigen lassen.

Übung 68: Welche dieser Computerteile sind Ausgabegeräte?

Sich das Programmieren ganz allein beizubringen kann schnell frustrierend werden – und das wäre doch schade.

Du brauchst zum Programmieren außer einem Computer auch eine Programmiersprache oder eine sogenannte Entwicklungsumgebung. Das sind Programme, die dir helfen, eigene neue Programme zu erstellen. Es gibt sogar Programmiersprachen, die extra für Kinder entwickelt wurden. Frage einfach mal deine Eltern oder jemand anderes, der sich im Internet gut auskennt. Dort findest du viele solche Angebote. Auch Roboter, die man selbst programmieren kann, sind ein guter Anfang. Solche findest du in jedem größeren Spielwarengeschäft.

Gemeinsam mit Freunden macht die Arbeit am Computer am meisten Spaß

Übrigens, viele Kinder und Jugendliche möchten natürlich zuerst ein Computerspiel programmieren. Lass dich nicht entmutigen, wenn das nicht sofort klappt. Das Programmieren von Computerspielen ist sehr schwierig, und du musst vielleicht erst viele Monate oder sogar ein paar Jahre programmieren, bevor du so ein richtig cooles Spiel selbst erstellen kannst.

Übung 69:

1) Was ist eine DVD?

☐ a) ein Datenträger, auf den sehr viele Daten passen

☐ b) eine Art Frisbeescheibe

☐ c) das Gleiche wie eine Musik-CD

2) Kann man sich in einer Programmiersprache unterhalten?

☐ a) ja

☐ b) nein

3) Ist das Programmieren von Computerspielen …

☐ a) … einfach?

☐ b) … schwierig?

☐ c) … sehr schwierig?

4) Kann dir der Computer bei deinen Hausaufgaben helfen?

☐ a) ja, beim Schreiben

☐ b) ja, beim Rechnen

☐ c) nein

Was ist Hardware und was ist Software?

Immer wieder hört man die Begriffe Hardware (sprich Hartwär) und Software (sprich Softwär). Doch was bedeutet das eigentlich?

Die Unterscheidung ist im Grunde ganz einfach: Als Hardware werden alle Teile des Computers bezeichnet, die du sehen und anfassen kannst. Dazu gehört der Computer selbst, aber auch alle Bauteile des Computers. Auch an den Computer angeschlossene Geräte wie Monitor, Tastatur, Maus und Drucker werden als Hardware bezeichnet.

Das wichtigste Bauteil im Computer ist übrigens der sogenannte Hauptprozessor. In diesem elektronischen Bauteil werden die meisten Berechnungen im Computer angestellt. Auch die Geschwindigkeit, mit der ein Computer funktioniert, hängt vor allem von diesem Prozessor ab. Es gibt sehr schnelle Prozessoren und es gibt weniger schnelle.

> Wichtig!
> Du darfst einen Computer niemals einfach aufschrauben, um nachzusehen, wie er von innen aussieht. Viele Teile des Computers stehen unter Strom, der dich schwer verletzen kann. Andere Teile im Computer können leicht kaputtgehen, wenn man sie falsch anfasst. Also Finger weg davon!

Übung 70: Unterscheide Hard- und Software.

	Hardware	Software
Programm, mit dem du Bilder malen kannst	☐	☐
Drucker	☐	☐
Monitor	☐	☐
Scanner	☐	☐
Lautsprecher	☐	☐
Betriebssystem	☐	☐
Programm, mit dem du Texte schreiben kannst	☐	☐
Programm, um im Internet zu surfen	☐	☐
Hauptprozessor	☐	☐
Maus	☐	☐
Tastatur	☐	☐
Arbeitsspeicher	☐	☐
Windows Vista	☐	☐
Programmiersprachen	☐	☐
Grafikkarte	☐	☐

Software nennt man alle Programme, die auf einem Computer laufen. Es gibt sehr viele verschiedene Softwareprogramme. Ich habe dir hier einmal die wichtigsten aufgeschrieben:

Das sogenannte Betriebssystem:
Das Betriebssystem ist das wichtigste Programm auf jedem Computer. Das Betriebssystem sorgt dafür, dass du etwas auf dem Bildschirm sehen kannst, dass Tastatur und Maus funktionieren und dass du überhaupt andere Programme auf deinem Computer starten kannst.

Programme zum Schreiben von Texten:
Diese Programme nennt man Textverarbeitungsprogramme. Man kann damit Texte für die Hausaufgaben, Briefe oder sogar ganze Bücher schreiben. Ein sehr bekanntes Textverarbeitungsprogramm ist das Programm Word der Firma Microsoft.

Programme für Fotos und Bilder:
Für die Verwaltung und Bearbeitung deiner Fotos und Bilder gibt es ebenfalls spezielle Programme. Mit diesen Programmen kannst du selbst Bilder malen oder auch deine Fotosammlung verwalten.

Übung 71: Bitte beantworte diese Fragen.

1) Was ist das Betriebssystem?

☐ a) Ein Programm, mit dem man Texte bearbeiten kann.

☐ b) Ein Programm, um im Internet zu surfen.

☐ c) Ein Programm, mit dem man Bilder bearbeiten kann.

☐ d) Das Programm, das dafür sorgt, dass der Computer arbeitet.

2) Was bezeichnet man als Hauptprozessor?

☐ a) Das ist das Gleiche wie das Betriebssystem.

☐ b) Das ist ein elektronisches Bauteil, das die Berechnungen durchführt.

☐ c) Es handelt sich um die Hauptbildbearbeitungssoftware.

3) Mit einem Textverarbeitungsprogramm ...

☐ a) ... kann man Texte im Computer schreiben und bearbeiten.

☐ b) ... kann man Bilder und Fotos bearbeiten.

☐ c) ... kann man programmieren.

Programme zum Rechnen:

Auf jedem Computer ist ein Programm installiert (so nennt man das, wenn ein Programm auf einem Computer vorhanden ist), das so funktioniert wie ein Taschenrechner. Das kann sehr nützlich sein, zum Beispiel wenn du deine Mathe-Hausaufgaben machst.

Programme für das Internet:

Auch für das Surfen (sprich Sörfen) im Internet benötigst du ein spezielles Programm. Diese Programme nennt man auch Internetbrowser (sprich Internetbrauser). Mit diesen Programmen kannst du dir Seiten im Internet anschauen, deine E-Mails (sprich I-Mäls) schreiben oder lesen und viele andere Sachen machen, wie zum Beispiel auch Filme oder Musik im Internet anschauen oder anhören.

Programme zum Abspielen von Musik und Videos:

Solch ein Programm ist auch bereits auf jedem Computer vorhanden. Du kannst damit deine Lieblingssongs anhören, aber auch Videos oder Film-DVDs abspielen und anschauen.

Programme zum Spielen:

Die kennst du sicher schon. Es gibt Abenteuerspiele, Geschicklichkeitsspiele, Autorennspiele oder Fußballspiele als Computerprogramme.

Außerdem gibt es noch eine riesige Zahl weiterer Programme, die man auf einem Computer einsetzen kann. Es gibt fast für jede Aufgabe ein eigenes Programm.

Übung 72: Und noch ein paar Fragen.

1) Programme, um im Internet surfen zu können, heißen:

☐ a) Browser
☐ b) E-Mail-Programm
☐ c) Mediaplayer

2) Programme zum Erfassen und Bearbeiten von Texten sind:

☐ a) Tabellenkalkulationen
☐ b) Datenbanken
☐ c) Textverarbeitungen

3) Programme zum Erstellen von Computerprogrammen nennt man:

☐ a) Textverarbeitung
☐ b) Programmiersprache
☐ c) Datenbank

4) Programme, mit denen du Fotos und Bilder bearbeiten kannst, sind:

☐ a) Textverarbeitung
☐ b) Datenbank
☐ c) Tabellenkalkulation
☐ d) Bildbearbeitungssoftware

Wichtig!
Viele Programme muss man kaufen, um sie benutzen zu dürfen. Man darf diese Programme nicht einfach kopieren und an Freunde weitergeben. Auch du selbst darfst keine Kaufprogramme benutzen, die du oder deine Eltern nicht selbst gekauft haben. Man darf sich solche Programme auch nicht einfach aus dem Internet herunterladen! Eine Ausnahme sind nur solche Programme, die kostenlos angeboten werden. Diese Programme haben meist die Bezeichnung Freeware (sprich Friehwär) oder Open Source (sprich Ohpen Sors).

Was ist das Internet?

Vom Internet hast du sicher schon viel gehört. Es wird überall darüber gesprochen und vielleicht hast du auch schon selbst einmal im Internet gesurft (sprich gesörft). So nennt man nämlich das Anschauen von Seiten im Internet. Aber was ist das Internet eigentlich? Und wie funktioniert es?

Zuerst musst du wissen, dass man mehrere Computer miteinander verbinden kann und dass diese Computer dann untereinander Bilder, Musik, Texte, Videos und andere Dinge hin- und herschicken können.

Übung 73:

Bitte beantworte diese Fragen. Kreuze an:

1) Welches dieser Programme darfst du dauerhaft benutzen, ohne sie zu bezahlen?

☐ a) Freeware
☐ b) Shareware
☐ c) Open Source

2) Wenn du ein Programm gekauft hast, darfst du es ...

☐ a) ... kopieren, um es an Freunde weiterzugeben.
☐ b) ... nur kopieren, um es an Verwandtschaft weiterzugeben.
☐ c) ... NICHT kopieren, um es weiterzugeben.

3) Einen **tragbaren** Computer nennt man:

☐ a) Notebook (sprich Nohtbuk)
☐ b) Mini-Computer
☐ c) Mikro-Computer

So eine Verbindung von mehreren Computern nennt man ein Netzwerk.

Das Internet ist auch so ein Netzwerk, nämlich das größte Netzwerk der Welt. In ihm sind viele Millionen von Computern miteinander verbunden.

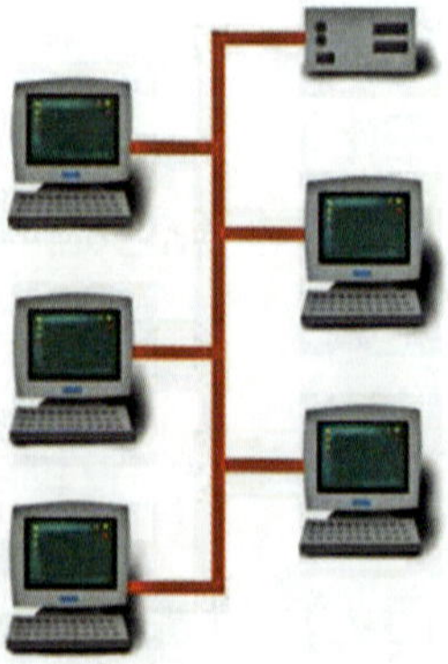

Die Verbindung zum Internet stellt jeder Computer über einen speziellen Anschluss, häufig über die Telefonleitung, her. Man nennt diesen Anschluss deshalb oft auch einfach Internetanschluss.

Allerdings sind die vielen Computer im Internet nicht direkt miteinander verbunden, sondern über sogenannte Server (sprich Sörwer).

Das sind sehr große Computer, die den Fluss der vielen Daten, also der Texte, Bilder, Musik und so weiter, regeln.
Das kannst du dir vorstellen wie eine Ampel an einer Straßenkreuzung. Die Ampel sagt jedem Autofahrer, Fußgänger oder Radfahrer, wann er stehen bleiben muss und wann er losfahren oder losgehen kann. Außerdem funktionieren die Server wie eine große Poststation. Alles was im Internet hin- und hergeschickt wird, wird nämlich in kleine unsichtbare Päckchen verpackt und dann an die richtige Adresse geschickt.
Wäre das nicht so, gäbe es im Internet ein ganz schlimmes Durcheinander.

Übung 74: Kannst du diese Fragen beantworten?

Fülle die Kästchen aus. Der Anfangsbuchstabe hilft dir dabei.

Wie nennt man die Verbindung mehrerer Computer untereinander?

N							

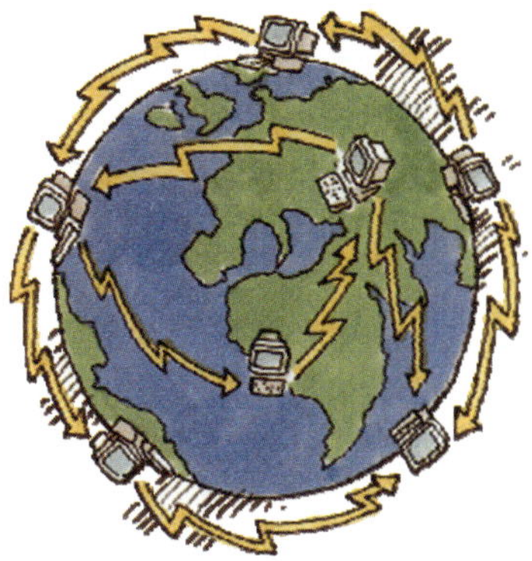

Der Anschluss des Computers an das Internet erfolgt über das

T						

Computer sind im Internet nicht direkt miteinander verbunden, sondern über spezielle Computer. Diese Computer heißen:

S					

Die Server im Internet haben eine ähnliche Funktion wie im Straßenverkehr die

A					

Das World Wide Web

Das Internet besteht aus mehreren Teilen, die ganz unterschiedliche Aufgaben haben. So dient ein Teil des Internets nur dazu, E-Mails zu versenden und zu empfangen.

Der Teil des Internets, in dem du dir Seiten mit Texten, Bildern oder auch Videos anschauen kannst, heißt übrigens World Wide Web (sprich Wörld Weid Web) oder kurz WWW.

Hier findest du Seiten, so ähnlich wie die Seiten in einem Buch, mit ganz unterschiedlichen Inhalten. Im Gegensatz zu einer Buchseite können die Seiten im WWW aber auch Videos, Musik oder Sprache enthalten.

Das wirklich Spannende am WWW ist aber, dass alle diese Millionen von Seiten ganz leicht miteinander verbunden werden können. Die Verbindungen zwischen Seiten im World Wide Web nennt man auch Links oder – für Experten – Hyperlinks (sprich Haiperlinks).

Übung 75: Kannst du diese Fragen beantworten? Kreuze an:

1) Der Dienst E-Mail ist Bestandteil ...

a) ☐ ... deines Computers.
b) ☐ ... des Internets.

2) World Wide Web und Internet:

a) ☐ Das sind zwei unterschiedliche Begriffe, die dasselbe meinen.
b) ☐ Das World Wide Web ist Bestandteil des Internets.

3) Im World Wide Web ...

a) ☐ ... sind Webseiten durch Links miteinander verbunden.
b) ☐ ... können Videos, Musik, Texte und Bilder angezeigt und abgespielt werden.

4) Ein anderer Begriff für die Verbindungen zwischen den Seiten des World Wide Web ist:

a) ☐ Linkhypers
b) ☐ Hyperlinks

Lösungen

Übung	Lösung
1	Schnee, Regen, Hagel, Graupel - Nebel nicht, denn Nebel ist eine am Boden liegende Wolke.
2	Ca. $\frac{1}{2}$ cm
3	1a, 2c, 3b
4	Das Wasser dehnt sich aus und läuft über. Darum soll man solche Experimente auch nur mit offenen Behältern machen.
6	Wind ist die Bewegung der Luft. Wind entsteht durch unterschiedlichen Luftdruck an unterschiedlichen Orten.
7	Die Flammen werden nach innen gezogen.
8	2, 7, 9, 3, 0
9	a, b, c, d, e, f, g
10	1c, 2c, 3a
11	3900 m oder 3,9 km
13	Rot, Orange, Gelb, Grün, Blau, Dunkellila, Helllila 7 2 4 5 1 6 3
14	1b, 2d, 3a
15	1) Weihnachten, Heiligabend, 24.12., 2) Karneval oder Fasching, 3) Ostern
17	Frühling, Sommer, Herbst, Winter; 1d, 2b, 3a, 4c
18	1) Herbst, 2) d, 3) b
19	4 7 12 - 8 2 11 - 10 5 1 - 6 3 9
20	Januar 31, Februar 28, März 31, April 30, Mai 31, Juni 30, Juli 31, August 31, September 30, Oktober 31, November 30, Dezember 31
21	15.02.10, 24.12.09, 16.12.98, 30.05.08, 14.09.09, 19.01.09, 14.06.69, 29.11.11, 21.07.00, 03.10.89, 31.08.20
22	1) c, 2) a, 3) b
23	1) b, 2) b, 3) b
24	1a) 2, 1b) 6, 1c) 1, 2 a) 1, 2b) 2, 2c) 4, 3a) 1, 3b) 2
26	Eieruhr, Kuckucksuhr, Wecker, Standuhr, Kirchturmuhr, Sanduhr

Übung	Lösung
27	a) 7 Uhr, b) 7 Uhr 15 oder viertel nach 7 oder viertel acht, c) 8 Uhr, c) 12 Uhr 30 oder halb eins, e) 7 Uhr, f) 8 Uhr
29	grünes Auto: in Durchfahrt verboten gefahren, rotes Auto: parkt falsch, Kind steigt zur falschen Straßenseite aus, Schild vorgeschriebene Fahrrichtung geradeaus unmöglich, da geradeaus Durchfahrt verboten, Boot auf Straße, blonder Mann an der Leine, Fußball spielen auf der Straße, Zebrastreifen aufheben, Rad fahren auf dem Fußgängerweg, Verkehrshelfer hilft Enten, Kind fährt ohne Helm Fahrrad und auf der Straße, nicht auf dem Radweg
30	 Der Weg ist der sicherste, weil Tim auf Zebrastreifen die Straße überqueren kann, ihm von Verkehrshelfern über die Straße geholfen wird, er nicht zwischen parkenden Autos hindurchmuss und zum Schluss die beiden Fußgängerampeln an der Schule zum Überqueren der Straße benutzen kann.
31	Türkisfarbenes Auto an der Bushaltestelle: Der Junge im roten Pulli steigt zur falschen Seite aus. Es sind zu viele Personen im Fahrzeug. Das Baby ist nicht im Kindersitz, die beiden Jungen auf der Rückbank sind nicht angeschnallt. Der Junge im grünen Pulli auf dem Vordersitz ist nicht angeschnallt und sitzt in falscher Richtung, der Fahrer ist auch nicht angeschnallt. Die Stimmung im Fahrzeug ist sehr schlecht. Fahrzeug rechts oben: Die Personen auf den Vordersitzen sind nicht angeschnallt. Der Sicherheitsgurt des Kindersitzes ist nicht ausreichend.

Übung	Lösung
32	1. Ampel aktivieren durch Knopfdrücken. 2. Warten, bis die Ampel grün wird. 3. Nach links und rechts und noch einmal nach links sehen. 4. Bleiben die Autos auch wirklich stehen? Dann die Straße zügig überqueren. In der Mitte der Straße noch einmal überprüfen, ob keine Autos kommen.
33	oben rot, mittig gelb, unten grün.
34	1) a, 1) b, 1) c, 1) d, 1) e, 2) a, 3) a, 3) b
35	a) Ampel, b) Parkplatz, c) Busspur, d) Radweg, e) Fußgängerweg, f) Verkehrshelfer, g) Haltestelle, h) Zebrastreifen
36	1) a, 1) b, 2) a, 3) b, 4) a
37	1) grün, 2) rot, 3) gelb, 4) rot, 5) acht
38	1) b, 2) a, 3) a, 4) a
39	Vorder- und Hinterradbremse, weiße Vorderleuchte, rote Rückleuchte, je 2 Reflektoren in Vorder- und Hinterreifen, Reflektoren in den Pedalen, Schutzblech Vorderreifen, Schutzblech Hinterreifen. Klingel
41	1) c, 2) a, 3) b
42	Reserven, Fettzellen, Fettzellen, dicker, Bewegung
43	Cola, Burger, Pommes, Butter, Pizza
45	G: Vollkornbrot, Kartoffel, Gemüse, Getreide, Obst S: Chips, Wurst, Butter
46	Vitamine, Obst, Gemüse, Beriberi, Skorbut, Nachtblindheit
47	1) a, 2) a, 2) b, 2) c, 3) a, 3) b
48	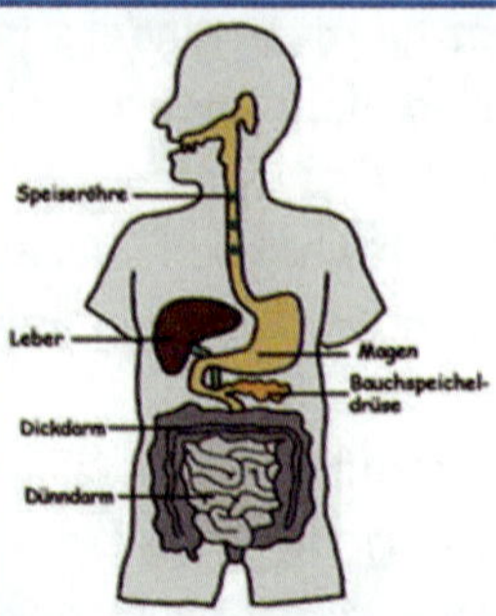
49	Banane Obst, Bohne Gemüse, Nudeln Getreide, Erbsen Gemüse, Blumenkohl Gemüse, Vollkornbrot Getreide, Salat Gemüse, Apfel Obst

Übung	Lösung
50	Nudeln mit Tomatensoße: Getreide, Gemüse, Fett, Zucker Vollkornbrot mit Käse: Getreide, Milch, Fett
51	Butterkekse, Schokolade
52	1) b, 2) a, 3) a
53	Schottland, Frankreich, Venedig, Finnland, Italien, nein, Spanien, Grachten, Linksverkehr
54	Deutschland, Österreich, Schweiz, Frankreich, Italien, Türkei, Großbritannien, Spanien
55	1) Paris, 2) Niederlande, 3) London, 4) Italien
57	Baum, Gras, Moos Baum, Pilz, Moos Pilz, Gras, Blume
58	1) bunt riechen, Duft Insekten, Fortpflanzung, Pollen, Tiere 2a) falsch, 2b) richtig, 2c) falsch, 2d) falsch, 2e) richtig
59	c) Gänseblümchen, e) Stiefmütterchen, i) Rose
60	a) Ahorn, b) Buche, c) Eiche, d) Birke
61	1) Buche, Birke, 2) Rose, 3) Stachelbeeren, Johannisbeeren, 4) mehrere tausend Jahre alt, 5) bis zu 4 Meter
62	1) a, b, d, e, f, g, h, 2) Holz, Möbel, Nahrung, überleben
63	Fotosynthese
64	1) c, f 2) Winterschlaf: Murmeltier, Haselmaus, Hamster, Siebenschläfer, Igel, Fledermaus Winterruhe: Dachs, Eichhörnchen, Bär
65	Laubbäume: Ahorn, Buche, Birke, Eiche, Kastanie, Linde, Pappel, Platane, Ulme Nadelbäume: Fichte, Kiefer, Lärche, Tanne
66	Drucker, Tastatur, Hauptprozessor, Monitor, Lautsprecher, Maus
67	Maus, Scanner, Tastatur, Mikrofon
68	Drucker, Lautsprecher, Monitor

Übung	Lösung
69	1) a, 2) b, 3) c, 4) a, 4) b
70	Software, Hardware, Hardware, Hardware, Hardware, Software, Software, Software, Hardware, Hardware, Hardware, Hardware, Software, Software, Hardware
71	1) d, 2) b, 3) a
72	1) a, 2) c, 3) b, 4) d
73	1) a, 1) c, 2) c, 3) a
74	Netzwerk, Telefon, Server, Ampeln
75	1) b, 2) b, 3) a 3) b, 4) b

Frank E. Callies

Englisch

Frank E. Callies

Englisch

1. bis 4. Klasse

Hinweis

Alle Angaben in diesem Buch wurden vom Autor mit größter Sorgfalt erarbeitet bzw. zusammengestellt und unter Einschaltung wirksamer Kontrollmaßnahmen reproduziert. Trotzdem sind Fehler nicht ganz auszuschließen. Der Verlag und der Autor sehen sich deshalb gezwungen, darauf hinzuweisen, dass sie weder eine Garantie noch die juristische Verantwortung oder irgendeine Haftung für Folgen, die auf fehlerhafte Angaben zurückgehen, übernehmen können. Für die Mitteilung etwaiger Fehler sind Verlag und Autor jederzeit dankbar.

Internetadressen oder Versionsnummern stellen den bei Redaktionsschluss verfügbaren Informationsstand dar. Verlag und Autor übernehmen keinerlei Verantwortung oder Haftung für Veränderungen, die sich aus nicht von ihnen zu vertretenden Umständen ergeben. Evtl. beigefügte oder zum Download angebotene Dateien und Informationen dienen ausschließlich der nicht gewerblichen Nutzung. Eine gewerbliche Nutzung ist nur mit Zustimmung des Lizenzinhabers möglich.

Satz: DTP-Satz A. Kugge, München

art & design: www.ideehoch2.de

Druck: Neografia, a.s.

Printed in Slovakia

Inhaltsverzeichnis

Hallo und herzlich willkommen in deinem neuen Englisch-Buch

Vielleicht ist es ja dein allererstes Englisch-Buch. Oder kennst du bereits ein paar englische Wörter? Wenn nicht, macht das auch nichts.
Wir werden dir Stück für Stück alle für dich wichtigen englischen Vokabeln und viele nützliche englische Sätze zeigen und sie dir erklären.

Mein Name ist übrigens Lisa und ich zeige dir jetzt einmal, wie das geht:

1. **Vokabeln**: Vokabeln sind einfach englische **Wörter**, deren deutsche Bedeutung du lernen wirst.

   Zum Beispiel die Vokabel „**Yes (jäs)**", die auf Deutsch „**Ja**" bedeutet. Oder „**No (nou)**", das heißt „**Nein**". Ist doch einfach, oder?

2. **Üben**: Fremdsprachen lernt man am besten durch Sprechen und Üben. Es wäre also toll, wenn du in der Schule, zu Hause oder vielleicht auch per Brief oder E-Mail jemanden fändest, mit dem du ab und zu mal ein bisschen Englisch sprechen oder dem du auf Englisch schreiben könntest.

3. **Aussprache:** Die meisten englischen Wörter werden nicht so ausgesprochen, wie sie geschrieben werden. Ganz besonders schwierig ist zum Beispiel das **th** (tie äitsch) am Anfang von Wörtern wie **the** oder **that**.
   Das th wird wie ein gelispeltes „S" ausgesprochen. Die Zunge wird dabei zwischen den oberen und unteren Schneidezähnen gehalten. Es entsteht ein summender Ton.

Weil es dafür im Deutschen keinen richtigen Buchstaben gibt, haben wir stattdessen immer ein rotes „S" geschrieben. Also: **the** (se) = der, die oder das.

Für alle anderen Wörter oder Sätze geht es so:

Jedes neue Wort und jeder Satz wird auf drei Arten dargestellt:

Zuerst wird das englische Wort oder der englische Satz vorgestellt. Direkt darunter oder daneben folgt eine Anleitung dazu, wie das Wort oder der Satz ausgesprochen wird. Wiederum darunter oder rechts daneben steht dann die deutsche Übersetzung.

Hier ist ein Beispiel:

I am a dog.
(ei äm ä dog)
Ich bin ein Hund.

So lernt man neue Freunde kennen

Wenn du jemanden triffst, kannst du dich so vorstellen:

Hello, my name is Tom.
(hällo mei näim is tom)
Hallo, mein Name ist Tom.

Wenn du jemanden nach seinem Namen fragst, geht das so:

What is your name?
(uot is jur näim?)
Wie heißt du?

Und so kannst du fragen, woher jemand kommt:

Where do you come from?
(uoär du ju kamm fromm?)
Woher kommst du?

Im Englischen gibt es übrigens keine Unterscheidung zwischen **du** und **Sie**. Das Wort „you" (ju) kann beides bedeuten, je nachdem, ob man jemanden schon gut kennt oder nicht.

Übung 1:

A) Sabine trifft im Urlaub ein Mädchen aus England. Wie stellt sie sich vor?

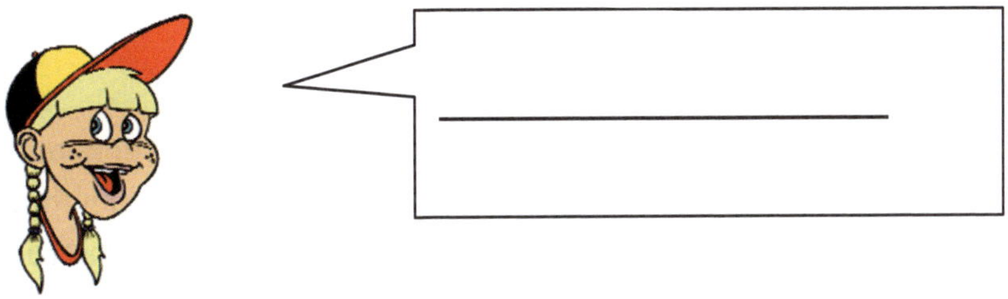

B) Sabine fragt das andere Mädchen nach seinem Namen. Wie macht sie das?

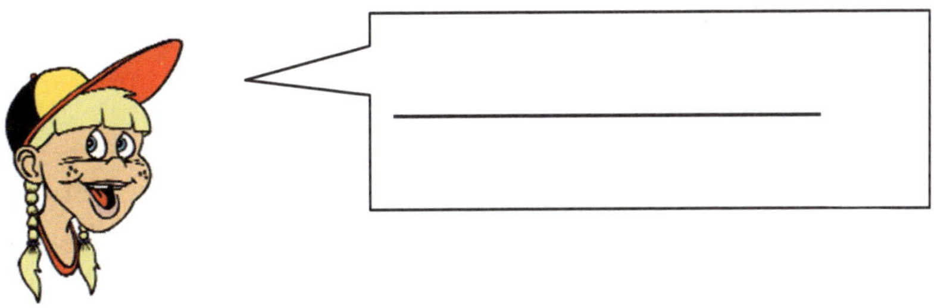

C) Sabine fragt das andere Mädchen, woher es kommt. Was muss sie sagen?

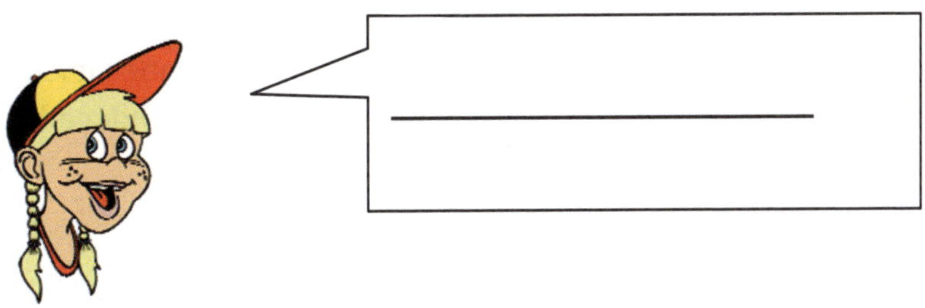

Greeting (grieting) Begrüßen

Good morning.
(guod moaning)
Guten Morgen.

Good evening.
(guod ieväning)
Guten Abend.

Mit diesen Begrüßungen kannst du auch Erwachsene begrüßen. Höflich ist es, wenn du danach den Namen desjenigen nennst: „Good morning Mrs Brown".

Good afternoon.
(guod afternuhn)
Guten Nachmittag.

Vorsicht! „Good day" benutzt man in Großbritannien NICHT, um „Guten Tag" zu sagen. In andern Ländern, z. B. Australien, wird es aber verwendet.

Hello.
(hello)
Hallo.

Hi.
(hei)
Grüß dich.

Hello kann man fast immer sagen, meistens gefolgt von dem Namen des Angesprochenen. Zum Beispiel:
„Hello Bill" oder
„Hello Mr Brown"

Hi ist eine Begrüßung, die du bei guten Freunden verwenden kannst, aber auch, wenn du andere Kinder triffst.

Übung 2:

A) Welche Begrüßung ist richtig?

a) good morning   b) good afternoon   c) good evening

1) 

It's eight o' clock in the morning.
(its äit ö klock in se moaning)
Es ist 8 Uhr morgens.

a ☐   b ☐   c ☐

2) 

It's one o' clock in the afternoon.
(its wann ö klock in si afternuhn)
Es ist 1 Uhr nachmittags.

a ☐   b ☐   c ☐

3) 

It's seven o' clock in the evening.
(its säwen ö klock in si iwäning)
Es ist 7 Uhr abends.

a ☐   b ☐   c ☐

B) True or false?

a) Freunde begrüßt man mit „Good day". T F

b) Bei der Begrüßung ist es höflich, auch den Namen des Gegrüßten zu nennen. T F

Say goodbye (säi gudbai)
Verabschieden

Good bye.
(gudbai)
Auf Wiedersehen.

Bye bye.
(bai bai)
Tschüs.

See you soon.
(ßie ju suhn)
Bis bald.

See you later.
(ßie ju läiter)
Bis später.

See you.
(ßie ju)
Tschüs.

Die Abkürzung cu (klingt wie „see you") verwendet man auch oft im Internet und in E-Mails.

Cheers.
(tschiers)
Mach's gut.

Übung 3:

Übersetze:

A) Mach's gut: ______________________

B) Bis bald: ______________________

C) Tschüs: ______________________

D) Bis später: ______________________

E) Auf Wiedersehen: ______________________

F) Was bedeutet es, wenn in einer E-Mail oder in einem Internet-Chat ein Teilnehmer die Abkürzung „**CU**" verwendet?

a) CU steht für: ______________________

b) CU heißt auf Deutsch: ______________________

Fragen, wie es jemandem geht

Auf die Frage „**How do you do?**" kann auch einfach mit „How do you do?" geantwortet werden. „How do you do" ist sehr förmlich und wird vor allem dann verwendet, wenn man jemanden trifft, den man noch nicht kennt.

Übung 4:

Spot the difference – Finde die Unterschiede! Es sind acht Unterschiede versteckt.

Where do you come from? (wär du ju kamm fromm?) Woher kommst du?

Im Urlaub treffen Lisa und Bill andere Kinder am Strand.

Nützliche Vokabeln:

France (froanz) = Frankreich
Austria (ohstria) = Österreich
Switzerland (ßwitzerländ) = Schweiz

Übung 5:

Beantworte diese Fragen, als wenn sie dir gestellt würden:

Where do you come from?

I come from ______________________________

What is your name?

____

How old are you? (hau ould ahr ju?) - Wie alt bist du?

I am ______ years old.

What is the name of your school? (wot is se näim off jur skuhl?) - Wie heißt deine Schule?

The name of my school is ________________________.

Noch mehr hilfreiche Sätze, um jemanden im Urlaub kennenzulernen:

Do you speak English?
(du ju spiehk inglisch?)
Sprichst du Englisch?

Yes, a little bit.
(jäs, ä litl bit)
Ja, ein wenig.

Do you like it in ...?
(du ju leik it in ...?)
Gefällt es dir in ...?

Yes, I like it very much.
(jäs, ei leik it weri matsch)
Ja, es gefällt mir sehr gut.

For how long do you stay in ...?
(fohr hau long du ju stäi in ...?)
Wie lange bleibst du in ...?

Nützliche Sätze:

I speak French (ei spiek frentsch) = Ich spreche Französisch.
I speak Spanish (ei spiek spännisch) = Ich spreche Spanisch.
Please speak slowly (plies spiek slouli) = Sprich bitte langsam.
Do you speak German? (du ju spiek dschermän) = Sprichst du Deutsch?

Übung 6:

Beantworte bitte diese Fragen im ganzen Satz:

Do you speak French? (No)

____

Do you like it in Spain? (Yes)

____

Do you speak English? (A little bit)

____

Do you speak Spanish?

No, I don't speak Spanish but I speak ______________

Vokabeln:

but (bat) = aber
Spain (späin) = Spanien
Spanish (spänisch) = Spanisch

To ask the way (to ahsk se wäi)
Nach dem Weg fragen

Lisa und Bill machen Ferien in Großbritannien. Sie kennen sich nicht aus und fragen nach dem Weg.

Excuse me. Can you tell me the way to the zoo?
(ixkjuhs mi. kän ju tell mi se wäi tu se suh?)
Entschuldigung. Können Sie mir sagen, wie ich zum Zoo komme?

I have lost my way.
(ei häf lost mei wäi)
Ich habe mich verlaufen.

How do I get to ...?
(hau du ei get to ...?)
Wie komme ich zu ...?

Neue Vokabeln:

have lost (häf lost) = habe verloren
my (mei) = mein/meinen/meins/meine
can (kän) = kann
excuse me (ixkjuhs mi) = Entschuldigung
how (hau) = wie

Übung 7:

Kannst du diese Sätze ergänzen?

A) Frage nach dem Weg zur Schule - school (skuhl).

B) Frage nach dem Weg zur Bushaltestelle - bus stop (bass stopp).

C) Wie sagst du, dass du dich verlaufen hast?

Vokabeln:

school (skuhl) = Schule
bus stop (bass stopp) = Bushaltestelle

Do you know where … is?
(du ju nou wär … is?)
Wissen Sie, wo … ist?

How far is it to the …?
(hau fahr is it tu se …?)
Wie weit ist es bis zur …?

Eine gute Idee ist es auch immer, nach einer Touristeninformationsstelle – **tourist information** (tuhrist informäschen) zu suchen. Dort kann man dir bei der Suche helfen.

Never forget (näwer fohrgät) **Nie vergessen:**

Thank you for your help.
(sänk ju for jur hälp)
Danke für Ihre Hilfe.

Tipp:
Wenn man jemanden anspricht, beginnt man den Satz oft mit „Excuse me" (ixkjuhs mi) „Entschuldigung". Das wirkt höflich und der Angesprochene wird dir gern helfen.

Übung 8:

Ergänze die Sätze. Frage auf unterschiedliche Arten nach dem Weg zu diesen Orten.

Tower Bridge

Piccadilly Circus

St. Paul's Cathedral

a) Do you know ______________________________?

b) How far __________________________________?

c) How do I get ______________________________?

d) Can you tell ______________________________?

Wegbeschreibungen

Um auf Englisch einen Weg zu beschreiben, brauchst du nur einige Sätze, die aber sehr hilfreich sein können.

It is right over there.
(it is reit ower säir)
Es ist gleich da drüben.

Turn left.
(törn läft)
Biegen Sie links ab.

Turn right.
(törn reit)
Biegen Sie rechts ab.

Go straight ahead.
(go sträit ahäd)
Gehen Sie geradeaus.

Cross the ... street.
(kross se ... ßtrieht)
Überqueren Sie die ... Straße.

Go along the ... street
(go älong se ... ßtrieht)
Gehen Sie die ... Straße entlang.

Übung 9:

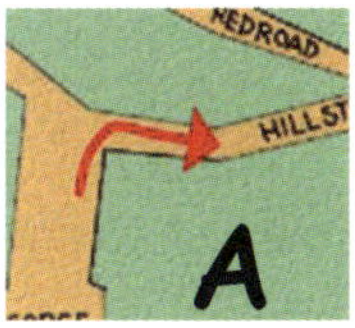

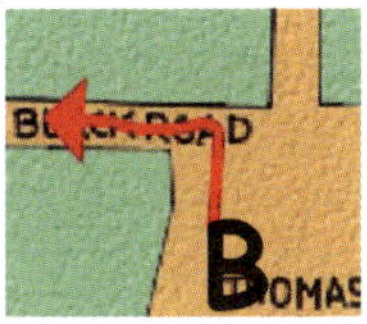

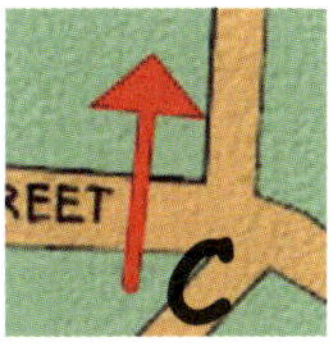

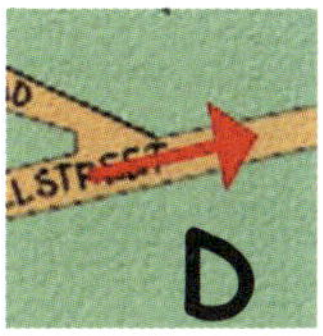

Ordne zu:

turn left ☐ turn right ☐

go straight ahead ☐ cross the street ☐

Übersetze:

Es ist gleich da drüben: ____________________

Gehen Sie geradeaus: ____________________

Überqueren Sie die Elisabeth-Straße: ____________

____

Gebäude in einer Stadt

Straßen heißen **street** (ßtrieht) oder **road** (roahd).

„**is in**" (is in) bedeutet: „ist in der". „**is at**" (is ät) bedeutet „liegt am".

The **hospital** is in Redroad. (se hoßpitäl is in retroahd)
The **school** is in Blackroad. (se skuhl is in bläckroahd)
The **police department** is in Woodstreet. (se poließ dipartment is in wuhtßtrieht)
The **fire department** is in Riverstreet. (se feier dipartment is in riwerßtrieht)
The **museum** is at Georgeplace. (se mjusium is ät dschordschpläiß)
The **Cinema** is in Blueberrystreet. (se ßinnema is in bluhbärrißtrieht)

Übung 10:

Zeichne die Gebäude an den richtigen Stellen ein.

The fire department is in Strawberrystreet.

The church is in Woodstreet.

The school is at Henry Place.

The hospital is in Rightlane.

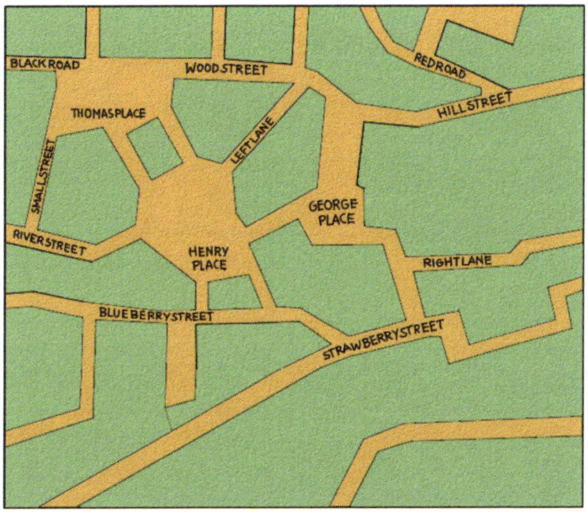

Neue Vokabeln:

hospital (hoßpitäl) – Krankenhaus
school (skuhl) – Schule
police department (poließ dipartment) – Polizeistation
fire department (feier dipartment) – Feuerwehr
museum (mjusium) – Museum
cinema (ßinnema) – Kino

Noch mehr nützliche Vokabeln, um einen Weg zu beschreiben:

Englisch	Deutsch
It is about 200 meters. (it is äbautt 200 miehters)	Es sind ungefähr 200 Meter.
It is not far away. (it is not fahr äwäi)	Es ist nicht weit weg.
It is just around the corner. (it is dschast araund se korner)	Es ist gleich um die Ecke.
Go straight ahead until you see the ... (go sträit ahät antil ju ßieh se ...	Gehen Sie geradeaus bis zur ...
On the right side you will see ... (on se reit ßeit ju will ßieh ...)	Auf der rechten Seite sehen Sie ...
It is opposite to the ... (it is opposit tu se ...)	Es ist gegenüber von ...
It is nearby the ... (it is nierbei se ...	Es ist in der Nähe von ...
It is next to the ... (it is näxt tu se ...)	Es ist direkt neben ...
It is in front of ... (it is in front off)	Es ist vor ...
It is behind ... (it is biheint)	Es ist hinter ...

Übung 11:

True or false?

Aussage	True	False
The school is next to the police department.		
The station is nearby the school.		
The church is opposite to the police department.		
Henry Place is next to the post office.		
The hospital is nearby the cinema.		
Henry Place is behind the church.		
The hospital is nearby the museum.		

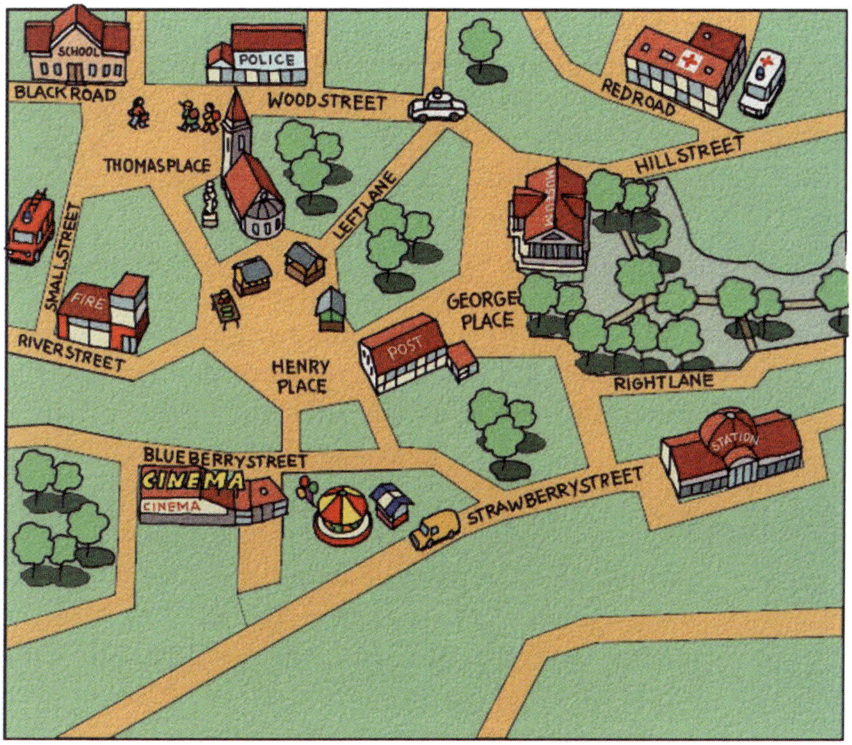

Asking for help (ahskin fohr hälp) Um Hilfe bitten

Machmal kann es vorkommen, dass man in einem fremden Land Hilfe benötigt. Mit den folgenden Sätzen kannst du darum bitten:

Can you please help me?
(kän ju plies hälp mi?)
Können Sie mir bitte helfen?

Wenn du wirklich einmal in eine Notlage gerätst, kannst du natürlich jeden Polizisten auf der Straße ansprechen. Er oder sie wird dir gern helfen.

I am lost. Can you please show me the way?
(ei äm lost. kän ju plies schoh mi se wäi?)
Ich habe mich verlaufen. Können Sie mir bitte den Weg zeigen?

Can you please take me to the next police station?
(kän ju plies täik mi to se näxt poließ stäschön?)
Können Sie mich bitte zur nächsten Polizeistation bringen?

Can you please call this number for me?
(kän ju plies col sis namber for mi?)
Können Sie bitte diese Nummer für mich anrufen?

Übung 12:

Deine Aufgabe besteht diesmal darin, dass du dir die Sätze, mit denen du um Hilfe bitten kannst, vor dem nächsten Urlaub gut einprägst.

Mit diesen Sätzen kannst du dir helfen, wenn du nicht sofort verstehst, was jemand dir sagen will:

Speak slowly, please.
(spiek slohli plies)
Sprechen Sie bitte langsam.

Sorry, I don't understand you.
(sorri, ei dount anderstänt ju)
Entschuldigung, ich verstehe Sie nicht.

Falls du den Weg zum Hotel oder zur Unterkunft nicht mehr findest, kann das hier helfen:

My parents and me stay at the ... hotel.
(mei pärents änd mie stäi ät se ... hotel)
Meine Eltern und ich wohnen im ... Hotel.

To like something (to leik ßamßing)
Etwas mögen

Lisa und Bill unterhalten sich darüber, was sie mögen und was nicht.

I like playing soccer.
(ei leik pläing ßocker)
Ich spiele gern Fußball.

I like little cats.
(ei leik litl käts)
Ich mag kleine Katzen.

I don't like snow.
(ei dount leik ßnou)
Ich mag keinen Schnee.

I don't like homework.
(ei dount leik houmwörk)
Ich mag keine Hausaufgaben.

Vokabeln:

- **soccer** (ßocker) = Fußball
- **cats** (käts) = Katzen
- **little** (litl) = klein/wenig
- **snow** (ßnou) = Schnee
- **homework** (houmwörk) = Hausaufgaben

Übung 13:

What do you like? (wot du ju leik?) – Was magst du?

A I like ...

strawberries (ßtroahberri) – Erdbeeren
sweets (swiehts) – Süßigkeiten
french fries (frentsch freis) – Pommes

a) I ________ ____________________.

b) I ________ ____________________.

c) I ________ ____________________.

B I don't like ...

singing (singing) – singen
carrots (cärrots) – Möhren
salad (sälläd) – Salat

a) I ____________ ____________________.

b) I ____________ ____________________.

c) I ____________ ____________________.

Move your body! (muhf jur boddi!) Beweg dich!

The boy is jumping.
(se boi is dschamping)
Der Junge springt.

The girls are dancing.
(se görls ahr dahnzing)
Die Mädchen tanzen.

The girls are turning.
(se görls ahr türning)
Die Mädchen drehen sich.

The girl is running.
(se görl is ranning)
Das Mädchen läuft.

This girl is playing hockey.
(sis görl is pläing hockäi)
Dieses Mädchen spielt Hockey.

Übung 14:

What are they doing? (wot ahr säi duing?) – Was tun sie?

The children are having a ______________.

These children are ______________ at the playground.

The boys are playing ________________.

These boys are playing __________.

Vokabeln:

- **playing** (pläing) = spielen
- **playground** (pläigraunt) = Spielplatz
- **snowball fight** (snouboal feit) = Schneeballschlacht
- **table tennis** (täibel tennis) = Tischtennis
- **Baseball** (baisboal) – Lieblingssportart der Amerikaner

What are they doing? (wot ahr säi duing?) Was tun sie?

The girl is **crying**.
(se görl is kreiing)
Das Mädchen weint.

The boy is **reading**.
(se boi is rieding)
Der Junge liest.

The boys are **fighting**.
(se bois ahr feiting)
Die Jungen streiten.

The boys are **talking**.
(se bois ahr toaking)
Die Jungs reden.

The boy is **playing the piano**.
(se boi is pläing se piano)
Der Junge spielt Klavier.

The girls are **playing hopscotch**.
(se görls ahr pläing hoppskotsch)
Die Mädchen spielen „Himmel und Hölle"

Übung 15:

True or false?

Liest dieser Junge? - Is this boy reading?

a) Yes, the boy is reading. ☐
b) No, the boy is not reading. ☐

Weint dieser Junge? - Is this boy crying?

a) Yes, the boy is crying. ☐
b) No, the boy is playing the piano. ☐

What is this girl doing?

The girl is playing ____________________.

Vokabeln:

yes (jäs) = ja
no (no) = nein
not (nott) = nicht
this (sis) = dieser/diese

English is fun (inglisch is fan) Englisch macht Spaß

Übung 16:

Do you know some english books or films, too? (du ju nou sam inglisch buks or films, tuh?) - Kennst du auch einige englische Bücher oder Filme?

____

What is your favourite english book? Maybe Harry Potter? (mäibie härri potter?) - Vielleicht Harry Potter?

____

What is your favourite english movie?

____

What is your favourite english band?

____

Vokabeln:

book (buk) = Buch
favourite (fäiworit) = Lieblings...
maybe (mäibie) = vielleicht
my (mei) = mein(e)
our (auer) = unsere

Speaking with adults (spieking wis ädalts) Mit Erwachsenen sprechen

Excuse me ...
(ixkjuhs mi ...)
Entschuldigung ...

Mit „**Excuse me**" beginnt man einen Satz, wenn man jemanden anspricht. Es ist nur höflich, aber keine wirkliche Entschuldigung. Um sich zu entschuldigen, sagt man „**I am sorry.**" (ei äm ßorrie) - Es tut mir leid.

Mrs Brown
(misses braun)
Frau Brown

Mr Brown
(mister braun)
Herr Brown

Wenn du Erwachsene ansprichst, sagst du vor dem Nachnamen Mister oder Misses.

Vokabeln:

Mr (mister) = Herr
Mrs (misses) = Frau
excuse me (ixkjus mi) = Entschuldigung (als Satzeinleitung)
sorry (ßorrie) = Entschuldigung (wenn einem etwas leid tut)

Übung 17:

A) Was sagt man, wenn man sich für etwas entschuldigen will?

a) „Excuse me ..." ☐
b) „Sorry ..." ☐

B) Eine Frau spricht man an mit:

a) „Mister" ☐
b) „Misses" ☐

C) Was ist höflicher?

a) Can you tell me what time it is? ☐
b) Can you please tell me what time it is? ☐

Vokabeln:

Can you tell me what time it is? (kän ju tell mi wot teim it is?) = Können Sie mir sagen, wie spät es ist?
please (plies) = bitte

The Body (se boddi) Der Körper

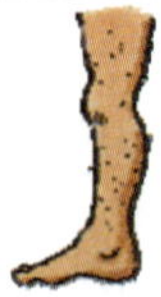	 		
leg (läg) Bein			
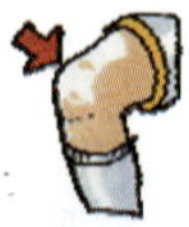			
knee (nieh) Knie	Lisa and Bill show you parts of the body. (lisa änd bill schou ju parts of se boddi) Lisa und Bill zeigen dir Körperteile.		

foot (fuht) Fuß	head (häid) Kopf	hair (häir) Haare	neck (näck) Hals
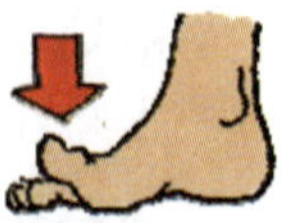		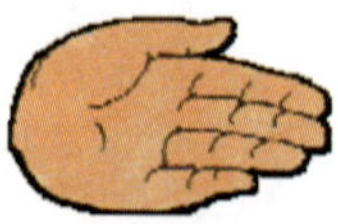	
toe (toeh) Zeh	finger (finger) Finger	hand (händ) Hand	arm (arm) Arm
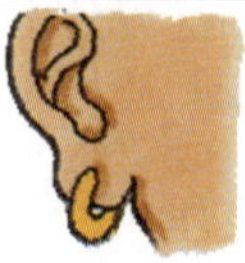		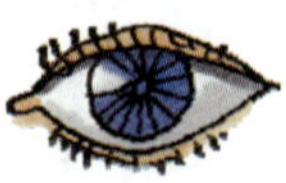	
ear (ihr) Ohr	nose (nohs) Nase	eye (ei) Auge	mouth (maus) Mund

Übung 18:

Beschrifte:

At home (ät houm) Zu Hause

bedroom (bädruhm) Schlafzimmer		

workroom (wörkruhm) Arbeitszimmer		

living room (liwing ruhm) Wohnzimmer	bathroom bahsruhm Badezimmer	cellar ßellar Keller

kitchen (kitschen) Küche	garret (gärret) Dachboden	stairs (ßtäirs) Treppen/Treppenhaus

Übung 19:

This is the bedroom. (sis is se bätruhm)
Das ist das Schlafzimmer.

This is the ______________________.

This is the ______________________.

This is the ______________________.

This is the ______________________.

In the kitchen (in se kitschen) In der Küche

spoon (spuhn) - Löffel		

fork (foark) Gabel		
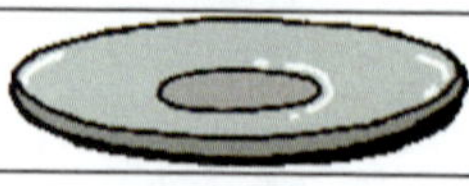		
plate (pläit) Teller		

knife (neif) Messer	chair (tschäir) Stuhl	table (täibel) Tisch

cup (kapp) Tasse	glas (glas) Glas	refrigerator (rifritschärätor) Kühlschrank

cupboard (kappboard) Schrank	pan (pänn) Pfanne	kitchen stove (kitschen stoav) Küchenherd

Übung 20:

Trage die englischen Wörter für diese Dinge ein:

a)	b)

c)	d)

e)	f)
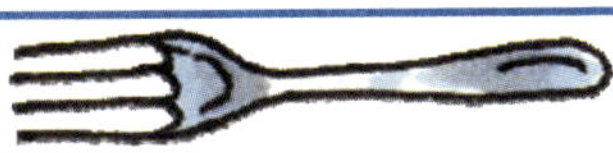	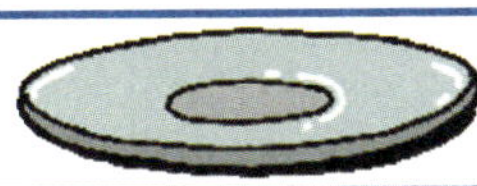
g)	h)

i)	j)

In the living room (in se liwing ruhm) Im Wohnzimmer

window (windou) Fenster	guitar (gitar) Gitarre	sofa (ßoafa) Sofa

carpet (kahpett) Teppich	armchair (armtschäir) Sessel	book (buk) Buch

cabinet (käbinet) Schrank	TV (tivi) Fernseher	painting (päinting) Gemälde

Tipp: Zum **Vokabellernen** sind kleine **Karteikarten** sehr gut geeignet. Auf die Vorderseite schreibst du das deutsche Wort und auf die Rückseite die Übersetzung. Immer wenn du eine Vokabel 3-mal gewusst hast, kannst du diese Karte beiseite legen. Mit den restlichen Karten übst du dann weiter. Das geht sogar ohne fremde Hilfe.

Übung 21:

Trage die englischen Wörter ein:

This is a ______________________

This is a ______________________

This is a ______________________

This is a ______________________

This is an ______________________

Lisa's room (lisas ruhm) Lisas Zimmer

bookshelf
(bukschelf)
Bücherregal

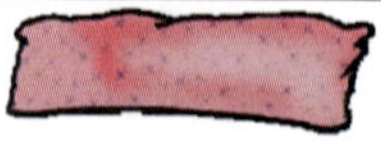

pillow
(pillou)
Kissen

clock
(klock)
Uhr

This is Lisa's room.
(sis is lisas) ruhm
Das ist Lisas Zimmer.

doll
(doll)
Puppe

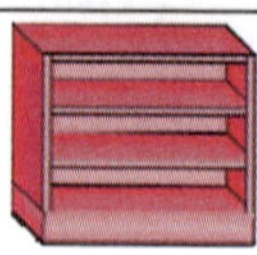

commode
(kommod)
Kommode

desk
(däßk)
Schreibtisch

window
(windou)
Fenster

chair
(tschäir)
Stuhl

mirror
(mirrör)
Spiegel

bed
(bät)
Bett

Übung 22:

Beschrifte die Gegenstände:

1 ______________________

2 ______________________

3 ______________________

4 ______________________

5 ______________________

6 ______________________

7 ______________________

8 ______________________

9 ______________________

More things in my room (mohr sings in mei ruhm) Weitere Dinge in meinem Zimmer

Wenn du beschreiben willst, was sich in deinem Zimmer befindet, kannst du das so tun:

In my room there is a chair.
(in mei ruhm säir is ä tschäir)
In meinem Zimmer gibt es einen Stuhl.

chair
(tschair)
Stuhl

guitar
(gitar)
Gitarre

carpet
(kahpett)
Teppich

flowerpot
(flauerpott)
Blumentopf

computer
(kompjuter)
Computer

Übung 23:

Ergänze die Sätze:

In my room there is a ____________________________.

In my room there is a ________________________.

In my room there is a ________________________.

In my room there is a ________________________.

In my room there is a

____________________________.

Toys (tois) Spielsachen

ball (boal) Ball	car (kahr) Auto	teddy bear (teddi bähr) Teddybär	clown (klaun) Clown

dolphin (dolfinn) Delfin	dinosaur (deinosoar) Dinosaurier	airplane (äirpläin) Flugzeug	video game (viddeo gäim) Videospiel

lorry (lorri) Lkw	cards (kahrts) Karten	pins (pinns) Kegel	locomotive (lokomoutiff) Lokomotive

balloon (balluhn) Luftballon	lens (länß) Lupe	doll (doll) Puppe	robot (robot) Roboter

Übung 24:

Wie heißen diese Spielsachen auf Englisch? Fülle aus:

		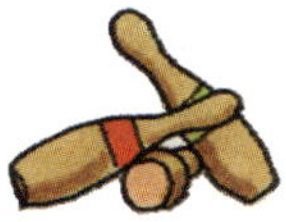	

Bathroom (bahßruhm) Badezimmer

toilet paper
(teuilett päiper)
Toilettenpapier

toothbrush
(tuhsbrasch)
Zahnbürste

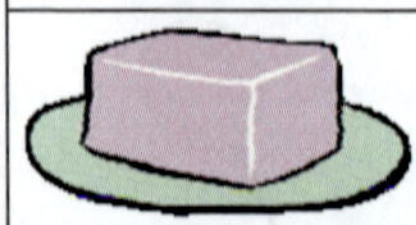

soap
(ßoap)
Seife

This is the bathroom.
(sis is se bahsruhm)
Das ist das Badezimmer.

bathtub
(bahstab)
Badewanne

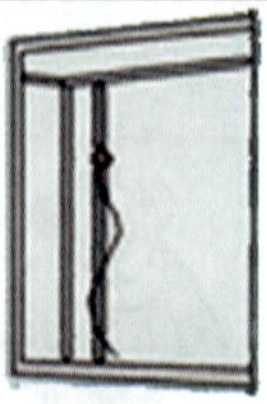

mirror
(mirrör)
Spiegel

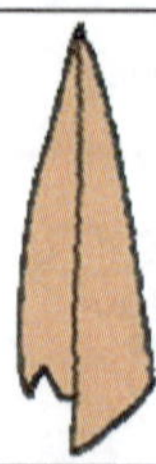

towel
(tauel)
Handtuch

sponge
(ßpondsch)
Schwamm

toilet
(teuilett)
Toilette

basin
(bäißin)
Waschbecken

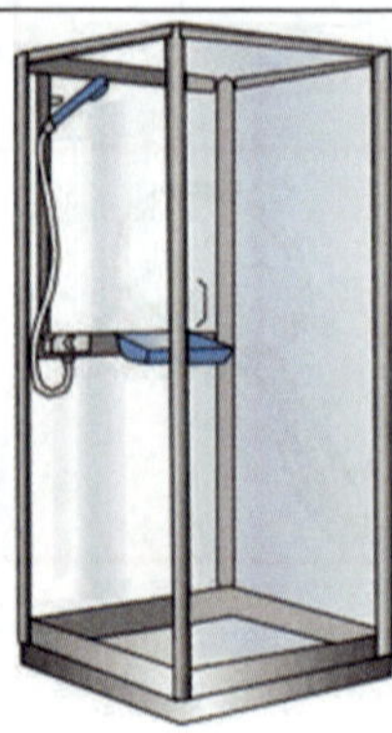

shower
(schauer)
Dusche

Übung 25:

Beschrifte die Gegenstände mit ihren englischen Namen:

1 ____________________

2 ____________________

3 ____________________

4 ____________________

5 ____________________

6 ____________________

7 ____________________

These things you can find in a bathroom (sieß sinks ju kän feind in ä bahsruhm) Diese Sachen kannst du in einem Badezimmer finden

towel
(tauel)
Handtuch

basin
(bäißin)
Waschbecken

bathtub
(bahstab)
Badewanne

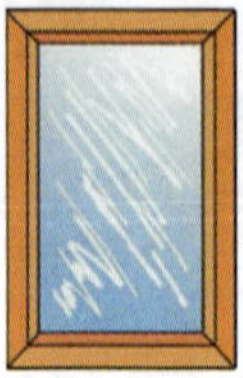

mirror
(mirrör)
Spiegel

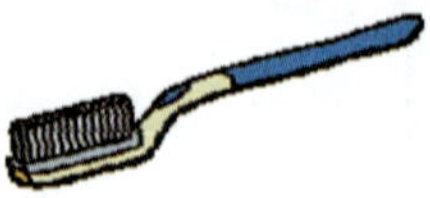

toothbrush
(tuhßbrasch)
Zahnbürste

toilet
(teuilett)
Toilette

Tipp: Auf Englisch sagt man nie ganz direkt, dass man zur Toilette muss. Stattdessen fragt man nach dem **bathroom**, dem **lavatory** oder nach dem **restroom** (restruhm.). Das ist höflicher.

Übung 26:

Was ist richtig?

☐ Where can I find the toilet?
(uoär känn ei feind se teuilett?)

☐ Where can I find the bathroom?
(uoär känn ei feint se bahsruhm?)

Übersetze:

towel	toilet	basin
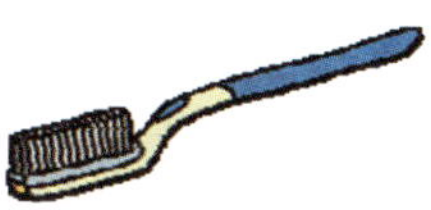		
toothbrush	mirror	bathtub

Classroom (klahßruhm) Klassenzimmer

pupils (pjuhpills) Schüler			

teacher (tietscher) Lehrer/-in			

excercise book (ekßerßeiß buk) Schulheft	This is Lisa's classroom. (sis is lisas klahßruhm) Dies ist Lisas Klassenzimmer.		
			 sponge (ßpondsch) Schwamm 
computer table (kompjuter täibel) Computertisch	door (dohr) Tür	basin (bäißin) Waschbecken	chalk (tschoak) Kreide

painting (päinting) Gemälde	wastebasket (wäistbahsket) Papierkorb	globe (glohb) Globus	chalkboard (tschoakboahrd) Tafel

Übung 27:

Beschrifte die Gegenstände:

1 ____________________

2 ____________________

3 ____________________

4 ____________________

5 ____________________

6 ____________________

7 ____________________

8 ____________________

9 ____________________

What is in your pencil case? (wot is in jur pennßilkäis?) Was befindet sich in deiner Federmappe?

Lisa und Paula unterhalten sich in der Schule:

In my pencilcase there is a pen.
(in mei pennßilkäis säir is ä pen)
In meiner Federmappe ist ein Stift.

In my pencilcase there are crayons.
(in mei pennßilkäis säir are kräiens)
In meiner Federmappe sind Buntstifte.

Neue Vokabeln:

pencil sharpener (pennßil scharpener) = Anspitzer
ruler (ruhler) = Lineal
red pen (räd penn) = roter Stift
blue pencil (blu pennßil) = blauer Bleistift
a pair of compasses (a päir off kompässes) = Zirkel
a yellow brush (ä jällou brasch) = ein gelber Pinsel
crayon (kräien) = Buntstift/Farbstift
rubber (rabber) = Radiergummi

Übung 28:

Ergänze die Sätze:

What is in your pencil case?

In my pencil case is a ______________________________.

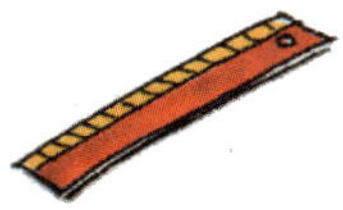

In my pencil case is a ______________________________.

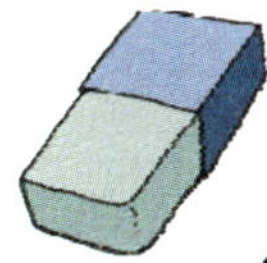

In my pencil case is a ______________________________.

In my pencil case is a ______________________________.

In my pencil case is a ______________________________.

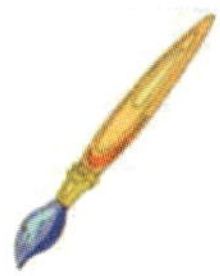

In my pencil case is a ______________________________.

Musikinstrumente

harp (harp) Harfe		

trumpet (trampet) Trompete	violin (weiolin) Geige	keyboard (kieboard) Keyboard

saxophone (ßäcksofoun) Saxophon	drums (dramms) Schlagzeug	

guitar (gitahr) Gitarre	piano (piano) Klavier	contrabass (konträbass) Kontrabass

Übung 29:

Which music instrument do you play?

I play
the________________________.

I play
the________________________.

I play
the________________________.

I play the

___________________________.

I play the ___________________.

Clothes (klosäs) Kleidung

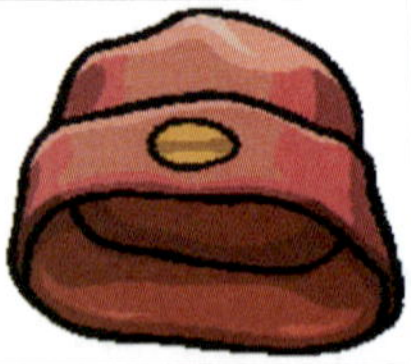		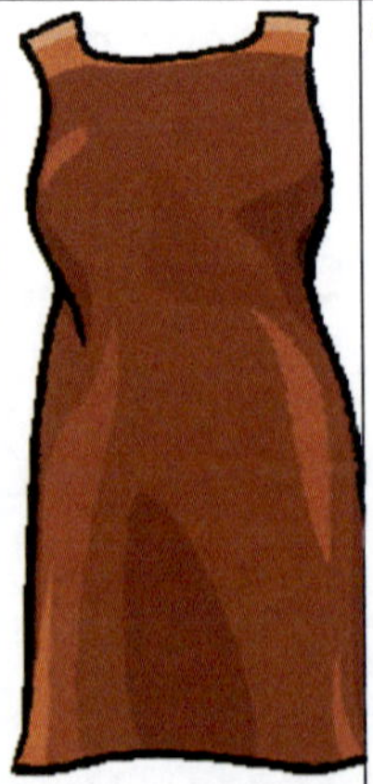	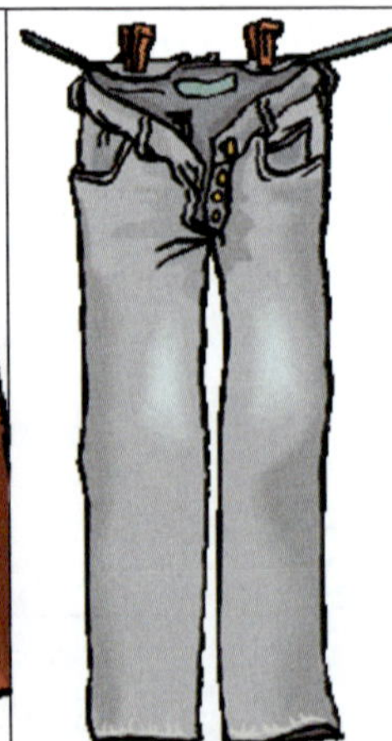
cap **(käpp)** **Mütze**	**scarf** **(ßkarf)** **Schal**		
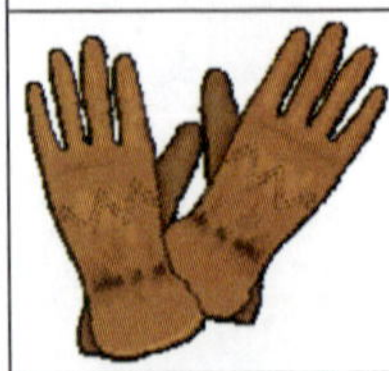			
gloves (glouws) Handschuhe	coat (koat) Mantel/Jacke	dress (dress) Kleid	pair of trousers (päir of trausers) Hose

socks (socks) Socken	skirt (ßkört) Rock	shorts (schohrts) kurze Hose	T-shirt (tie schört) T-Shirt

pullover (pullower) Pullover	shirt (schört) Hemd	shoes (schuhs) Schuhe	sneakers (ßniekers) Turnschuhe

Übung 30:

What do you wear in summer, what in winter? Fill in:
Was trägst Du im Sommer, was im Winter? Fülle aus:

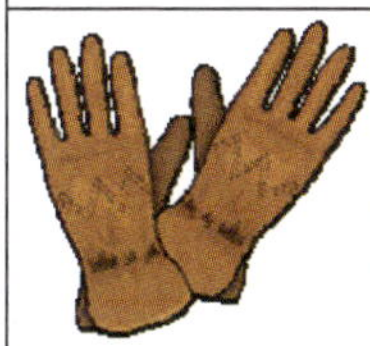	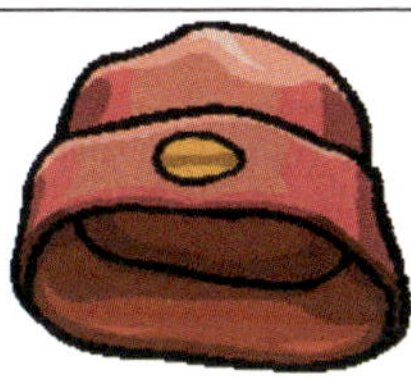	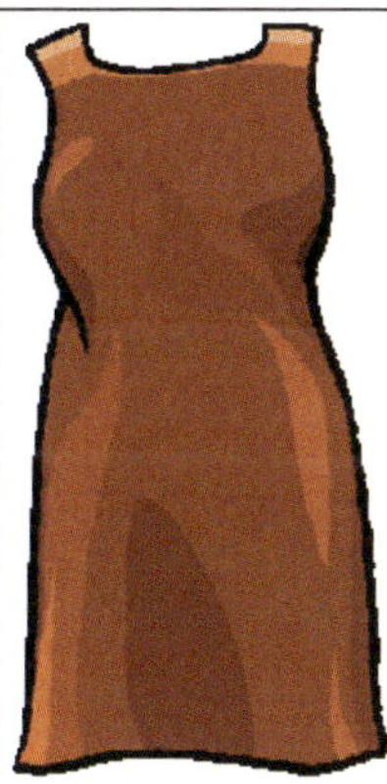	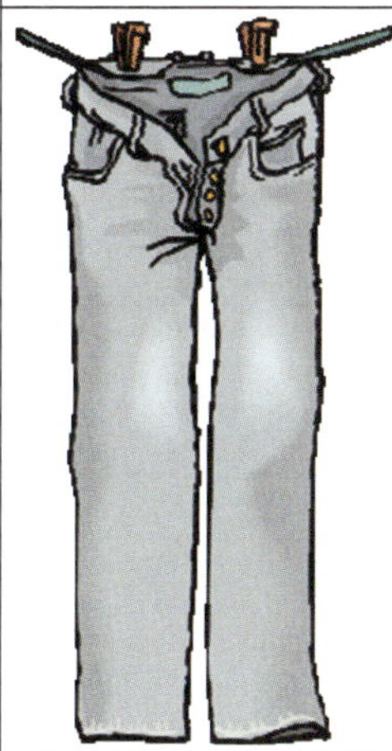

summer (sammer) = Sommer
winter (winter) = Winter

Food (fuhd) Lebensmittel

fruit (fruht) **Obst**		vegetables (wädschetäbbels) **Gemüse**	
	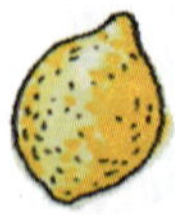		
apple (äppel) Apfel	lemon (lämmen) Zitrone	salad (salläd) Salat	cauliflower (kohliflauer) Blumenkohl

pineapple (peinäppel) Ananas	banana (banana) Banane	tomato (tomäito) Tomate	carrot (kärrott) Karotte

orange (orändsch) Apfelsine	strawberry (ßtroahberri) Erdbeere	bean (biehn) Bohne	broccoli (brockkoli) Brokkoli

cherry (Tscherrie) Kirsche	kiwi fruit* (kiwi fruht) Kiwi	mushroom (maschruhm) Pilz	red pepper (räd pepper) rote Paprika

*Vorsicht: kiwi fruit = Kiwi, kiwi = Neuseeländer/-in!

Übung 31:

a) Welches Lebensmittel ist lang und gelb?

_ _

b) Welches Lebensmittel ist rund und orange?

_ _

c) Welches „kernige" Lebensmittel ist klein, rot und süß?

_ _

d) Welches Lebensmittel ist lang und orange?

_ _

e) Welches Lebensmittel kann rot und/oder grün sein?

_ _

f) Welches Lebensmittel ist innen grün und hat Härchen auf der Schale?

_ _

g) Welches Lebensmittel ist sehr sauer?

_ _ _ _ _ _ _ _ _ _ _ _ _ _ _ _ _ _ _ _

h) Welches Lebensmittel heißt wie ein bekannter englischer Komiker?

_ _

soft drinks (soft drinks) **alkoholfreie Getränke**		dish (disch) Gericht	

orange juice (orändsch dschuhß) Orangensaft	coke (coak) Cola	bread with cheese (bräd wis tschieß) Brot mit Käse	noodles (nuhdels) Nudeln

milk (milk) Milch	water (woater) Wasser	soup (suhp) Suppe	rice (reiß) Reis
delicious (diehlischös) lecker			

cookies (kuckies) kekse	ice cream (ais kriem) Eis	sausage (ßossitsch) Wurst	cheese (tschieß) Käse

candy (kähndi) Bonbon	lollipop (lollipop) Lutscher	marmelade (mahrmeläihd) Orangenmarmelade	honey (hannäi) Honig

Übung 32:

What is this? (wot is sis?) Was ist das?

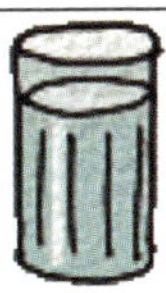	

Shopping (schopping) Einkaufen

Lisa und Bill gehen in den Supermarkt. Mal sehen, was sie dabei so alles entdecken.

shopping cart
(schopping kart)
Einkaufswagen

shopping bag
(schopping bäg)
Einkaufstasche

Neue Vokabeln:

shopping (schopping) = Einkaufen
shopping cart (schopping kart) = Einkaufswagen
shopping bag (schopping bäg) = Einkaufstasche/-tüte
to buy (to bei) = kaufen
to pay (to päi) = bezahlen

Übung 33:

Das haben Lisa und Bill alles eingekauft. Trage die richtige Übersetzung in das leere Feld ein.

	apple	(äppel)	
	banana	(banana)	
	lollipop	(lollipop)	
	sausages	(ßossitsches)	
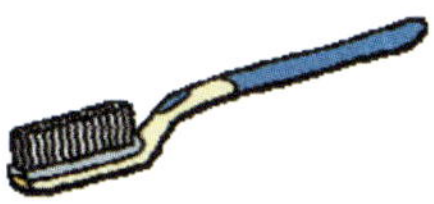	toothbrush	(tuhsbrasch)	
	fruit	(fruht)	
	map of london	(mäp off Landan)	

Nützliche Sätze beim Einkaufen:

Übung 34:

Trage die richtigen Nummern in die Kästchen ein.

A) I need to go to the butcher's shop.

☐

B) I need to go to the supermarket.

☐

C) I need to go to the green grocery.

☐

D) I need to go to the bakery.

☐

1

2

3

4

Nature (näitscher) Natur

gras (graß) Gras	tree (trie) Baum

bed (bäd) Beet	flower (flauer) Blume	rose (rous) Rose	forest (forest) Wald

maple leaf (mäipel lief) Ahornblatt	birch leaf (börch lief) Birkenblatt	beech leaf (bietsch lief) Buchenblatt	oak leaf (oahk lief) Eichenblatt

Übung 35:

Es ist grün, und wenn die Kühe weiden, fressen sie es:

It is _ _ _ _ _ _ _.

Sie gibt es in vielen Farben und sie hat spitze Dornen.

It is a _ _ _ _ _ _ _ .

Manchmal hat er Nadeln, manchmal auch Blätter.

It is a _ _ _ _ _ _ _.

Von diesem Baum fallen die Eicheln.

It is an _ _ _ _ _ _ _ tree.

Es gibt einen Honig, der nach diesem Baum benannt ist.

It is a _ _ _ _ _ _ _ tree.

Deine Mutter freut sich über selbst gepflückte _ _ _ _ _ _ _.

Robin Hood wohnt im Sherwood-_ _ _ _ _ _ _.

At the farm (ät se farm) Auf dem Bauernhof

Auf einem Bauernhof - on a farm (on ä farm) gibt es viele Tiere:

Vokabeln:

pigs (pig) = Schweine
a **horse** (ä hors) = ein Pferd
cows (kaus) = Kühe
sheep (schiep) = Schafe
a **donkey** (ä danki) = ein Esel
mice (meis) = Mäuse (one mouse - two mice)
chicken (tschicken) = Hühner - a **cock** (kok) = Hahn
a **dog** (ä dog) = ein Hund
a **cat** (ä kät) = eine Katze

Übung 36:

At uncle Ben's farm there are a lot of animals.
(ät ankel bens farm säir ahr ä lot off änimäls)
Auf Onkel Bens Bauernhof gibt es viele Tiere.

At the farm there is ________________________.

At the farm there is a ________________________.

At the farm there is a ________________________.

At the farm there is a ________________________.

At the farm there is a ________________________.

At the farm there is a ________________________.

At the farm there is a ________________________.

At the farm there is a ________________________.

More animals (mohr änimäls) Noch mehr Tiere

fish
(fisch)
Fisch

hare
(här)
Hase

hedgehog
(hädschhok)
Igel

squirrel
(skwirräl)
Eichhörnchen

frog
(frog)
Frosch

mole
(moel)
Maulwurf

ant
(ahnt)
Ameise

bird
(börd)
Vogel

turtle
(törtel)
Schildkröte

billy goat
(billi goat)
Ziegenbock

Übung 37:

How many animals do you find in this picture?
(Hau mäni änimäls du ju feind in sis piktscher?)
Wie viele Tiere findest du in diesem Bild?

In this picture I see _______ animals.
(in sis piktscher ei ßieh ... änimäls)
In diesem Bild sehe ich .... Tiere.

At the zoo (ät se suh) Im Zoo

Im Zoo gibt es viele Tiere - There are a lot of animals in the zoo (säir ahr a lot off änimäls in se suh)

elephants (elefänts) = Elefanten
lions (leions) = Löwen
zebras (siebras) = Zebras
monkeys (mankies) = Affen
giraffes (dschiraffs) = Giraffen
hippopotamusses (hipopotämüsses) = Nilpferde
tigers (teigers) = Tiger
penguins (pänggwins) = Pinguine

Übung 38:

What is the name of this animal? (wot is se näim of sis änimäl?) – Wie heißt dieses Tier?

This is a  ______________________.

This is a  ______________.

This is a  ______________.

This animal is a  ______________.

This is a  ____________________.

This is a  ____________________.

Neue Vokabeln:

bear (bähr) = Bär
dolphin (dolfin) = Delfin
shark (schark) = Hai
koala bear (koala bähr) = Koalabär
crocodile (krokodeil) = Krokodil

More animals (mohr änimäls) Noch mehr Tiere

1 **lion** (leien) = Löwe

2 **elephant** (eläfänt) = Elefant

3 **bear** (bähr) = Bär

4 **parrot** (pärrot) = Papagei

5 **koala bear** (koäla bähr) = Koalabär

6 **tiger** (teiger) = Tiger

7 **rhinoceros** (reinoßerös) = Nashorn

8 **hippopotamus** (hipopotämüs) = Nilpferd

9 **leopard** (lepard) = Leopard

10 **giraffe** (dschiräff) = Giraffe

Übung 39:

Im Zoo müssen einige Namensschilder an den Gehegen neu geschrieben werden. Hilf dem Tierpfleger dabei.

Uups, da hat sich ja noch ein Tier in den Zoo verirrt. Klar, das ist natürlich ein **wolf** (wuhlf) – Wolf.

The weather (se wäser) Das Wetter

It is raining.
(it is räining)
Es regnet.

rain (räin) Regen	thunderstorm (sunderstoarm) Gewitter	sun (ßan) Sonne	

wind (wind) Wind	clouds (klauds) Wolken	umbrella (ambrella) Schirm	snow (ßnou) Schnee

Übung 40:

Ergänze die fehlenden Buchstaben:

R _ _ N

S _ O _

_ _ N

U M B R E _ _ A

W _ _ D

C _ _ D _

The Street (se ßtrieht) Die Straße

This is Lisa's and Bill's street.
(sis is lisas änd bills ßtrieht)
Dies ist Lisas und Bills Straße.

bakery (bäikerie) Bäckerei	butcher (butscher) Fleischer/Metzger	green grocery (green grohßerie) Gemüsehändler	supermarket (ßjupermarket) Supermarkt

bread (bräd) Brot	meat (miet) Fleisch	vegetable (wätdschtäbel) Gemüse	everything (äwrising) alles

rolls (rohls) Brötchen	sausages (ßossädsches) Würste	fruit (fruht) Obst	

Übung 41:

You can buy these things at the:
(ju kän bei sieß sings ät se)
Du kannst hier diese Dinge kaufen:

Days of the week
(däis off se wiek)
Die Wochentage

Info:
Alle Wochentage enden in der englischen Sprache auf „day" (däi). „**Day**" ist die englische Vokabel für Tag.

Monday	(mandäi)	Montag
Tuesday	(tjusdäi)	Dienstag
Wednesday	(wennsdäi)	Mittwoch
Thursday	(söhrsdäi)	Donnerstag
Friday	(freidäi)	Freitag
Saturday	(ßätterdäi)	Samstag
Sunday	(ßandäi)	Sonntag

Übung 42:

Die Wochentage und die Buchstaben der einzelnen Wochentage sind durcheinandergepurzelt. Bitte bringe sie in die richtige Reihenfolge:

E W A N E S D D Y

U T E S D A Y

N A U S Y D

O N D A M Y

T R A D A U Y S

R D A I Y F

H U T Y S R D A

Months (mans) Monate

January	(dschänjuari)	Januar
February	(febjuari	Februar
March	(martsch)	März
April	(äipril)	April
May	(mäi)	Mai
June	(dschuhn)	Juni
July	(dschulei)	Juli
August	(oagust)	August
September	(ßeptember)	September
October	(oktoaber)	Oktober
November	(nouvember)	November
December	(dießember)	Dezember

Übung 43:

Verbinde die Feiertage mit den richtigen Monaten.

February/March	
December	
December	
March/April	
December/January	

Seasons (ßiehsens) Jahreszeiten

spring (ßpring) Frühling

summer (ßammer) Sommer

autumn (oahtum) Herbst

winter (whinter) Winter

Tipp: Groß- und Kleinschreibung
Im Englischen werden fast alle Wörter klein geschrieben. Nur am Satzanfang ist das erste Wort groß. Weitere Ausnahmen sind Namen, das Wort I (ei) = ich und alles, was mit God (gohd) = Gott zu tun hat.

Übung 44:

True or false? (truh ohr foals) Richtig oder Falsch?

This season ...	is in ...	true (truh) richtig	false (foals) falsch
	spring		
	summer		
	winter		
	spring		
	winter		

Numbers (nambers) Zahlen

In der englischen Schrift werden zum Schreiben von Zahlen die gleichen Ziffern verwendet wie im Deutschen. Es gibt allerdings zwei Ausnahmen:

Die Ziffer 7, die im Deutschen einen Querstrich bekommt, wird im englischsprachigen Raum ohne den Querstrich

geschrieben: 7.

Ähnliches gilt für die Ziffer 1, bei der der nach unten zeigende Schrägstrich vorne im englischsprachigen Raum meist sehr kurz ausfällt oder sogar ganz wegfällt.

Hier sind die englischen Zahlwörter:

1	**one** (wann)	2	**two** (tu)
3	**three** (srie)	4	**four** (fohr)
5	**five** (feif)	6	**six** (ßix)
7	**seven** (ßäwen)	8	**eight** (äit)
9	**nine** (nein)	10	**ten** (tänn)

Übung 45:

Male die richtige Anzahl von Kegeln – **Pins** (pins) in die Kästchen:

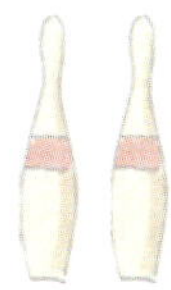

one pin two pins three pins

Male die richtige Anzahl von Bananen – **bananas** (bananas) und Blumen – **flowers** (flauers) in die Kästchen:

seven bananas five bananas nine bananas

ten flowers six flowers four flowers

Und hier noch die Zahlen bis 30:

11	**eleven** (eläwen)	12	**twelve** (twälf)
13	**thirteen** (surtien)	14	**fourteen** (fohrtien)
15	**fifteen** (fifftien)	16	**sixteen** (ßixtien)
17	**seventeen** (säwentien)	18	**eighteen** (äitien)
19	**nineteen** (neintien)	20	**twenty** (twänti)
21	**twenty-one** (twänti-wann)	22	**twenty-two** (twänti-tu)
23	**twenty-three** (twänti-srieh)	24	**twenty-four** (twänti-fohr)
25	**twenty-five** (twänti-feif)	26	**twenty-six** (twänti-ßix)
27	**twenty-seven** (twänti-ßäwen)	28	**twenty-eight** (twänti-äit)
29	**twenty-nine** (twänti-nein)	30	**thirty** (sörti)

Übung 46:

Fill in the correct number - Trage die richtige Zahl ein.

☐	eight	☐	ten
☐	fifteen	☐	eleven
☐	twelve	☐	fourteen
☐	seven	☐	three
☐	thirteen	☐	twenty

Colours (kallors) Farben

Ohne Farben wäre die Welt ganz schön grau und langweilig.

frog
(frog)
Frosch

rainbow
(räinbou)
Regenbogen

earth
(örs)
Erde

red	blue	green	yellow
(räd)	(bluh)	(grien)	(jällou)
Rot	Blau	Grün	Gelb
pink	brown	orange	lilac
(pink)	(braun)	(orändsch)	(leiläk)
Rosa/Pink	Braun	Orange	Lila

Schwarz und Weiß – **black and white** (bläck änd weit) sind keine richtigen Farben. Die englische Abkürzung dafür lautet oft b/w.

Übung 47:

Male den Papagei mit den angegebenen Farben aus.

Vokabeln:

to draw (to droa) = Zeichnen
to paint (to päint) = malen
to crayon in (to kräien in) = ausmalen
parrot (pärrot) = Papagei

Etwas mit Farben beschreiben

	The **pig** is pink. (se pik is pink) Das Schwein ist rosa/pink.
	The **frog** is green. (se frog is griehn) Der Frosch ist grün.
	The **banana** is yellow. (se banana is jällou) Die Banana ist gelb.
	The **car** is blue. (se kahr is bluh) Das Auto ist blau.
	The **strawberry** is red. (se ßtroahberri is räd) Die Erdbeere ist rot.

Neue Vokabeln:

sun (ßan) = Sonne
frog (frog) = Frosch
dog (dog) = Hund
rose (rous) = Rose
sky (skei) = Himmel

Übung 48:

Q = question (kwestschen) = Frage
A = answer (ahnßär) = Antwort

Q1: What colour is the sun? (wot kallor is se ßan?) – Welche Farbe hat die Sonne?

A1: The sun is yellow. (se ßan is jällou) – Die Sonne ist gelb.

Q2: What colour is the frog?

A2: The frog is____.

Q3: What colour is the dog?

A3: The ______ is ______.

Q4: What colour is a rose?

A4: A ____ is ____.

Q5: What colour is the sky?

A5: The _____ is _____.

My family (mei fämmili) Meine Familie

This is Lisa's and Bill's family.
(sis is lisas änd bills fämmili)
Dies ist Lisas und Bills Familie.

Lisa, Bill's sister (lisa, bills ßißter) Lisa, Bills Schwester	Bill, Lisa's brother (bill, lisas braser) Bill, Lisas Bruder	Lisa's mother (lisas maser) Lisas Mutter	Lisa's father (lisas faser) Lisas Vater

Uncle Franz (ankel franz) Onkel Franz	Aunt Jenny (oant jenny) Tante Jenny	Grandfather (gräntfaser) Großvater	Grandmother (gräntmaser) Großmutter

Übung 49:

Zeichne Pfeile zu den richtigen Personen:

father of?

sister of?

mother of?

brother of?

uncle of?

aunt of?

grandfather of?

grandmother of?

children (tschildren) Kinder	of (off) von	father and mother (faser änd maser) Vater und Mutter

parents (pährents) Eltern	of (off) von	mother (maser) Mutter

wife (weif) Ehefrau	of (off) von	father (faser) Vater

husband (hassbänd) Ehemann	of (off) von	mother (maser) Mutter

brother (braser) Bruder	of (off) von	father (faser) Vater

Übung 50:

Fülle aus:

	is (is) ist		sister
	is (is) ist		
	are (ahr) sind		
	are (ahr) sind		
	is (is) ist		
	is (is) ist		
	is (is) ist		

Informationen über Personen

Hier siehst du einige Kärtchen, auf denen Informationen über Personen zu finden sind.

Neue Vokabeln:

years (jiehrs) = Jahre
to work (to wörk) = arbeiten
bookstore (bukstohr) = Buchhandlung
teacher (tietscher) = Lehrer

Übung 51:

How old is ...? (hau oult is ...?) - Wie alt ist ...?

Bill Strawberry: ☐ James Strawberry: ☐

Henry Blackwood: ☐ Linda Strawberry: ☐

Jenny Davis: ☐

Bilde ganze Sätze:

Beispiel: How old is Henry Blackwood?

Henry Blackwood is 77 years old.

How old is James Strawberry?

____

How old is Jenny Davis?

____

What's the time? (wotts se teim?) Wie spät ist es?

This is a clock: (sis is ä klock:) Das ist eine Uhr:

It's twelve o' clock. (its twälf ö klock) Es ist zwölf Uhr.

It's one o' clock. (its wann ö klock) Es ist ein Uhr.

It's four o' clock. (its foahr ö klock) Es ist vier Uhr.

Neue Vokabeln:

clock (klock) = Uhr
time (teim) = Zeit/Uhrzeit

Übung 52:

Tell me: What's the time? Fill in:

It's

It's

It's

It's

It's

It's half past twelve.
(its hahf pahst twälf)
Es ist halb eins.

This is a clock.
(sis is ä klock)
Das ist eine Uhr.

It's a quarter past ten.
(it's a kwoater past ten)
Es ist Viertel nach zehn.

It's a quarter to eleven.
(it's a kwoater tu iläwen)
Es ist Viertel vor elf.

Vokabeln:

- **half** (hahf) = halb
- **past** (pahst) = nach
- **quarter** (kwoater) = viertel

Übung 53:

Zeichne die Zeiger ein.

a) It's half past five:

b) It's a quarter to ten:

c) It's three o' clock:

d) It's a quarter past nine:

e) It's half past six:

Tim's day (tims däi) Tims Tagesablauf

Tim wakes up. (tim wäiks ap) Tim wacht auf.	He has breakfast. (hi häs bräkfest) Er frühstückt.

He goes to school. (hi gohs to skuhl) Er geht zur Schule.	School is out. (skuhl is aut) Die Schule ist vorbei.

He has dinner. (hi häs dinner) Er isst zu Abend.	He goes to bed. (hi gohs to bed) Er geht ins Bett.

Übung 54:

Trage die richtigen Uhrzeiten ein.

a) Tim wakes up at____________________________.

b) He has breakfast at ________________________.

c) He goes to school at________________________.

d) School is out at____________________________.

e) He has dinner at___________________________.

f) He goes to bed at__________________________.

Vokabeln:

wake up (wäik ap) = aufwachen
breakfast (bräckfest) = Frühstück
he goes (hi goos) = er geht
dinner (dinner) = Abendessen
bed (bed) = Bett

	I wake up. (ei wäik ap) Ich wache auf.		I have breakfast. (ei häf bräckfest) Ich frühstücke.
	I am on my way to school. (ei äm on mei wäi to skuhl) Ich bin auf dem Weg zur Schule.		I am at school. (ei äm ät skuhl) Ich bin in der Schule.
	I have lunch. (ei häf lantsch) Ich esse zu Mittag.		I have time to play. (ei häf teim to pläi) Ich habe Zeit zum Spielen.
	I have dinner. (ei häf dinner) Ich esse zu Abend.		I brush my teeth. (ei brasch mei ties) Ich putze meine Zähne.
	I go to bed. (ei go to bäd) Ich gehe ins Bett.		I sleep. (ei sliehp) Ich schlafe.

Übung 55:

Bringe die Tätigkeiten in die richtige Reihenfolge. Schreibe die Buchstaben in die richtigen Kästchen. Wie lautet das Lösungswort von oben nach unten gelesen?

C	I am at school.	1.	☐
E	I sleep.	2.	☐
I	I have lunch.	3.	☐
E	I have breakfast.	4.	☐
L	I have time to play.	5.	☐
C	I have dinner.	6.	☐
N	I am on my way to school.	7.	☐
A	I brush my teeth.	8.	☐
P	I wake up.	9.	☐
S	I go to bed.	10.	☐

Christmas (krismäs) Weihnachten

Genau wie in vielen anderen Ländern feiern auch die Briten und Amerikaner Weihnachten.

To celebrate christmas (to ßälebräit krismäs) - Weihnachten feiern

The **christmas tree**
(se krismäs trie)
Der Weihnachtsbaum

Mary with the **Christ Child**
(märi wis se kraist tscheilt)
Maria mit dem Christkind

A **christmas present**
(ä krismäs präsent)
Ein Weihnachtsgeschenk

Santa Claus
(säntа klohs)
Der Weihnachtsmann

Etwas zum Singen – Something to sing

Englischer Weihnachtssong zu der Musik von „Stille Nacht, heilige Nacht":

Silent night, Holy night
All is calm, all is bright
'Round yon Virgin Mother and Child
Holy infant so tender and mild
Sleep in heavenly peace
Sleep in heavenly peace

Silent night, holy night,
Shepherds quake at the sight.
Glories stream from heaven afar,
Heav'nly hosts sing Alleluia;
Christ, the Savior is born;
Christ, the Savior is born.

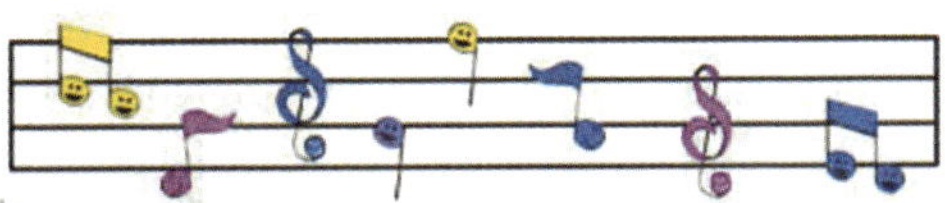

Silent night, holy night,
Son of God, love's pure light.
Radiant beams from Thy holy face,
With the dawn of redeeming grace,
Jesus, Lord, at Thy birth;
Jesus, Lord, at Thy birth.

In Amerika hängen die Kinder zu Weihnachten Socken an den Kamin. Durch den Kamin kommt dann der Weihnachtsmann und bringt die Geschenke.

Merry Christmas.
(märri krismäs)
Frohe Weihnachten.

Christmas angel
(krismäs äindschel)
Weihnachtsengel

Snowman
(snoumän)
Schneemann

Carolers
(käroulörs)
Weihnachtssänger

Christsmas bell
(krismäs bell)
Weihnachtsglocke

Christmas cookies
(krismäs kuckies)
Weihnachtsplätzchen

Jingle Bells:

Dashing through the snow
On a one-horse open sleigh,
Over the fields we go,
Laughing all the way;
Bells on bob tails ring,
making spirits bright,
What fun it is to ride and sing
A sleighing song tonight
Jingle bells, jingle bells,
jingle all the way!
O what fun it is to ride
In a one-horse open sleigh

The day before christmas day is christmas eve.
(se däi bievor krismäs däi is krismäs ief)
Der Tag vor dem Weihnachtstag ist Heiligabend.

christmas tree (krismäs trie) Weihnachtsbaum	father christmas (faser krismäs) Weihnachtsmann	candle (kändel) Kerze	present (präsent) Geschenk

bell (bäll) Glocke	reindeer (räindier) Rentier	sledge (ßlädsch) Schlitten	angel (ändschel) Engel

Übung 56:

Verbinde die Bilder mit den Vokabeln:

father christmas

angel

bell

christmas tree

present

reindeer

sledge

Special days (späschel däis) Feiertage

Im Laufe eines Jahres gibt es überall auf der Welt besondere Tage, an denen Feste gefeiert werden. Wir wollen uns nun einmal anschauen, wie die wichtigsten Feiertage auf Englisch heißen.

Valentine's Day	(wälänteins däi)	Valentinstag
Easter	(iester)	Ostern
Halloween	(hällowien)	Halloween
Thanksgiving	(sänksgiwing)	Erntedankfest in Nordamerika
Christmas	(krismäs)	Weihnachten
New year's eve	(nju jiers iev)	Silvester
Birthday	(bürsdäi)	Geburtstag

Der **Valentine's Day** wird am 14. Februar gefeiert. Es ist der Tag der Liebenden. Menschen, die sich mögen, schenken sich an diesem Tag Blumen - **flowers** (flauers) oder Süßes - **sweets** (swiehts).

A **heart**
(ä hart)
Ein Herz

Übung 57:

Welcher special day ist gemeint?

a) Valentine's Day	b) Easter	c) Halloween
d) Thanksgiving	e) Christmas	f) New year's eve
g) Birthday		

2) ☐

1) ☐

3) ☐

4) ☐

5) ☐

6) ☐

Easter - Ostern kennst du natürlich. Auch in anderen Ländern kommt zu Ostern der Osterhase - **easter bunny** (iester banni) und bringt Ostereier.

Halloween ist ein sehr beliebtes Fest, das ursprünglich aus Irland kommt. Es wird in der Nacht vor dem 1. November gefeiert. Kinder verkleiden sich mit gruseligen Kostümen und ziehen von Haus zu Haus. Mit dem Ruf „**trick or treat**" versuchen sie möglichst viele Süßigkeiten zu sammeln.

Thanksgiving ist für viele Nordamerikaner der wichtigste Feiertag im Jahr. An diesem Tag gibt es viele Familientreffen, bei denen Familienmitglieder oft von weit her anreisen. Ein beliebtes Thanksgiving-Essen ist Truthahn - **turkey** (türkäi). Thanksgiving findet immer am 4. Donnerstag im November statt.

New year's eve ist der Silvestertag. **New year** (nju jier) heißt neues Jahr und **eve** (ief) ist der Vorabend.

Vokabeln:
happy easter (häppi iester) = frohe Ostern
merry christmas (merri krismäs) = frohe Weihnachten
presents (präsents) = Geschenke
congratulations (kongrätuläischons) = herzlichen Glückwunsch
turkey (türkie) = Truthahn
christmas tree (krismäs trie) = Weihnachtsbaum

Übung 58:

True or false?

A) Easter is in winter. ______________

B) Christmas is in Spring. ______________

Vervollständige:

C) Zu Halloween rufen die Kinder „trick or ________".

D) „Trick" bedeutet _________________.

Beantworte:

E) Was wird zu Thanksgiving gern gegessen?

____

F) Silvester heißt auf Englisch?

____

Halloween-Vokabeln:

fairy (fäiri) = Fee
wizard (wisard) = Zauberer
pumpkin (pampkin) = Kürbis
ghost (goust) = Gespenst
trick or treat (trick ohr trieht)= Süßes oder Saures
bat (bät) = Fledermaus
skeleton (skälätön) = Skelett

Halloween

bat (bät) Fledermaus	ghost (goust) Gespenst	pumpkin (pampkin) Kürbis	

spider (ßpeider) Spinne	trick or treat (trick ohr trieht) Süßes oder Saures	vampire (wämpeier) Vampir	witch (witsch) Hexe

Übung 59:

Ergänze die fehlenden Buchstaben:

W _ _ _ H

P _ M P _ _ N

G _ O _ T

B _ _

S _ _ D _ R

V _ _ P I _ _

Musik

Wusstest du schon, dass besonders im Bereich der Rock- und Popmusik auch im Deutschen sehr viele englische Wörter verwendet werden? Ich habe dir einmal ein paar Beispiele herausgesucht:

Band (bänd) = Musikgruppe

Album (album) = Musik-CD

to perform (pörfohrm) = aufführen, auftreten

DJ (diejäi) = Diskjockei, Plattenaufleger

Charts (tscharts) = Liste der bestverkauften Alben

unplugged (anplakd) = auf Instrumenten ohne elektrische Verstärkung spielen

Label (läibel) = eigentlich „Etikett", aber auch „Plattenfirma"

Songwriter (songwreiter) = derjenige, der die Songs schreibt

Casting (casting) = Auswahl von Musikern oder Schauspielern

Sound (saund) = Ton oder Klang

Hit (hit) = erfolgreicher **Song** (Lied)

Übung 60:

Es gibt noch viele weitere aus dem Englischen kommende Wörter, die du jeden Tag verwendest. Hier sind einige Beispiele. Erkennst du sie alle?

English songs (inglisch songs)
Englische Lieder

Old McDonald ...

Old McDonald had a farm,
E-i ei o
And on that farm he had some **chicks**,
E-i ei o
With a chick chick here and a **chick chick** there,
And a here chick, there a chick, everywhere a **chick chick**.
Old McDonald had a farm,
E-i ei o.

Das Lied wird mehrmals gesungen. Bei jedem Durchgang werden die Wörter in Rot und die in Blau ausgetauscht:

2. Strophe: **cows** – **moo moo**

3. Strophe: **pigs** – **oink oink**

4. Strophe: **dogs** – **woof woof**

5. Strophe: **cats** – **meow meow**

6. Strophe: **sheep** – **baa baa**

Und so weiter. Weitere Tiere und ihre Geräusche könnt ihr einfach erfinden.

My Bonnie

My Bonnie is over the ocean,
My Bonnie is over the sea,
My Bonnie is over the ocean,
Oh, bring back my Bonnie to me.

Refrain:
Bring back, bring back,
Oh bring back my Bonnie to me, to me,
Bring back, bring back,
Oh, bring back my Bonnie to me.

Last night as I lay on my pillow,
Last night as I lay on my bed,
Last night as I lay on my pillow,
I dreamed that my Bonnie was dead.

Oh blow ye winds over the ocean,
Oh blow ye winds over the sea,
Oh blow ye winds over the ocean,
And bring back my Bonnie to me.

over (ouwer) = über
bring back (bring bäk) = bringe zurück
to lay (läi) = liegen
to dream (to driehm) = träumen
wind (wind) = Wind
ocean (oschän) = Ozean
last night (lahst neit) = in der letzten Nacht
pillow (pillou) = Kissen
dead (däd) = tot

Spine Chillers (spein tschillers) Gruselgeschichten

<table>
<tr><td></td><td colspan="2" rowspan="3"></td></tr>
<tr><td>ghost (goust)
Gespenst/Geist</td></tr>
<tr><td></td></tr>
<tr><td>witch (witsch)
Hexe</td><td colspan="2">haunted house (hountet haus)
Geisterhaus</td></tr>
<tr><td></td><td></td><td rowspan="3"></td></tr>
<tr><td>wizard (wisard)
Zauberer</td><td>skull (skall)
Totenkopf</td></tr>
<tr><td></td><td></td></tr>
<tr><td>magic book
(mädschik buk)
Zauberbuch</td><td>piano (piano)
Klavier</td><td>torch (tortsch)
Fackel</td></tr>
</table>

Übung 61:

Male das Bild vom „haunted house“ aus. Vergiss nicht, ein paar Geister hinzuzufügen!

Drüber und drunter

The teacher is sitting on his desk.
(se tietscher is ßitting on his däsk)
Der Lehrer sitzt auf seinem Schreibtisch.

The woman is standing next to the tree.
(se womän is ßtänding nekst tu se trie)
Die Frau steht neben dem Baum.

The man is sitting in front of the mirror.
(se män is ßitting in front off se mirrör)
Der Mann sitzt vor dem Spiegel.

This man is lying in his bed.
(sis män is leiing in his bäd)
Dieser Mann liegt in seinem Bett.

The teacher is sitting behind the desk.
(se tietscher is ßitting biheind se däsk)
Der Lehrer sitzt hinter dem Schreibtisch.

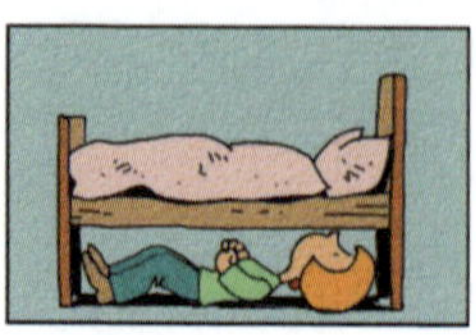

The woman is lying under the bed.
(se womän is leiing ander se bäd)
Die Frau liegt unter dem Bett.

Übung 62:

Setze ein: **behind/in/on/in front of**

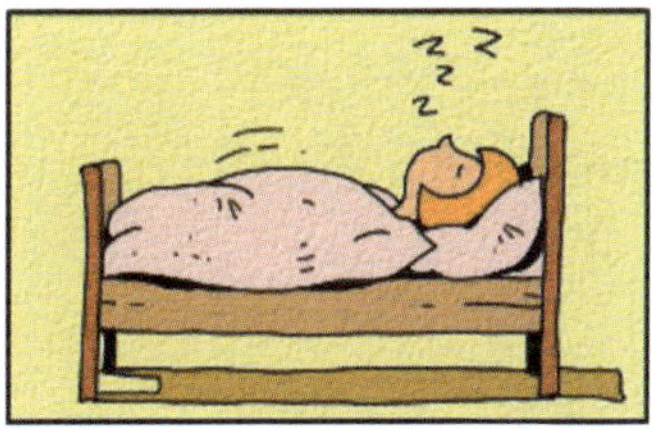

The woman is lying ________ bed.

The man is dancing _______the desk.

The man is standing _________ the tree.

The man is standing _________ his car.

Singular and plural (ßingulahr änd plurahl) Einzahl und Mehrzahl

Genau wie im Deutschen, so gibt es auch die englischen Hauptwörter (Nomen) jeweils in einer Form für die Einzahl und einer für die Mehrzahl.

Bei den meisten Wörtern ist das ganz einfach:

One **egg**.
(wann eg)
Ein Ei.

Four egg**s**.
(fohr egs)
Vier Eier.

Wie du siehst, wird in der Mehrzahl (Plural) einfach ein s an das Wort angehängt. Das funktioniert bei den meisten englischen Wörtern:

One **duck**.
(wann dak)
Eine Ente.

Three duck**s**.
(ßrie daks)
Drei Enten.

Aber es gibt auch einige Ausnahmen, von denen ich dir hier eine zeige:

One **mouse**.
(wann maus)
Eine Maus.

Two **mice**.
(tu meis)
Zwei Mäuse.

Übung 63:

Bilde von diesen Nomen die Mehrzahl. Alle dazu notwendigen Ausnahmen findest du am unteren Ende der Seite.

One car: Two ________ 

One man: Five ________ 

One girl: Three ________ 

One cat: Six ________ 

One child: Eight ________ 

One apple: Ten ________ 

One clock: Seven ________ 

One foot: Two ________ 

Ausnahmen:

Singular	Plural
man (män) - Mann	men (men) - Männer
woman (womän) - Frau	women (wimen) - Frauen
tooth (tuhs) - Zahn	teeth (ties) - Zähne
foot (fuht) - Fuß	feet (fiet) - Füße
child (tscheild) - Kind	children (tschildren) - Kinder

Deutsche Wörter im Englischen

Du hast ja schon einige englische Wörter kennengelernt, die mittlerweile auch in der deutschen Sprache verwendet werden. Aber auch umgekehrt gibt es einige Beispiele (wenn auch viel weniger), bei denen deutsche Wörter Eingang in die englische Sprache gefunden haben. Hier sind einige Beispiele:

Kindergarten
Fest
Gemütlichkeit
Glockenspiel
Gummi bear
Marzipan
Noodle (Nudel)
Poltergeist
Pretzel (Brezel)
Rucksack
Sauerkraut
Wunderkind

Ein „**Wunderkind**". Ein deutsches Wort, das in die englische Sprache übernommen wurde.

Übung 64:

Spot the difference! (spot se diffrenz) – Finde die Unterschiede! Es sind fünf Unterschiede versteckt.

Wissenswertes über Großbritannien

Großbritannien liegt im Nordwesten Europas.

Viele Menschen sagen statt Großbritannien einfach „England". Das ist allerdings nicht ganz richtig. England ist nämlich nur einer von vier Landesteilen in Großbritannien. Die anderen drei heißen Schottland, Nordirland und Wales.

Ganz offiziell heißt das Land „**Vereinigtes Königreich Großbritannien und Nordirland**". Aber das sagt fast niemand. Die Flagge Großbritanniens ist oben abgebildet. Die **Union Flag** (junien fläk) wird von den Briten oft auch als **Union Jack** (junien dschäk) bezeichnet. Genau, **Briten**, so heißen die Einwohner Großbritanniens. In ganz Großbritannien leben ungefähr 60 Millionen Briten. Die Hauptstadt ist **London**. Eine tolle Stadt, die du vielleicht einmal mit deinen Eltern besuchen kannst.

Auf dem Foto siehst du die Tower Bridge (tauer britsch), ein berühmtes Bauwerk in London.

Übung 65:

Kannst du diese Fragen beantworten?

Wie heißen die Länder Großbritanniens?

Zeichne die Flagge Großbritanniens:

Wie wird die Flagge Großbritanniens von den Briten genannt?

Die Hauptstadt Großbritanniens heißt:

Was gibt es alles in Großbritannien?

Viele Dinge in Großbritannien sind auch über die Landesgrenzen hinaus bekannt. Hier sind einige davon.

pop music
(pop mjusik)
Popmusik

Aus Großbritannien kommen immer wieder sehr erfolgreiche Musikbands, so zum Beispiel die **Beatles** oder **Take That**. Sehr berühmt sind auch die roten Londoner Doppeldeckerbusse und die schwarzen, großen Taxis.

bus
(bas)
Bus

taxi
(täksi)
Taxi

Und natürlich die Londoner Polizisten, die auch Bobbys genannt werden.

police man
(pohließmän)
Polizist

tea
(tie)
Tee

Genauso berühmt wie die englische Königin ist der berühmte „Fünf-Uhr-Tee".

Übung 66:

Großbritannien ist das Land der Pop- und Rockmusik. Welche weiteren Musiker kennst du, die auch aus dem Vereinigten Königreich kommen? Ist deine Lieblingsband oder dein Lieblings-DJ auch dabei?

____

____

____

A) Wie werden die Londoner Polizisten auch genannt?

a) Robby ☐ b) Bobby ☐ c) Cops ☐

B) Was trinken die Briten besonders gern?

a) Kaffee ☐ b) Wasser ☐ c) Tee ☐

Vokabeln:

Band (bänd) = Musikgruppe
Coffee (koffie) = Kaffee
Water (woater) = Wasser
Tea (tie) = Tee

Sehenswürdigkeiten in London

In London gibt es viele interessante Dinge zu sehen.
Das Besichtigen von Sehenswürdigkeiten heißt auf Englisch übrigens **sightseeing** (ßeitßieing).

Buckingham Palace
(backinghäm päläß)
Hier wohnt die Queen.

Tower bridge
(tauer britsch)
Berühmte Brücke über der Themse.

Immer wenn die Queen zu Hause ist, weht auf dem Dach des Buckingham Palace die Landesflagge.

Piccadilly Circus
(pikädilli ßörkes)
Ein bekannter Platz mitten in London

St. Paul's Cathedral
(ßäint pohls käßiedrel)
Eine der berühmtesten Kirchen der Welt. Hier heiraten Mitglieder des Königshauses.

Übung 67:

The River Thames (se riwer taims) - Der Fluss Themse -fließt mitten durch London.

A) **Wie heißt eine bekannte Brücke, die über den Fluss führt?**

____

B) **Wo wohnt die Queen?**

____

C) **Wenn die Landesflagge auf dem Dach weht, ist die Queen ...**

a) **... zu Hause.** ☐ b) **... nicht zu Hause.** ☐

D) **Die Busse in London haben oft die Farbe ________.**

E) **Der Name einer berühmten Kirche in London?**

Vokabeln:

river (riwer) = Fluss
Queen (kwien) = Königin

Hier wird überall Englisch gesprochen

Englisch spricht man nicht nur in Großbritannien. Auch in vielen anderen Ländern der Welt sprechen viele Menschen täglich Englisch. Ich habe dir hier einmal die wichtigsten Länder aufgeschrieben.

1. **Großbritannien**: Klar, hier sprechen alle Englisch. Das sind ja schließlich auch alles „Engländer".

2. **USA**: Die ersten Siedler in den United States of America (juneitet stäits off ämärika) - Vereinigte Staaten von Amerika kamen aus Großbritannien. Von dort haben sie die Sprache mitgebracht. Einige Wörter unterscheiden sich aber.

3. **Kanada**: Kanada grenzt direkt nördlich an die USA an. Hier wird Englisch und auch Französisch gesprochen.

4. **Australien**: Hier wird Englisch gesprochen, wenn auch etwas anders als in Großbritannien.

5. **Indien**: In Indien werden über 100 verschiedene Sprachen gesprochen. Die wichtigsten sind Hindi und ... Englisch!

Neben diesen gibt es noch viele weitere Länder, in denen Englisch gesprochen wird. Du siehst also, dass du mit Englisch (fast) überall auf der Welt verstanden wirst.

Übung 68:

Ordne diese Flaggen den Ländern zu, zu denen sie gehören. Wenn du nicht weiterweißt, schau im Lexikon oder im Internet nach, oder frage deine Eltern.

A Australia (ousträlia) - Australien

B Canada (kännada) - Kanada

C India (india) - Indien

D Great Britain (gräit brittäin) - Großbritannien

E USA (ju äs äi) - Vereinigte Staaten von Amerika

Achtung: false friends (foals fränds)

Unter false friends - falschen Freunden - versteht man bei Fremdsprachen Wörter, die in der eigenen Sprache eine andere Bedeutung haben als in der Fremdsprache.

Ein schönes Beispiel ist das Wort „**handy**". Wir bezeichnen damit ein Mobiltelefon. Im Englischen bedeutet das Wort hingegen einfach nur „nützlich". Das kann leicht zu Missverständnissen führen.

Tatsächlich heißt unser Handy in Großbritannien **mobile phone** (mobeil fohn) und in den USA **cellphone** (ßellfohn).

Ich habe dir hier noch einige andere Beispiele für false friends aufgeschrieben:

Chef: Unser Wort **Chef** bedeutet im Englischen der Chefkoch. Ein **chief** (tschief) ist hingegen ein Indianerhäuptling!

Der deutsche Chef wird meist als **Boss** bezeichnet.

Vorsicht, wenn du Hunger auf Kartoffelchips hast. Wenn du in Großbritannien „**chips**" bestellst, wirst du stattdessen eine Art **Pommes** bekommen. Das Schnellgericht „**Fish & Chips**" (fish änd tschips) besteht daher natürlich auch nicht aus Fisch und Kartoffelchips, sondern aus Fisch und Pommes, was sicher auch besser schmeckt. Das richtige Wort für Kartoffelchips ist übrigens „**potatoe crisps**" (potäto krisps).

Fish & Chips gibt's in Großbritannien an jeder Ecke, ganz ähnlich wie bei uns die Pommesbuden.
Statt Mayo gibt es aber oft Essig. Das ist gewöhnungsbedürftig!

Wenn wir uns auf Deutsch „**blamieren**", kann man das leicht mit dem englischen Wort „**to blame**" verwechseln. To blame someone (to bläim ßammwann) bedeutet aber „**jemanden beschuldigen**"!

Auch wenn du einmal besonders „**brav**" gewesen bist, hat das nichts mit dem englischen „**brave**" (bräif) zu tun. Das bedeutet nämlich „**tapfer**".

Auch unser Wort „**Fleisch**" bedeutet etwas anderes als das englische Wort „**flesh**" (fläsch). Wenn du in einem Restaurant „flesh" bestellst, könntest du leicht für einen Menschenfresser gehalten werden ;-) Das richtige englische Wort ist „**meat**" (mieht).

Als Letztes noch ein besonders schönes Beispiel: das Wort „wand". Es hat nämlich nichts mit dem deutschen Wort „Wand" zu tun, sondern bedeutet **Zauberstab**! Die richtige Übersetzung von „Wand" ist „**wall**" (woal).

Englisches und amerikanisches Englisch

Die ersten Amerikaner, die die englische Sprache nach Amerika gebracht haben, waren Aussiedler aus Großbritannien, die sogenannten Pilgrim Fathers (pilgrim fasers). Dadurch sind die meisten englischen Wörter im britischen und amerikanischen Englisch gleich.
Es gibt aber einige Wörter, die sich im britischen und amerikanischen Englisch unterscheiden. Ich habe dir hier einmal einige Beispiele aufgeschrieben:

Britisches Englisch	Amerikanisches Englisch
lorry (lorri) - Lastwagen	truck (trak)
petrol (pätrol) - Benzin	gas (gäs)
sweets (swiehts) - Süßigkeiten	candy (kändi)
trousers (trausers) - Hose	pants (pänts)
underground (andergraunt) - U-Bahn	subway (ßapwäi)
chips (tschips) - Pommes	french fries (fräntsch freis)
lift (lift) - Aufzug	elevator (äläwätör)

Manchmal kann das auch zu peinlichen Missverständnissen führen. So würde sich ein Brite ziemlich wundern, wenn du mit pants (= amerikanisch: Hose) herumlaufen wolltest. Im britischen Englisch bedeutet pants nämlich Unterhose!

Manche Wörter unterscheiden sich auch einfach nur in der Schreibweise:

Britisches Englisch	Amerikanisches Englisch
colour (kallor) - Farbe	color (kallor)
favour (fäivör) - Gefälligkeit	favor (fäivor)
aeroplane (äroplän) - Flugzeug	airplane (äirplän)
theatre (siäter) - Theater	theater (siäter)
grey (gräi) - grau	gray (gräi)
neighbour (näibör)	neighbor (näibör)

Die Briten verstehen übrigens das amerikanische Englisch viel besser als die Amerikaner das britische Englisch. Der Grund dafür ist, dass die Briten das amerikanische Englisch aus den vielen Hollywood-Filmen bereits gut kennen.

Am besten lernst du zunächst mal das britische Englisch, weil das auch in der Schule in den meisten Fällen von den Lehrern gewünscht wird.

Übrigens: Die beste Methode, Englisch zu lernen, ist es, in Großbritannien Urlaub zu machen. Vielleicht kannst du später auch einmal an einem Schüleraustausch teilnehmen? Dabei wirst du eine Menge lernen!

Lösungen

Übung	Lösung
1	A) Hello, my name is Sabine. B) What is your name? C) Where do you come from?
2	A) 1a) | 2b) | 3c) | B) a) F:false | b) T:true
3	A) cheers, B) see you soon, C) see you/bye bye, D) see you later, E) good bye, F) a) see you, b) Tschüs
6	No, I don't speak French. Yes, I like Spain. Yes, a little bit. No, I don't speak Spanish but I speak English.
7	A) Can you tell me the way to school? oder: How do I get to school? B) Can you tell me the way to the bus stop? Oder: How do I get to the bus stop? C) I have lost my way.
8	a) Do you know the way to Tower Bridge? b) How far is it to Piccadilly Circus? c) How do I get to St. Paul's Cathedral? d) Can you tell me the way to Tower Bridge?
9	A) turn right B) turn left) C) cross the street D) go straight ahead It is right over there. Go straight ahead. Cross Elisabeth Street.
10	
11	true | false | true | true | false | true | true
13	A a) I like french fries. | b) I like sweets. | c) I like strawberries. B a) I don't like carrots. b) I don't like salad. c) I don't like singing.
14	The children are having a snowball fight. These children are playing at the playground. The boys are playing table tennis. These boys are playing baseball.
15	a) Yes, the boy is reading. b) No, the boy is playing the piano. c) The girl is playing hopscotch.

Übung	Lösung
17	A) b) | B) b) | C) b)
18	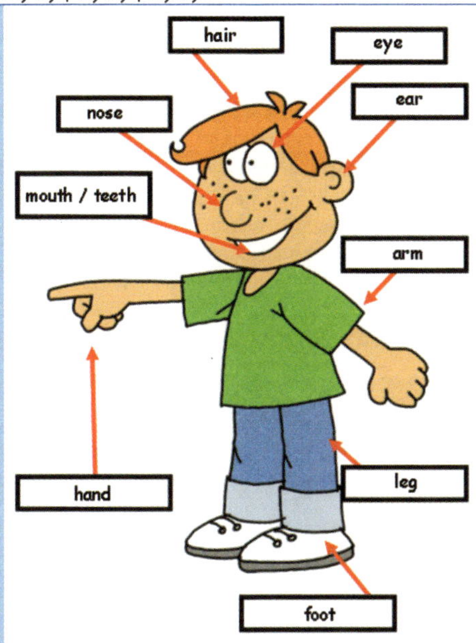
19	bathroom, living room, workroom, kitchen
20	a) table, b) cupboard, c) pan, d) knife, e) kitchen stove, f) chair, g) fork, h) plate, i) cup, j) glas
21	a window, a sofa, a carpet, a book, an armchair
22	1) window, 2) clock, 3) bookshelf, 4) computer, 5) mirror, 6) commode, 7) desk, 8) pillow, 9) bed
23	a clock, a window, a carpet, a computer, a guitar
24	ball | dolphin | pins | locomotive | lorry | doll | car | balloon | lens | airplane | teddy bear | cards
25	1) shower, 2) bathtub, 3) basin, 4) mirror, 5) towel, 6) toilet paper, 7) toilet
26	Where can I find the bathroom? Handtuch, Toilette, Waschbecken, Zahnbürste, Spiegel, Badewanne
27	1 wastebasket | 2 painting | 3 excercise books | 4 teacher | 5 chalkboard | 6 globe | 7 pupils | 8 chalk | 9 sponge
28	a ruler, a rubber, a pen, a sharpener, a yellow brush, a pair of compasses
29	trumpet, guitar, drums, keyboard, piano
30	winter and summer | summer | winter and summer | winter winter | winter | summer | winter and summer summer | winter and summer | summer | winter
31	a) banana, b) orange, c) cherry, d) carrot, e) apple or red or green pepper, f) kiwi fruit, g) lemon, h) bean
32	orange juice, cheese, soup, coke, candy, sausage, water, rice, honey, cookies
33	Apfel, Banane, Lutscher, Würstchen, Zahnbürste, Obst, Stadtplan von London
34	A 3 | B 2 | C 1 | D 4

Übung	Lösung
35	It is gras. | It is a rose. | It is a tree. | It is an oak tree. | It is a maple tree. | flowers | forest
36	cow | pig | horse | donkey | dog | cock | cat | mouse
37	In this picture I see 14 animals.
38	zebra | monkey | crocodile | shark | penguin | dolphin
39	bear | leopard | rhinoceros | parrot | tiger | hippopotamus
40	rain | snow | sun | umbrella | wind | clouds
41	banana: green grocery, supermarket | ketchup: supermarket | salad: supermarket, green grocery | rolls: bakery, supermarket | meat: butcher, supermarket | bread: bakery, supermarket | potatoes: green grocery, supermarket| chocolate: supermarket| sausages: butcher, supermarket
42	Wednesday, Tuesday, Sunday, Monday, Saturday, Friday, Thursday
43	 December |  March/April |  December/January |  Febuary/March |  December
44	false, false, true, true, true
46	8 | 10 | 15 | 11 | 12 | 14 | 7 | 3 | 13 | 20
48	A2: The frog is green. A3: The dog is brown. A4: A rose is red. A5: The sky is blue.
49	 father of   mother of   brother of   uncle of   aunt of   grandfather of   grandmother of 
50	wife, parents, parents, brother, aunt, uncle

Übung	Lösung
51	Bill Strawberry: 12 James Strawberry: 47 Henry Blackwood: 77 Linda Strawberry: 43 Jenny Davis: 38 James Strawberry is 47 years old. Jenny Davis is 38 years old.
52	two o'clock, seven o'clock, one o'clock, twelve o'clock, eight o'clock
53	a) , b) , c) , d) , e) 
54	a) seven o'clock, b) a quarter past seven, c) eight o'clock, d) half past twelve, e) seven o'clock, f) eight o'clock
55	P E N C I L C A S E
56	 christmas tree |  sledge |  angel |  reindeer |  bell |  present
57	1 d | 2 a | 3 c | 4 e | 5 f | 6 g
58	A) false, B) false, C) treat, D) Streich, E) Truthahn, F) New year's eve
59	witch | pumpkin | ghost | bat | spider | vampire
60	Jeans, Computer, Cheeseburger, Baby, Comic, Sheriff, Shampoo, Hamburger, CD-Player, Hot Dog
62	The woman is lying in bed. The man is dancing on the desk. The man is standing behind the tree. The man is standing in front of his car.
63	one car, two cars | one man, five men | one girl, three girls | one cat, six cats | one child, eight children | one apple, ten apples | one clock, seven clocks | one foot, two feet
65	Schottland, Wales, Nordirland, England  Union Jack London
66	A) Bobby, B) Tee
67	A) Tower Bridge, B) Buckingham Palace, C) a) zu Hause, D) Rot, E) St. Paul's Cathedral
68	 Australia  Canada  India  Great Britain  USA